W0089095

JULIA SHAW

BÖSE

DIE PSYCHOLOGIE
UNSERER ABGRÜNDE

Aus dem Englischen von
Claudia van den Block und
Ursula Pesch

Carl Hanser Verlag

Für die unersättlich Neugierigen

Titel der Originalausgabe:
Making Evil. The Science Behind Humanity's Dark Side.
London, Canongate Books 2019

3. Auflage 2018

ISBN 978-3-446-26029-0
© 2018 by Julia Shaw
International Rights Management: Susanna Lea Associates
Alle Rechte der deutschen Ausgabe:
© 2018 Carl Hanser Verlag GmbH & Co. KG, München
Umschlag: Anzinger und Rasp, München
Motiv: © Boris Breuer
Satz: Kösel Media GmbH, Krugzell
Druck und Bindung: Friedrich Pustet, Regensburg
Printed in Germany

MIX
Papier aus verantwor-
tungsvollen Quellen
FSC
www.fsc.org   FSC® C014889

INHALT

EINLEITUNG

Der Hunger

Wer mit Ungeheuern kämpft, mag zusehen,
daß er nicht dabei zum Ungeheuer wird.

Friedrich Nietzsche[1]

Friedrich Nietzsche, einer der bedeutendsten deutschen Philosophen des 19. Jahrhunderts, schrieb 1881: *»Böse denken heißt böse machen.«*[2] Nur wenn wir etwas das Etikett böse verpassen, nur wenn wir denken, dass etwas böse ist, wird es böse. Das Böse, so argumentierte Nietzsche, sei eine subjektive Erfahrung,[3] nicht etwas, was einer Person, einem Objekt oder einer Handlung innewohne.

Dieses Buch erforscht einen Teil der Wissenschaft, die diesem Gedanken zugrunde liegt, und zwar anhand eines Spektrums von Konzepten und Vorstellungen, die oft mit dem Wort böse assoziiert werden. Es ist eine Studie der menschlichen Heuchelei, der Absurdität des Bösen, des normalen Wahnsinns und der Empathie. Ich hoffe, Sie dazu herauszufordern, Ihre Vorstellung vom Bösen zu überdenken und zu modifizieren.

Während der vergangenen 13 Jahre hat es mir als Studentin, Dozentin und Forscherin Vergnügen bereitet, mit jedem über die Wissenschaft des Bösen zu diskutieren, der gewillt war, mir zuzuhören. Am meisten Spaß macht es mir, das Denken in Gut und Böse, Schwarz und Weiß zu hinterfragen und durch neue

Abstufungen zu ersetzen. Mein Ziel ist es, dass wir über Verhaltensweisen, von denen wir zunächst glauben, dass wir sie weder verstehen können noch verstehen sollten, sachkundiger diskutieren. Viel zu schnell sind wir alle dabei, andere zu entmenschlichen und sie allein deswegen abzuschreiben, weil wir ihre Handlungen nicht nachvollziehen können. Wir können und müssen versuchen, das besser zu verstehen, was wir als »Böse« etikettieren.

Lassen Sie uns mit einer Empathieübung beginnen: Denken Sie an das Schlimmste, das Sie je getan haben. Etwas, für das Sie sich wahrscheinlich schämen und von dem Sie wissen, dass es andere schlecht von Ihnen denken lassen würde. Untreue, Diebstahl, Lügen. Stellen Sie sich nun vor, dass alle davon wüssten. Sie danach beurteilten. Sie deswegen in einer endlosen Tirade beschimpften. Wie würde sich das anfühlen?

Wir würden es hassen, aufgrund von nur ein oder zwei Taten, die wir sehr bedauern, von aller Welt beurteilt und abgestempelt zu werden. Doch genau das ist es, was wir Tag für Tag tun. Bei unseren eigenen Entscheidungen sehen wir die Nuancen, die Umstände, die Schwierigkeiten. Bei anderen sehen wir oft nur das Ergebnis ihrer Entscheidungen. Dies führt dazu, dass wir Menschen in all ihrer Vielschichtigkeit immer wieder durch nur einen einzigen Begriff definieren: Mörder. Vergewaltiger. Dieb. Lügner. Psychopath. Pädophiler.

Dies sind Etiketten, die wir anderen aufgrund unserer Vorstellung davon verpassen, wer sie angesichts ihres Verhaltens sein müssen. Ein einziges Wort soll den wahren Charakter eines Menschen zusammenfassen, um andere wissen zu lassen, dass man dieser Person nicht vertrauen kann: Diese Person ist gefährlich. Diese Person ist im Grunde gar keine Person, sondern eine Abnormität. Eine Abnormität, mit der wir kein Mitgefühl haben sollten, weil sie so böse ist, dass wir nie in der Lage sein werden, sie zu verstehen.

Aber wer sind solche »abnormalen« Personen? Zu begreifen, dass jeder Einzelne von uns Dinge denkt und tut, die andere als verabscheuungswürdig betrachten, hilft uns vielleicht, die Essenz dessen zu verstehen, was wir böse nennen. Ich kann Ihnen garantieren, dass irgendjemand auf dieser Welt Sie für böse hält (wenn auch nicht in dem Sinn, in dem ein Massenmörder als böse betrachtet wird). Essen Sie Fleisch? Arbeiten Sie im Bankenwesen? Haben Sie ein uneheliches Kind? Sie werden feststellen, dass Dinge, die Sie für normal halten, anderen nicht normal erscheinen, ja in ihren Augen möglicherweise völlig verwerflich sind. Sind wir also alle böse? Oder vielleicht auch keiner von uns?

Als Gesellschaft reden wir viel über das Böse und sprechen doch nie wirklich darüber. Wir hören tagtäglich von Gräueltaten und beschäftigen uns ständig oberflächlich mit einer Flut von Nachrichten, die uns das Gefühl geben, dass die Menschheit dem Untergang geweiht ist. Ereignisse, die starke Emotionen hervorrufen, werden auf reißerische Schlagzeilen für Zeitungen und Social-Media-Kanäle reduziert. Unser Appetit auf Berichte über das Böse, die wir vor dem Frühstück sehen und bis zum Mittagessen vergessen haben, ist phänomenal.

Vor allem unser Hunger nach Gewalt scheint größer zu sein denn je zuvor. Im Rahmen einer 2013 veröffentlichten Studie zu Gewalt in Filmen haben der Sozialpsychologe Brad Bushman[4] und seine Kollegen festgestellt, dass »sich die Gewalt in Filmen seit 1950 mehr als verdoppelt und die Waffengewalt in Filmen für Kinder unter 13 Jahren derart zugenommen hat, dass sie neuerdings die Gewaltrate in Filmen mit einem R-Rating (ab 17 Jahren) übersteigt«. Filme werden brutaler, selbst jene, die ausdrücklich für Kinder freigegeben werden. Mehr denn je durchdringen Geschichten von Gewalt und schwerem menschlichem Leid unseren Alltag.

Wie wirkt sich dies auf uns aus? Es verzerrt unser Verständnis von der Häufigkeit von Verbrechen und lässt uns glauben, dass sie üblicher sind, als dies tatsächlich der Fall ist. Es beeinflusst, wen wir als böse etikettieren. Es verändert unsere Vorstellung von Gerechtigkeit.

An dieser Stelle möchte ich dafür sorgen, dass Sie keine falschen Erwartungen an dieses Buch stellen. Dies ist kein Buch, das sich eingehend mit einzelnen Fällen beschäftigt. Ganze Bücher sind bestimmten Menschen gewidmet worden, die als böse bezeichnet werden – wie Jon Venables, der jüngsten Person, die je in Großbritannien des Mordes überführt und von den Boulevardblättern als »böse geboren« etikettiert wurde, der Serienmörder Ted Bundy in den USA und die »Ken-und-Barbie-Mörder« Paul Bernardo und Karla Homolka in Kanada. Alles zweifellos faszinierende Fälle, doch dieses Buch handelt nicht von ihnen. Es handelt von Ihnen. Mir geht es nicht darum, dass Sie die Vergehen bestimmter Personen analysieren, sondern Ihre eigenen Gedanken und Schwächen verstehen.

Es ist weder ein philosophisches noch ein religiöses Buch. Und es geht auch nicht um Moral. Es ist ein Buch, das helfen möchte, zu verstehen, warum wir einander Entsetzliches antun. Es ist ein Buch voller Experimente und Theorien, ein Buch, das unsere Aufmerksamkeit auf die Wissenschaft lenken möchte, das versucht, das Konzept des Bösen in Teilaspekte zu gliedern und jeden davon einzeln zu untersuchen.

Es ist auch kein allumfassendes Buch über das Böse. Ein Leben würde nicht ausreichen, diese Aufgabe zu bewältigen. Möglicherweise sind Sie enttäuscht, zu erfahren, dass ich kaum

Zeit darauf verwende, auf so wichtige Themen wie Genozid, Kindesmissbrauch, Verrat, Inzest, Drogen, Gangs oder Krieg einzugehen. Zu diesen Themen gibt es unzählige Bücher. Dieses gehört nicht dazu. Es bietet einen Überblick über die Aspekte des Bösen, die ich persönlich für faszinierend und wichtig halte und die gerne übersehen werden.

Monsterjagd

Bevor wir uns mit der Wissenschaft des Bösen beschäftigen, möchte ich kurz erklären, wer ich bin und warum Sie sich mir auf der Reise durch Ihre Albträume anvertrauen können.

Ich stamme aus einer Welt, in der Menschen Monster jagen. In der Polizeibeamte, Staatsanwälte und die Öffentlichkeit sich ihre Mistgabeln schnappen und Mördern und Vergewaltigern auf den Fersen sind – weil sie die Struktur der Gesellschaft aufrechterhalten und jene bestrafen wollen, die ihrer Ansicht nach etwas falsch gemacht haben. Das Problem ist, dass diese Monster manchmal gar nicht existieren.

Als Kriminalpsychologin, die auf falsche Erinnerungen spezialisiert ist, habe ich es ständig mit Fällen zu tun, in denen Menschen nach einem Täter suchen, obwohl es gar kein Verbrechen gegeben hat. Falsche Erinnerungen fühlen sich zwar real an, sind aber kein Abbild von etwas, das tatsächlich geschehen ist. Sie klingen ein bisschen nach Science-Fiction, sind jedoch nur allzu üblich. Erinnerungen stellen, wie die Erinnerungsforscherin Elizabeth Loftus gesagt hat, keine akkurate Schilderung der Vergangenheit dar, sondern ähneln eher Wikipedia-Seiten: Man kann sie aufrufen und verändern, aber das können andere auch.

In extremen Situationen können unsere Erinnerungen am Ende so weit von der Realität entfernt sein, dass wir glauben, Opfer oder Zeuge eines Verbrechens geworden zu sein, das nie stattgefunden hat, oder sogar selbst ein Verbrechen begangen zu haben, das es nie gegeben hat. Dies ist etwas, was ich unmittelbar in meinem Labor untersucht habe. Ich habe die Erinnerungen von Menschen gehackt, um sie – vorübergehend – glauben zu lassen, dass sie etwas Kriminelles getan haben.

Meine Untersuchungen beschränken sich jedoch nicht auf das Labor. Ich forsche auch in freier Wildbahn. Manchmal erhalte ich extrem interessante Post aus dem Gefängnis. Ein Brief kam Anfang 2017. Er war wortgewandt und in einer wunderschön lesbaren Handschrift geschrieben, beides auf den ersten Blick eher ungewöhnliche Charakteristika für einen Brief von einem Häftling.

Der Absender erklärte, dass er im Gefängnis sitze, weil er seinen betagten Vater erstochen habe. Er hatte nicht nur einmal zugestoßen, sondern 50 Mal. Der Täter war zum Zeitpunkt des Mordes Dozent an einer Universität und ohne Vorstrafen. Er gehört nicht zu den Leuten, von denen wir annehmen würden, dass sie andere erstechen.

Warum also tat er es? Ich war überrascht, als ich seine Antwort auf die Frage erfuhr: Er hatte mir den Brief geschrieben, um ein Exemplar meines Buches über falsche Erinnerungen zu erbitten, das »in der Gefängnisbibliothek noch nicht vorhanden war«. Von dem Buch hatte er aus der *Times* erfahren, und er sagte, dass er mehr über diesen Forschungsbereich wissen wolle, ja wissen müsse, weil ihm im Gefängnis klar geworden sei, dass er seinen Vater wegen einer falschen Erinnerung umgebracht habe.

Folgendes war, wie er behauptete, passiert: Während einer

Alkoholismustherapie hatte man ihm gesagt, dass ein sexueller Missbrauch in der Kindheit eine Erklärung für Alkoholabhängigkeit sein könne. Therapeut und Sozialarbeiter wiesen wiederholt darauf hin, dass er missbraucht worden sein könnte. In dieser Zeit kümmerte er sich mehrere Stunden am Tag um seinen betreuungsbedürftigen, betagten Vater. Er war erschöpft. Eines Abends stürzten plötzlich, wie er schrieb, alle Erinnerungen wieder auf ihn ein. Wutentbrannt und aus Rache beging er den Mord. Im Gefängnis wurde ihm schließlich klar, dass er nie missbraucht worden war. Vielmehr hatte man ihn dazu gebracht, sich an Dinge zu erinnern, die sich nie ereignet hatten. Nun hat er Schwierigkeiten, sein eigenes Gehirn, sein eigenes Verhalten zu verstehen. Eine Zeit lang hatte er gedacht, sein Vater sei böse. Dann beging er ein schreckliches Verbrechen. War er nun der wahre Böse? Oder nur fehlgeleitet?

Ich schickte ihm mein Buch und er sandte mir als Dankeschön einen Brief und ein Bild einer rosafarbenen Blume. Es steht auf meinem Schreibtisch als Erinnerung daran, dass Wissenschaft, in dem Fall die vom trügerischen und manipulierbaren Gedächtnis, dabei helfen kann, dass Menschen ihre Handlungen besser verstehen und wir ihnen dadurch ihre Menschlichkeit zurückgeben können.

Wir vergessen leicht, dass die Vielschichtigkeit der menschlichen Erfahrung nicht aufhört, nur weil ein Individuum ein schreckliches Verbrechen begangen hat. Ein Mensch sollte nicht durch einen einzigen Akt definiert werden. Jemanden einen Mörder zu nennen, weil er einmal die Entscheidung getroffen hat, einen Mord zu begehen, ist unangemessen und zu stark vereinfacht.

Strafgefangene sind auch Menschen. Jemand kann 364 Tage im Jahr völlig gesetzestreu sein und am 365. Tag einen Mord begehen. Selbst die ruchlosesten verurteilten Verbrecher verbringen fast ihre gesamte Zeit damit, *keine* Verbrechen zu begehen. Was tun sie in dieser Zeit? Ganz normale Dinge. Sie essen, sie schlafen, sie lieben, sie weinen.

Es ist leicht, Menschen abzuschreiben, indem wir sie böse nennen. Genau aus diesem Grund betreibe ich so gerne Forschung auf diesem Gebiet. Nicht nur, weil es faszinierend ist, wie das trügerische Gedächtnis zuweilen das Böse erst erschafft, sondern weil die Wissenschaft vom Bösen so viele Disziplinen zur Zusammenarbeit motiviert: Zu meiner wissenschaftlichen Arbeit gehört so etwa auch die Forschung über Psychopathen und moralische Entscheidungsfindung; in meinen Vorlesungsreihen kommen so unterschiedliche Disziplinen wie Kriminologie, Psychologie, Philosophie, Recht und Neurowissenschaft zu Wort. Ich glaube, dass es die Schnittpunkte dieser Disziplinen sind, aus denen ein neues Verständnis des Bösen erwachsen kann.

Das Problem ist, dass ein solches Verständnis in der Bevölkerung nicht gefördert wird. Vielmehr werden abscheuliche Verbrechen im Allgemeinen eher als Zirkusshow betrachtet und nicht als etwas, was wir verstehen möchten. Und wenn wir dann versuchen, den Vorhang zu heben, um die Menschlichkeit im Abscheulichen zu erkennen, hindern uns andere oft daran, genau hinzusehen. Das Konzept des Bösen zu diskutieren, ist nach wie vor weitgehend ein Tabu.

Böse Empathiker

Der Versuch der Einfühlung wird in Fällen starker Abweichung von der Norm allzu gerne unterbunden – und es wird der Verdacht geäußert, dass man sich wohl mit einer Gruppe gemein machen wolle, die doch gesellschaftlich geächtet gehört.

Sie möchten über Pädophilie sprechen? *Sie haben also Verständnis für Kinderschänder!?* Sie schreiben in Ihrem Aufsatz über Zoophilie? *Woher kommt Ihr Interesse an Sex mit Tieren?* Sie möchten über Ihre Mordfantasien reden? *Denken Sie etwa darüber nach, jemanden zu ermorden?* Das Anprangern dieser Neugier stellt den Versuch dar, Abstand zwischen uns und den Menschen zu wahren, die als böse wahrgenommen werden. Es heißt »wir« gegen »sie«. In der Psychologie wird dies als Othering, als Distanzierung von anderen, bezeichnet. Wir distanzieren uns von jemandem, wenn wir glauben, dass er von Natur aus anders ist als wir selbst.

Diese Distanzierung passiert unwillkürlich, auch wenn manche von uns sie für rational halten mögen. Ich möchte Ihnen helfen, die Ähnlichkeiten zwischen Ihnen selbst und den Gruppen, die Sie als böse betrachten, kritisch zu erforschen und zu verstehen.

Unsere Reaktionen auf abweichendes Verhalten verraten uns letztlich weniger über andere als über uns selbst. In diesem Buch möchte ich dazu ermutigen, neugierig zu sein, zu erforschen, was das Böse ist, und zu sehen, was wir aus der Wissenschaft lernen können, um die dunkle Seite der Menschheit besser zu verstehen.

Ich möchte, dass Sie Fragen stellen. Ich möchte, dass Sie hungrig nach Wissen sind, und ich möchte Ihren Hunger stillen. Begeben Sie sich mit mir auf eine Reise, auf der wir sichtbar machen werden, was sich wissenschaftlich betrachtet hinter Ihren Albträumen verbirgt.

Lassen Sie mich Ihnen helfen, Ihr Mitgefühl mit dem Bösen zu finden.

Kapitel 1

UNSER INNERER SADIST: DIE NEUROWISSENSCHAFT VOM BÖSEN

Über Schmerz, Vergnügen und Psychopathie

Es gibt gar keine moralischen Phänomene, sondern nur eine moralische Ausdeutung von Phänomenen.

Friedrich Nietzsche[1]

Hitlers Gehirn

Wenn wir über das Böse nachdenken, kommen wir nicht selten irgendwann auf Hitler zu sprechen. Das verwundert nicht bei einer Person, die u. a. für Massenmord, Zerstörung, Krieg, Folter und Volksverhetzung die Verantwortung trug. Die Geschichte und die Welt werden für immer durch die Erinnerung an ihn beschmutzt sein.

Godwins Gesetz, aufgestellt vom US-amerikanischen Autor und Anwalt Mike Godwin, besagt, dass es im Verlauf jeder Online-Diskussion schließlich zu einem Vergleich mit Hitler kommt. Diese beiläufigen Vergleiche trivialisieren die begangenen Gräueltaten, lassen Diskussionen bis zu einem Punkt eskalieren, an dem es kein Zurück mehr gibt, und bringen Unterhaltungen oft effektiv zum Erliegen. Doch ich schweife ab.

Wegen der Vielfalt und des Ausmaßes der Verwüstung, für

die Hitler sowohl direkt als auch indirekt verantwortlich war, sind etliche Bücher über seine Beweggründe, seine Persönlichkeit und sein Handeln geschrieben worden. Die Menschen wollen schon lange wissen, warum und wie aus ihm der Mann wurde, den wir aus unseren Geschichtsbüchern kennen. Statt die Einzelheiten seines Handelns zu analysieren, möchte ich unser Augenmerk in diesem Kapitel auf eine andere Frage richten:

Wenn Sie in der Zeit zurückgehen könnten, würden Sie Hitler als Baby töten?

Die Antwort auf diese eine Frage verrät mir eine Menge über Sie. Wenn Sie mit »Ja« antworten, glauben Sie wahrscheinlich, dass wir mit einer gewissen Veranlagung geboren werden, Schreckliches oder Gutes zu tun. Dass sich das Böse in unserer DNA befinden kann. Antworten Sie mit »Nein«, haben Sie wahrscheinlich eine weniger deterministische Sichtweise menschlichen Verhaltens und glauben vielleicht, dass die Umwelt und die Erziehung eine wichtige Rolle dabei spielen, welche Taten wir als Erwachsene begehen. Vielleicht haben Sie aber auch »Nein« gesagt, weil das Töten von Babys ein Tabu für Sie darstellt.

Wie dem auch sei, ich glaube, dass die Antwort faszinierend ist. Ich glaube auch, dass sie sich nahezu sicher auf unvollständige Beweise stützt. Denn wissen Sie wirklich, ob schreckliche kleine Babys schreckliche große Erwachsene werden? Und unterscheidet sich Ihr Gehirn tatsächlich so sehr von Hitlers Gehirn?

Lassen Sie uns ein Gedankenexperiment durchführen. Wenn Hitler heute lebte und wir ihn in ein CT-Gerät schieben würden: Was würden wir finden? Beschädigte Strukturen, übermäßig aktive Gehirnbereiche, wie Hakenkreuze geformte Hirnkammern? Bevor wir Hitlers Gehirn rekonstruieren können, müssen wir zunächst kurz prüfen, ob Hitler verrückt, böse oder beides war. Eines der ersten Psychogramme von Hitler stammt aus der Zeit des Zweiten Weltkriegs. Es gilt als eines der ersten Täterprofile aller Zeiten und wurde 1944 vom Psychoanalytiker Walter Langer[2] für das Office of Strategic Services (Amt für strategische Dienste) geschrieben, ein US-Nachrichtendienst, der eine frühe Version der Central Intelligence Agency darstellt.

Der Bericht beschrieb Hitler als »neurotisch«, als »Psychopathen an der Grenze zur Schizophrenie« und traf die korrekten Vorhersagen, dass er nach ideologischer Unsterblichkeit strebe und angesichts einer Niederlage Selbstmord begehen würde. Doch der Bericht enthält auch eine Reihe pseudowissenschaftlicher Behauptungen, die sich nicht verifizieren lassen, einschließlich derjenigen, dass Hitler masochistischen Sex genoss und dass er zur »Koprophagie neige« (zum Kotessen).

Ein anderer Versuch eines Psychogramms wurde 1998 von dem Psychiater Fritz Redlich[3] veröffentlicht. Redlich führte durch, was er als Pathografie bezeichnet – die Erforschung des Lebens und der Persönlichkeit eines Menschen unter Berücksichtigung krankheitsbedingter Einflüsse. Anhand der Analyse von Hitlers Krankengeschichte und der Krankengeschichte seiner Familie sowie von Reden und anderen Dokumenten gelangte er zu dem Schluss, dass Hitler viele psychiatrische Symptome gezeigt habe, einschließlich Paranoia, Narzissmus, Angst, Depression und Hypochondrie. Doch obwohl Redlich so viele psychiatrische Symptome fand, dass er damit ein »psychiatrisches Lehrbuch füllen könnte«, behauptete er, dass der größte Teil von Hitlers Persönlichkeit mehr als »angemessen« funktionierte und dass Hitler »wusste, was er tat, und es voller Stolz und Enthusiasmus tat«.

Hätte er Hitler als Baby töten wollen? Oder hätte er mehr Wert auf Hitlers Erziehung gelegt? Laut Redlich hat in Hitlers Kindheit wenig darauf hingedeutet, dass er später einmal genozidale Ziele verfolgen würde. Medizinisch betrachtet sei Hitler ein ziemlich normales Kind gewesen, scheu und ohne Gefallen daran, Tiere oder Menschen zu quälen.

Redlich argumentiert gegen die Vorstellung mancher Psychohistoriker wie zum Beispiel der des Psychoanalysten Michael Stone von der Columbia University, der kleine Hitler habe eine besonders schwierige Kindheit gehabt. Es scheint, dass wir dies nicht als Grund für sein späteres Verhalten heranziehen können, und auch, dass die unbefriedigende Antwort darauf, ob Hitler verrückt war oder nicht, wohl eher »Nein« lautet. Wie sich herausstellt, ist dies nichts Ungewöhnliches. Nur weil jemand abscheuliche Verbrechen begangen hat, ist er nicht zwangsläufig psychisch krank. Anzunehmen, dass jeder, der Verbrechen dieser Art begeht, psychisch krank ist, hieße, die Täter aus der persönlichen Verantwortung zu entlassen – und psychische Erkrankungen zu stigmatisieren. Was also befähigt Menschen wie Hitler, solche Gräueltaten zu verüben?

Die Sozialpsychologen Martin Reimann und Philip Zimbardo warteten bei ihrer Arbeit an einer »Neurowissenschaft des menschlichen Bösen« mit einer anderen Idee auf, warum Menschen zu abscheulichen Taten fähig sind. In ihrem Aufsatz von 2011, *The Dark Side of Social Encounters*,[4] versuchten sie nachzuweisen, welche Teile des Gehirns dafür verantwortlich sind, das Böse zu ermöglichen.

Sie legten dar, dass zwei Prozesse von zentraler Bedeutung sind – Deindividuation und Dehumanisierung.

Deindividuation bezeichnet das Phänomen, dass wir in der Anonymität großer Gruppen häufiger gesellschaftliche Normen verletzen. Dehumanisierung bedeutet, dass wir andere nicht länger als menschliche Wesen, sondern als Untermenschen betrachten. Die Autoren vergleichen Dehumanisierung auch mit einem »Grauen Star«: Unsere Wahrnehmung ist verschwommen. Wir sind nicht mehr in der Lage, andere wirklich zu sehen.

Das ist der Fall, wenn wir über »die Bösen« sprechen. Diese Aussage entmenschlicht. Sie unterstellt, dass es eine homogene Gruppe von Individuen gibt, die »böse« sind und sich von uns unterscheiden. In dieser Dichotomie sind wir, natürlich, die »Guten« – eine bunt gemischte Gruppe menschlicher Wesen, die ethisch vernünftige Entscheidungen treffen. Diese Gliederung der Welt in Gut und Böse gehörte zu Hitlers bevorzugten Methoden.

Noch erschreckender war die Rhetorik der Nationalsozialisten, wenn sie den Mitgliedern der ausgegrenzten Gruppe gleich vollkommen absprachen, Menschen zu sein. Hitlers genozidale Propaganda, in der er Juden als *Untermenschen* beschrieb, ist ein besonders fürchterliches Beispiel für diese Dehumanisierung.

In jüngerer Zeit hat es nicht nur in Großbritannien und in den Vereinigten Staaten viele hasserfüllte öffentliche Äußerungen über Immigranten gegeben. 2015 beschrieb die britische Kolumnistin Katie Hopkins Migranten, die in Booten ankamen, als »Kakerlaken«, wofür sie vom UN-Menschenrechtskommissar Said Ra'ad al-Hussein zu Recht gerügt wurde: »Die Nazimedien beschrieben Menschen, die ihre Herren eliminiert sehen wollten, als Ratten und Kakerlaken.«[5] Eine derartige Sprache, so fügte er hinzu, sei typisch für »Jahrzehnte anhaltender und zügelloser fremdenfeindlicher Pöbeleien, für Fehlinformationen und Verzerrungen«. Am 1. Mai 2017, dem 100. Tag seiner

Präsidentschaft, las dann Donald Trump als Teil seiner Rede den Text eines 1963 von Oscar Brown jr. geschriebenen Songs vor, in dem es um eine Schlange geht.[6]

> Eines Morgens auf dem Weg zur Arbeit
> Entlang des Wegs am See
>> Erblickte eine liebevolle Frau eine arme, halb erfror'ne Schlange.
> Ihre hübsche, farbige Haut war ganz mit Reif bedeckt.
>> »Oh ja«, schluchzte sie, »ich nehm' dich mit zu mir und sorge gern für dich.« ...
> Sie schmiegte sie an ihren Busen: »Du bist so schön«, pries sie. »Aber hätt' ich dich nicht aufgenommen, wärst du vielleicht jetzt tot.«
> Sie liebkoste ihre Haut, küsste sie und drückte sie.
> Doch statt zu danken, versetzte ihr die Schlange einen bösen Biss.

Trump nutzte die Geschichte des Songs als plumpe Allegorie der Gefahren durch Flüchtlinge.

Grob vereinfachte Etikettierungen eines imaginären Feindes treffen wir in der Politik immer wieder an, zum Teil deswegen, weil sie sehr eingängig sind. Mit ein bisschen Nachhilfe von einem Führer und ein wenig inspirierender Rhetorik gedeihen gefährliche Ideologien leicht. Und während wir alle hin und wieder in diese Falle geraten, sind einige von uns *besonders* anfällig dafür.

Dies ist der Punkt, an dem wir nun tatsächlich mit unserer imaginären Rekonstruktion von Hitlers Gehirn beginnen. Angesichts seines ungewöhnlichen Hangs zur Dehumanisierung sind die hierfür verantwortlichen Bereiche des Gehirns vielleicht besonders betroffen. Laut Reimann und Zimbardo könnten Deindividuation und Dehumanisierung »potenziell ein Netzwerk von Gehirnbereichen umfassen, einschließlich des ventromedialen präfrontalen Kortex, der Amygdala und zweier Hirnstammstrukturen (d. h. Hypothalamus und periaquäduktales Grau)«. Hilfreicherweise liefern die Autoren eine Abbildung ihres Modells, das ich für Sie rekonstruiert habe.

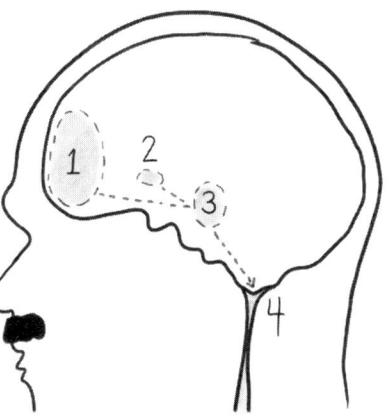

Hitlers Gehirn: die Leitungsbahn zum Bösen, die den ventromedialen präfrontalen Kortex (1), die Amygdala (2) und den Hirnstamm (3) mit einschließt.

Dieses Modell deutet darauf hin, dass das, was als ein Gefühl der Anonymität beginnt – als Gefühl, für das, was wir tun, nicht verantwortlich zu sein, weil wir uns als Teil einer größeren Gruppe fühlen –, schließlich dazu führt, dass wir zunehmend fähig sind, anderen Schaden zuzufügen. Auf folgende Weise wird das Böse den Autoren zufolge im Gehirn sichtbar.

1. *Deindividuation.* Die Person hört auf, an sich als Individuum zu denken, und identifiziert sich als anonymen Teil einer Gruppe. Das führt zu dem Gefühl, dass sie nicht persönlich für ihr Verhalten verantwortlich ist. Dies ist verbunden mit einer Abnahme der Aktivität des ventromedialen präfrontalen Kortex – vmPFC (1). Eine Verringerung der Aktivität im vmPFC ist verbunden mit Aggressionen und schlechten Entscheidungen und kann zu enthemmtem und antisozialem Verhalten führen.

2. *Dehumanisierung.* Diese verminderte Aktivität wird begleitet von einer erhöhten Aktivität in der Amygdala (2), dem für Emotionen zuständigen Bereich des Gehirns. Dies ist verbunden mit Gefühlen wie Zorn und Angst.

3. *Antisoziales Verhalten.* Diese erlebten Gefühle triggern dann über den Gehirnstamm (3) andere Empfindungen (4) wie z. B. einen beschleunigten Herzschlag und einen erhöhten Blutdruck. Diese Veränderungen bedeuten, dass der Körper in den Kampf- oder Fluchtmodus geht – weil er Körperverletzungen erwartet und in den Überlebensmodus schaltet.

Es heißt, dass diese Leitungsbahn bei jenen vergrößert ist, die einen hypoaktiven vmPFC haben, was Studien mit Straftätern wiederholt gezeigt hätten. Danach ist die Aktivität im vmPFC vor allem bei Mördern und Psychopathen verringert. So wie eine hypoaktive Schilddrüse darauf hinweist, dass der Stoffwechsel gestört ist und man eher übergewichtig werden wird, so gehen Forscher, einschließlich Reimann und Zimbardo, davon aus, dass ein hypoaktiver vmPFC ein defektes moralisches Urteilsvermögen anzeigt und dazu führt, dass man eher ein Verbrechen begehen und auf andere Weise antisozial handeln wird. Laut Reimann und Zimbardo »legen Forschungen zu

Aggressionen nahe, dass eine verringerte Aktivierung von Frontalhirnstrukturen, vor allem des präfrontalen Kortex, oder Verletzungen dieses Hirnbereichs eine zentrale Ursache für Aggressionen sein können«.

Wenn wir einen Blick in Hitlers Gehirn werfen würden, erschiene es uns wahrscheinlich zuerst als ganz normal. Würden wir ihn aber auffordern, moralische Entscheidungen zu treffen, würden wir möglicherweise einen hypoaktiven vmPFC zusammen mit Hinweisen auf seine allgemeine Paranoia und Angst erkennen. Da es bei ihm, soweit wir wissen, jedoch keine größeren Abnormalitäten oder Gehirnschäden gab, ist es sehr unwahrscheinlich, dass ich den Unterschied zwischen einem Scan von einem durchschnittlichen, gesunden Hirn und einem Scan von Hitlers Hirn erkennen würde.

Auch die Hirnforschung lässt also die Frage danach, wer besonders böse ist und warum, tendenziell unbeantwortet. Wahrscheinlich ist die Frage einfach falsch gestellt. Statt zu fragen, ob eine kleine Zahl von Menschen zum Bösesein veranlagt ist, sollten wir fragen: Sind wir nicht vielleicht alle böse? Wie steht es zum Beispiel um Ihren Sadismus?

Der ganz alltägliche Sadismus

Laut der Sozialpsychologen Roy Baumeister und Keith Campbell (1999)[7] stellt der »Sadismus, definiert als das unmittelbare Erleben von Lust durch das Quälen anderer, den offensichtlichsten intrinsischen Anreiz zu bösen Taten dar«. Sie argumentieren, dass das Vorhandensein von Sadismus alle anderen Theorien oder Erklärungen des Bösen obsolet macht; sie meinen also, man brauche keine anderen Theorien des Bösen, Sadismus sei immer der Grund, warum Menschen Böses tun: »Die Leute tun es, weil es sich gut anfühlt; mehr brauchen wir dazu nicht zu sagen.«

Erin Buckels und Kollegen[8] argumentieren ebenfalls, dass Sadismus eigentlich ziemlich normal sei. In einem 2013 veröffentlichten Aufsatz behaupten sie, dass »derzeitige Auffassungen von Sadismus selten über jene von sexuellen Fetischen oder kriminellem Verhalten hinausgehen ... Doch auch bei offensichtlich normalen Menschen kommt es vor, dass sie Grausamkeit genießen ... Diese gewöhnlichen Manifestationen von Grausamkeit implizieren eine subklinische Form des Sadismus oder einfach *alltäglichen Sadismus*.«

Als Teil ihrer Forschung führten Buckels und ihr Team zwei geniale Experimente durch. Wie sie in ihrem Aufsatz schreiben, ist es »unnötig zu erwähnen, dass von Menschen verübte Morde nicht im Labor untersucht werden können. Deswegen haben wir ein stellvertretendes Verhalten gewählt, das sich besser mit ethischer Forschung vereinbaren lässt, nämlich das Töten von Wanzen.« Statt die Teilnehmer also zu bitten, Menschen zu ermorden, baten die Forscher sie, Wanzen zu töten. Natürlich wissen wir alle, dass Wanzen auf vielen Ebenen nicht mit Menschen vergleichbar sind. Vielleicht verrät uns diese Aufgabe aber dennoch etwas darüber, wer bereit ist zu töten und wer nicht.

Wie funktionierte das Experiment? Die Forscher rekrutierten Teilnehmer für eine Studie zu »Persönlichkeit und Toleranz gegenüber herausfordernden Jobs«. Im Labor angekommen, mussten die Probanden sich für eine von vier Aufgaben entscheiden, die echte Jobs widerspiegelten. Sie konnten entweder ein Kammerjäger (Wanzen töten), der Assistent eines Kammerjägers (dem Kammerjäger beim Töten von Wanzen helfen) oder eine Reinigungskraft (Toiletten reinigen) sein oder aber eine unangenehme, nutzlose Tätigkeit in einer kalten Umgebung verrichten (Schmerz durch eisiges Wasser ertragen). Die Gruppe, der das größte Interesse der Forscher galt, waren die Kammerjäger. Dieser Gruppe gab man eine Kaffeemühle zum Zermahlen der Wanzen und drei Tassen, in denen sich je eine lebende Wanze befand.

Besonders kreativ an dieser Studie war ihr Design. »Um die Grausamkeit zu maximieren, entwarfen wir eine Tötungsmaschine, die ein deutliches Mahlgeräusch erzeugte«, so die Forscher. »Um die Opfer zu vermenschlichen, gaben wir ihnen liebenswerte Namen.« Die Namen waren auf die Seite der Tassen geschrieben – Muffin, Ike und Tootsie.

Glauben Sie, Sie würden sich dafür entscheiden, die Wanzen zu töten? Zu hören, wie sie lebendig zermahlen werden, nur weil Sie darum gebeten wurden, dies zu tun? In dieser speziellen Studie entschieden sich nur knapp über ein Viertel (26,8 Prozent) der Teilnehmer, die Wanzen zu töten. Die nächste Frage ist, ob Sie es auch genießen würden, sie zu töten. Probanden, bei denen man mithilfe eines Fragebogens stärkere sadistische Tendenzen festgestellt hatte, genossen laut den Studienergebnissen das Töten der Wanzen mehr und töteten eher alle drei Wanzen, als aufzuhören, bevor sie ihre Aufgabe vollständig erledigt hatten. Dies waren völlig normale Menschen, von denen viele einfach Vergnügen daran hatten, lebende Kreaturen zu töten.

Ein schneller Test. Haben Sie sich, während ich die Methodik beschrieb, zu irgendeinem Zeitpunkt Sorgen um das Wohlergehen der Wanzen gemacht? Oder haben Sie sich das Töten von Wanzen auch ein bisschen als Abenteuer vorgestellt, als eine Art Spaß? *Hmmm.* Sie würden wahrscheinlich zu den Probanden gehören, die eine stärkere Neigung zum subklinischen Sadismus aufzeigen. Zum Glück für Muffin, Ike und Tootsie »hinderte, ohne Wissen der Teilnehmer, eine Barriere die Wanzen daran, mit den Mahlklingen in Kontakt zu geraten«. Die Forscher versichern, dass bei diesem Experiment keiner Wanze Schaden zugefügt wurde.

Das Team führte noch ein zweites, völlig anderes Experiment durch. Bei diesem ging es darum, unschuldigen Opfern wehzutun. Hier spielten die Probanden ein Computerspiel gegen einen Gegner, von dem sie glaubten, dass es sich um einen weiteren Teilnehmer in einem anderen Raum handele. Sie mussten schneller als ihr Gegner auf eine Taste drücken, und der Sieger durfte den Verlierer mit einem Geräusch »attackieren«, dessen Lautstärke er kontrollieren konnte. Die eine Hälfte der Teilnehmer durfte dies sofort nach ihrem Sieg tun, während die andere zuvor noch eine kurze, aber langweilige Aufgabe erledigen musste. So musste zum Beispiel gezählt werden, wie häufig ein bestimmter Buchstabe in einem Nonsense-Text vorkam. Die Aufgabe war leicht, aber nervtötend. Der angebliche Gegner wählte, wenn er gewann, immer die niedrigste Lautstärke, sodass kein Grund zur Rache bestand.

Würden Sie Ihren Gegner mit Geräuschen attackieren? Bis zu welcher Lautstärke würden Sie gehen? Und wären Sie bereit, für die Möglichkeit, ihm wehzutun, zu arbeiten? Die Studienergebnisse zeigen, dass viele Leute zwar bereit sind, einem unschuldigen Opfer wehzutun, aber nur diejenigen mit den, laut Fragebogen, höheren Sadismuswerten die Lautstärke erhöhten, sobald sie erkannt hatten, dass die andere Person nicht zurückschlug. Letztere waren auch als Einzige bereit, die langweilige Aufgabe zu erfüllen, um ihren Gegnern dann wehtun zu können.

Es scheint, dass viele »normale« Menschen bereit sind, sadistisch zu sein. Die in diesen Experimenten erzielten Ergebnisse machen den Forschern zufolge deutlich, dass wir uns selbst besser kennenlernen müssen, wenn wir zu einem wirklichen Verständnis von Sadismus gelangen wollten. »Um das Phänomen Sadismus vollständig zu erfassen, müssen wir uns seine Alltäglichkeit und überraschende Häufigkeit eingestehen.«

Welches sind die Gemeinsamkeiten dieser sadistischen Verhaltensweisen? Eine nicht immer, aber häufig auftauchende Begleiterscheinung von Sadismus ist die Aggression. Wenn man Mensch oder Tier wehtut, z. B. eine Wanze tötet, handelt man nicht unbedingt immer, aber eben oft aggressiv. Wenn man aus einer Sache ein großes sadistisches Vergnügen ziehen will, gehört die Aggression dazu, wie es scheint. Schauen wir uns die Aggression etwas genauer an. Welche anderen Formen von Aggression gibt es? Beginnen wir mit einer Form von Aggression, die Sie sicherlich schon einmal empfunden, aber nie richtig verstanden haben: mit dem Wunsch, winzigen, kuscheligen Tieren wehzutun.

Cute Aggression

Etwas, was unsere sadistischen Neigungen überraschenderweise zum Vorschein zu bringen scheint, ist die Anwesenheit niedlicher Tiere. Haben Sie je einen Welpen gesehen, der so niedlich war, dass Sie es einfach nicht ertragen konnten? Dass Sie das Gefühl hatten, Ihre Hände nehmen und sein weiches, kleines Gesicht richtig *fest* drücken zu wollen? Einige Tiere sind einfach so süß, dass wir den leichten Wunsch verspüren, ihnen wehzutun. Ob Katzenjunge, Welpen oder kleine Wachteln, wir wollen sie hart drücken, in ihre Wangen kneifen, sie beißen und anknurren.

Doch warum ist das so? Sind nicht eher Psychopathen und Serienmörder dafür bekannt, Tieren wehzutun? Forscher versichern, dass die meisten von uns Tieren nicht wirklich Schaden zufügen wollen, sodass diese Emotionen nicht auf ein tiefes, dunkles, in unserem Inneren lauerndes Geheimnis hindeuten. Sie lieben *Fluffy* einfach nur »hart« und wollen ihm nicht wirklich wehtun. Das erklärt jedoch nicht, warum unser Gehirn uns mit einer quasiaggressiven Reaktion lockt und quält. Dieses Gefühl, Dingen wehzutun, die wir süß finden, ist so verbreitet, dass es einen Begriff dafür gibt – *cute aggression*.

Oriana Aragón und ihre Kollegen von der Yale University haben dieses seltsame Phänomen als Erste in einer Reihe von Studien untersucht und 2015 einen Aufsatz dazu veröffentlicht.[9] In einer ihrer Studien wurden den Teilnehmern Bilder von niedlichen Tieren gezeigt und ein großes Blatt Luftpolsterfolie zur Verfügung gestellt. Teilnehmer, denen Bilder von Tierbabys gezeigt wurden, zerdrückten bedeutend mehr Blasen als diejenigen, die Bilder von erwachsenen Tieren sahen.

Die Forscher fragten sich dann, ob die von den Probanden empfundene Aggression verschwinden würde, wenn sie etwas auf dem Schoß hätten, was einem Tier ähnelt. Etwas zum Knuddeln, zum Liebkosen. Hierzu entwarfen sie ein Kissen »aus extrem weichem, seidigem Material«, das die Hälfte der Teilnehmer auf dem Schoß hielt, während sie niedliche Bilder von Tieren anschaute.

Tatsächlich trat das Gegenteil von dem ein, was sie erwarteten. Die Teilnehmer zeigten mehr *cute aggression*, weil die Forscher »einen taktilen Stimulus der Niedlichkeit hinzugefügt« hatten. Sie folgerten, dass dies vielleicht darauf schließen lasse, dass es bei Teilnehmern, die es mit echten, flauschigen Tier-babys zu tun hätten, eine weitere »Zunahme dieser aggressiven Gefühle« gebe. Mit anderen Worten: Wenn man Bilder von kleinen Kätzchen online sieht, hält sich die *cute aggression* noch im Rahmen, aber es wirklich mit ihnen zu tun zu haben, scheint *einfach zu viel* zu sein.

Laut dem Forscherteam gilt dies auch für Babys. Beobachten Sie, wie Sie auf die folgenden Aussagen reagieren, die aus einem Aussagenkatalog stammen, den Aragón und ihre Kollegen ihren Probanden gaben.

1. Wenn ich ein extrem niedliches Baby im Arm halte, ver-spüre ich den Drang, seine kleinen dicken Beinchen zu drücken.
2. Wenn ich ein extrem niedliches Baby anschaue, möchte ich ihm in die Wangen kneifen.
3. Wenn ich etwas sehe, das ich richtig niedlich finde, balle ich meine Hände zu Fäusten.
4. Ich gehöre zu den Menschen, die einem niedlichen Kind durch zusammengebissene Zähne sagen: »Ich könnte dich auffressen!«

Wenn Sie irgendeiner dieser Aussagen zustimmen, leiden Sie nicht nur Kätzchen und Welpen, sondern auch Menschenbabys gegenüber an *cute aggression*. Auch dies kann für seltsame Emotionen sorgen, ja dazu führen, dass Eltern sich Sorgen wegen ihrer eigenen Gefühle gegenüber ihren Kindern machen. *Warum würde ich mein Baby gerade am liebsten kneifen, wo ich ihm doch in Wirklichkeit niemals ein Leid antun würde?* Dies ist einer von vielen dunklen Gedanken, die Eltern haben können und mit niemandem teilen wollen, weil sie fürchten, als schlechter Elternteil, als schlechte Person abgestempelt zu werden. Doch falls Sie diesen Gedanken haben, seien Sie unbesorgt.

Dieses Gefühl scheint ziemlich normal zu sein und ist nicht völlig überraschend. »Süße Aggression« ist wahrscheinlich ein Nebenprodukt eines adaptiven menschlichen Merkmals. Wenn wir etwas niedlich finden, wollen wir es im Allgemeinen am Leben erhalten, uns darum kümmern. Das ist vermutlich auch der Hauptgrund dafür, warum wir niedliche Tiere als Haustiere halten.

Höchstwahrscheinlich wird sich dieses Gefühl insbesondere dann einstellen, wenn wir etwas sehen, was ins »Kindchen-schema«[10] passt – mit großen, weit auseinanderstehenden Augen, runden Wangen und einem kleinen Kinn. Es spielt keine Rolle, ob es sich tatsächlich um ein Menschenbaby oder um ein echtes Tier handelt. Wir finden Cartoons niedlich, wenn sie in dieses Schema passen, wir können diese Empfindungen bei Kuscheltieren haben, und Google entwarf sein erstes selbstfah-rendes Auto entsprechend diesem Schema, damit wir weniger Angst vor der neuen Technologie haben.

Da Niedlichkeit so starke positive Gefühle in uns hervorruft, wird unser Gehirn, so die Forscher, von einem Gefühl der Für-sorge überwältigt, dem es mit einem Gefühl der Aggression ent-gegenzuwirken versucht. Dies geschieht, weil Menschen manch-mal »dimorphe Emotionen« haben: Wir reagieren auf Dinge nicht immer mit nur einer Emotion, sondern mit zwei Emotio-nen gleichzeitig, die sowohl positiv als auch negativ sein kön-nen und völlig durcheinandergeraten sind.

Dimorphe Emotionen stellen sich ein, wenn wir so von unse-ren Gefühlen überwältigt werden, dass wir es nicht aushalten. Der Gefahr einer emotionalen Überforderung, die dem Gehirn Schaden zufügen könnte, steuert das Gehirn dann mit einer konträren Emotion entgegen – z. B. mit Weinen, wenn wir wirklich glücklich sind, mit Lächeln bei einer Beerdigung oder mit dem Wunsch, etwas zu zerquetschen, was uns wirklich am Herzen liegt. Mit anderen Worten: Wenn Sie das nächste Mal ein niedliches Tier zerdrücken wollen, heißt das wahrscheinlich nicht, dass Sie ein verkappter Sadist sind, sondern dass Ihr Gehirn überlastet ist und versucht, nicht kurzzuschließen.

Lassen Sie uns nun wieder die Verbindung zum Bösen herstellen. Die Neigung, kuscheligen Tieren oder kleinen Babys tatsächlich wehzutun, würden wahrscheinlich viele Leute als »böse« bezeichnen. Sie jedoch *so sehr* zu lieben, dass ihr Gehirn sich davor schützen muss, vor Freude zu explodieren? Das wahrscheinlich nicht.

Apropos Aggressionen gegenüber dem, was wir lieben: Eins meiner persönlichen Zielobjekte ist mein Lebensgefährte. Es macht mir Spaß, ihn spielerisch zu schlagen, ihn zu drücken und zu ärgern. Doch ab welchem Punkt ist dies nicht länger niedlich, sondern aggressiv? Sollte ich mir Sorgen machen? Sollte er sich Sorgen machen?

Wie sich herausstellt, könnte der Begriff süße Aggression unzutreffend sein, eine Bezeichnung, die überhaupt nicht mit allgemein akzeptierten Definitionen von Aggression übereinstimmt. *Cute aggression* ist wahrscheinlich überhaupt keine Aggression, sie *ähnelt* ihr nur. Das haben auch die Forscher, die diesen Begriff prägten, mittlerweile akzeptiert. Wenn wir es hier also nicht mit echter Aggression zu tun haben, was *ist* dann Aggression?

Die in den USA ansässige Sozialpsychologin Deborah Richardson erforscht seit Jahrzehnten die Grundlagen der Aggression. Zusammen mit Robert Baron definierte sie 1994 Aggression als »jedes Verhalten, das auf das Ziel ausgerichtet ist, einem anderen Lebewesen Schaden zuzufügen«. Aggression, so die Autoren, hat vier notwendige Merkmale.[11] Erstens ist Aggression ein Verhalten. Es ist kein Gedanke, keine Idee, keine Haltung. Zweitens ist Aggression intentional. Zufälle zählen nicht. Drittens beinhaltet Aggression den Wunsch, Leid zuzufügen. Man muss jemandem wehtun wollen. Viertens ist Aggression gegen ein Lebewesen gerichtet. Nicht gegen Roboter oder unbelebte Objekte.

»Einen Teller zu zerbrechen oder einen Stuhl zu werfen, um seine Verärgerung zum Ausdruck zu bringen, wäre keine Aggression«, erklärt Richardson. »Der Versuch, Ihrer Mutter wehzutun, indem Sie ihren wertvollen antiken Teller kaputt machen, oder Ihrem Freund wehzutun, indem Sie einen Stuhl *nach* ihm werfen, *würde* als Aggression gelten.«

Wenn wir einmal von den spielerischen, pseudoaggressiven Verhaltensweisen absehen, die wir zuweilen in Beziehungen an den Tag legen, und uns der ernsteren Aggression zuwenden, lautet die Frage: Warum tun wir denjenigen weh, die wir lieben? Wut scheint ein Hauptmotiv zu sein. In einer 2006 von Richardson und Green[12] durchgeführten Studie über Aggressionen gegenüber Menschen, die einem nahestehen, wurden die Teilnehmer gebeten, über ihre Aggressionen gegenüber jemandem zu sprechen, auf den sie im letzten Monat wütend gewesen waren. 35 Prozent der Befragten gaben an, sie seien wütend auf einen Freund gewesen, 35 Prozent auf einen Liebespartner, 16 Prozent auf Geschwister und 14 Prozent auf einen Elternteil. Die Forscher fanden auch heraus, dass die meisten Probanden sich gegenüber denjenigen, auf die sie wütend waren, aggressiv verhielten. Menschen, die uns nahestehen, sind leicht erreichbar und wecken in uns oft starke Gefühle. Außerdem sind wir häufig auf irgendeine Weise von ihnen abhängig. Diese Mischung scheint sie zu einer mächtigen Zielscheibe unserer Aggression zu machen.

Vor allem bei Liebespartnern schließen die Motive für Aggression und Gewalt auch Rache für emotionale Verletzungen, den Wunsch, die Aufmerksamkeit des Partners zu erhalten, sowie Eifersucht und Stress mit ein.[13] Wir tun denen, die wir lieben, aus sehr vielen Gründen weh. Einige dieser Gründe sind tief verwurzelt und schwer zu kontrollieren. Doch es gibt ein paar Dinge, die wir kontrollieren können, um die Wahrscheinlichkeit, dass wir aggressiv handeln, zu verringern. Zum Beispiel können wir einfach eine Kleinigkeit essen.

Laut einer Studie von Brad Bushman u. a.[14] aus dem Jahr 2014 erfordert Selbstkontrolle Gehirnnahrung in Form von Glukose (Zucker). Da Aggression das Ergebnis einer schlechten emotionalen und physischen Selbstkontrolle sein kann, wollten die Forscher die Beziehung zwischen Glukose und Aggressionen untersuchen. Sie baten 107 verheiratete Paare, drei Wochen lang jeden Morgen vor dem Frühstück und jeden Abend vor dem Schlafengehen ihren Blutzuckerspiegel zu messen. Die Forscher maßen auch die Aggressionslevel ihrer Probanden gegenüber ihren Partnern, indem sie jedem Teilnehmer eine Voodoopuppe und 51 Nadeln mit der Erklärung gaben: »Die Puppe symbolisiert Ihren Ehepartner. Stecken Sie an 21 aufeinanderfolgenden Tagen am Ende des Tages zwischen 0 und 51 Nadeln in die Puppe, abhängig davon, wie wütend Sie auf Ihren Partner sind. Tun Sie dies allein, in Abwesenheit Ihres Partners.«

Am Ende der Studie maßen die Forscher auch unmittelbare Aggressionen, indem sie den Probanden die Möglichkeit gaben, ihren Partner über Kopfhörer mit einem Geräusch zu attackieren, konkret mit einer Mischung aus Sounds, die die meisten von uns hassen: wie Fingernägel, die über eine Tafel kratzen,

Zahnarztbohrer und Krankenwagensirenen. Laut den Forschern »kontrollierten die Teilnehmer im Grunde innerhalb der ethischen Grenzen des Labors eine Waffe, die dazu verwendet werden konnte, ihren Ehepartner einem unangenehmen Geräuschangriff auszusetzen«. Glücklicherweise wurden die Ehepartner in Wahrheit keinem derartigen Angriff ausgesetzt, denn die Probanden spielten, ohne es zu wissen, gegen einen neutralen Computer.

Teilnehmer mit niedrigeren Blutzuckerspiegeln steckten mehr Nadeln in die Voodoopuppe und attackierten ihren Ehepartner ausdauernder und mit lauteren Geräuschen. Die Forscher schrieben abschließend, dass regelmäßiges Essen und höhere Blutzuckerspiegel helfen sollten, Aggressionen und Konflikte in Beziehungen zu verringern. Wenn Sie also das nächste Mal das Bedürfnis verspüren, sich mit Ihrem Partner zu streiten, essen Sie einen Schokoriegel. Stellen Sie sicher, dass Sie wirklich wütend sind – und nicht nur *hungrig*.

Unabhängig davon scheint unser Aggressionsstil auch von unserem Opfer abzuhängen. In ihrer Studie zu Aggressionen gegenüber Nahestehenden stellten Richardson und Green[15] auch Folgendes fest: »Wenn Menschen wütend auf ihren Liebespartner oder einen Geschwisterteil sind, suchen sie wahrscheinlich die direkte Konfrontation. Sind sie jedoch wütend auf einen Freund, vermeiden sie eher eine direkte Konfrontation und fügen ihm auf Umwegen Schaden zu – indem sie zum Beispiel Gerüchte verbreiten oder hinter seinem Rücken reden.« Zweifellos kann die Aggression viele Formen annehmen.

Lassen Sie uns die Definition von Aggression nun noch ein wenig genauer untersuchen. Welches sind die unterschiedlichen Formen der Aggression? 2014[16] fasste Richardson über zwei Jahrzehnte ihrer eigenen Aggressionsforschung zusammen und legte dar, dass es drei Hauptformen der Aggression gibt. Die erste Form, die direkte Aggression, beinhaltet, dass man jemanden mit verletzenden Worten oder verletzendem Handeln angreift, ihn also zum Beispiel anbrüllt oder schlägt. Das kann heißen, dass man einen verbalen Streit mit einem Liebespartner vom Zaun bricht, einen Freund verspottet, um ihm wehzutun, oder verletzend sarkastisch ist. In extremeren Formen kann dies zu häuslicher Gewalt führen.

Die zweite Form, die indirekte Aggression, ist weniger offensichtlich. Indirekt aggressive Verhaltensweisen beinhalten den Versuch, jemandem auf dem Umweg über ein Objekt oder eine andere Person wehzutun. Dies können Aktionen wie die Beschädigung von jemandes Besitz oder die Verbreitung von Gerüchten sein. Indirekte Aggression schließt auch die soziale Aggression mit ein, bei der es darum geht, jemandem wehzutun, indem man seinen Beziehungen Schaden zufügt oder sie zerstört.[17]

Schließlich gibt es eine dritte Form der Aggression. Diese ist die bei Weitem üblichste und beinhaltet, dass man andere verletzt, indem man mauert – passive Aggression. Zu Ihrem Vergnügen führe ich hier sämtliche Items zur passiven Aggression aus dem überarbeiteten Richardson Conflict Response Questionnaire[18] auf. Ich möchte Sie dazu ermutigen, die Beschäftigung damit als Moment der Selbstwahrnehmung zu nutzen. Denken Sie an jemanden, den Sie lieben. Einen Elternteil, einen Bruder, eine Schwester, einen Geliebten, eine Geliebte, einen Freund, eine Freundin. Denken Sie an Ihre Geschichte mit dieser Person, und sehen Sie, ob Sie in dem Versuch, sie zu verletzen, zu bestrafen oder auf andere Weise unglücklich zu machen, irgendwelche der folgenden Dinge getan haben. Haben Sie …

… nicht getan, was die andere Person sich von Ihnen gewünscht hat

… absichtlich den Partner ärgernde Fehler begangen, die nur versehentlich zu sein *schienen*

… sich an Dingen, die für die andere Person wichtig waren, nicht interessiert gezeigt

… die andere Person mit Schweigen bestraft

… die Beiträge der anderen Person ignoriert

… die Person von wichtigen Aktivitäten ausgeschlossen

… die Interaktion mit der Person gemieden

… falsche Gerüchte über die Person nicht dementiert

… nicht zurückgerufen und nicht auf Nachrichten reagiert

… sich zu spät zu geplanten Aktivitäten eingefunden

… Aufgaben bewusst langsamer erledigt?

Wenn Sie irgendeine dieser Aussagen bejaht haben, sind Sie gegenüber jemandem, den Sie lieben, passiv-aggressiv gewesen. Bei Freunden ignorieren wir vielleicht eine Entschuldigung per SMS, bei Eltern kommen wir vielleicht zu spät, um sie zu frustrieren, und bei Geliebten verweigern wir möglicherweise den Sex, um sie für ein wahrgenommenes Fehlverhalten zu bestrafen. Warum tun wir das? Ein Grund könnte darin liegen, dass sich ein derartiges Verhalten leicht leugnen lässt. Wenn Sie bei einem Streit beschuldigt werden, passiv-aggressiv zu sein, lässt sich diese Verhaltensweise mit »Was? Ich habe doch *nichts* getan« abtun. Wir können uns selbst einreden, dass wir schuldlos sind, weil es sich um Aggression durch Nichtstun statt durch Tun handelt. In Wirklichkeit kann passive Aggression jedoch genauso schlimm sein wie andere Formen der Aggression.

Wie es scheint, können sowohl der Sadismus als auch die Aggression alltägliche Emotionen sein. Aber es gibt doch bestimmt einen Unterschied zwischen jemandem, der passiv-aggressiv das Geschirr nicht wegräumt, und jemandem, der gemeine Lügen verbreitet oder Menschen an Straßenecken angreift, oder?

Hierzu äußerten sich der Psychologe Delroy Paulhus und seine Forscherkollegen 2017[19] folgendermaßen: »Im üblichen Sprachgebrauch ist Aggression ein Charakterzug, d. h. eine dauerhafte Art des Denkens, Handelns und Fühlens.« Mit einem Charakterzug haben wir es zu tun, wenn wir sagen, dass jemand etwas *ist*: »Sam ist aggressiv.« Das heißt, dass wir im Alltag von Aggressionen oft so sprechen, als seien sie ein fundamentaler Teil einer Person.

Doch Paulhus u. a. behaupten, dass die Aggression selbst nicht der zugrunde liegende Persönlichkeitsfehler ist. Wir betrachten sie vielleicht als ein Merkmal, das uns böse macht. Aber möglicherweise ist Aggression gar kein Persönlichkeitsmerkmal, sondern einfach eine Manifestation verschiedener anderer Merkmale, eine Sammlung von Emotionen und Aktionen, zu denen jeder fähig ist und die daraus resultieren, dass wir Menschen sind. Auch wenn wir es vielleicht nicht wahrhaben wollen: Aggressionen sind normal, nicht böse.

Einige von uns verfügen jedoch über ein Bündel von Persönlichkeitsmerkmalen, das dazu führt, dass wir eher aggressiv werden. Diese Merkmale sind als die dunkle Triade bekannt.

Die dunkle Triade

Laut einem 2014[20] von Paulhus veröffentlichten Aufsatz bezieht sich der Begriff »dunkle Persönlichkeiten« auf Menschen mit bestimmten sozial unerwünschten Merkmalen, die im subklinischen Bereich liegen. Diese Merkmale gelten als subklinisch, weil der Betreffende nicht in ausreichender Weise die Kriterien erfüllt, um bei ihm eine klinische Persönlichkeitsstörung diagnostizieren zu können. Menschen mit einer dunklen Persönlichkeit sind fähig, »in alltäglichen Arbeitsumfeldern, akademischen Umfeldern und der größeren Gemeinschaft zurechtzukommen (ja sogar erfolgreich zu sein)«. Die »dunkle Triade« ist eine Kombination aus den Merkmalen Psychopathie, Narzissmus und Machiavellismus. Zusätzlich umfasst sie das Merkmal Sadismus.

Wenn es darum geht, Menschen mit Persönlichkeitsstörungen zu diagnostizieren, sprechen Forscher und klinische Psychologen oft von Grenzwerten. So braucht man z. B., um als Psychopath klassifiziert zu werden, mindestens 30 (oder, abhängig davon, mit wem man spricht, 25) von möglichen 40[21] Punkten auf der Psychopathie-Checkliste. Jeder, der unterhalb dieses Grenzwerts liegt und 29 Punkte oder weniger erzielt, gilt nicht als Psychopath.

Wie Sie sich aber sicher vorstellen können, ist der Unterschied zwischen einer Punktzahl von 29 und einer von 30 weitgehend willkürlich. Deswegen behandeln die Wissenschaftler Psychopathie zunehmend als ein Kontinuum. Sie wollen heutzutage vor allem wissen, was passiert, wenn Menschen höhere Psychopathiewerte erzielen, und nicht mehr einfach nur, *ob* sie einen bestimmten Grenzwert erreichen. Dasselbe gilt für die Merkmale Sadismus, Narzissmus und Machiavellismus. Auch hier lautet nun eine der Schlüsselfragen der Forscher: Wenn die Menschen bei diesen Merkmalen höhere Werte erzielen, tun sie anderen Menschen dann eher weh?

Bevor ich fortfahre, möchte ich eine Warnung aussprechen. Die Forschung zu jedem dieser Merkmale ist fesselnd, aber auch problembehaftet. Indem wir Begriffe wie »dunkel« oder »psychopathisch« verwenden, um menschliche Wesen zu beschreiben, laufen wir Gefahr, Personen zu entmenschlichen. Wir laufen auch Gefahr, die Vorstellung zu akzeptieren, dass eine bestimmte Person schlecht *ist*: »Die Missetäter können sich nicht ändern, es ist in ihrer DNA«, ist etwa eine erstaunlich weitverbreitete Annahme. Das riecht stark nach medizinischer Monsterisierung. Gehen Sie also mit Vorsicht an den nächsten Abschnitt heran, und widerstehen Sie dem Drang, zu denken, dass Menschen, die Merkmale der dunklen Triade aufweisen, »böse« seien.

Als Erstes wäre da die Psychopathie. 1833 formulierte James Prichard eine frühe Version dessen, was wir inzwischen Psychopathie nennen. Er verwendete die Bezeichnung »moralisches Irresein«.[22] Menschen, bei denen moralisches Irresein diagnostiziert wurde, trafen, wie man glaubte, schlechte moralische Entscheidungen, wiesen aber keine Mängel in puncto Intelligenz oder psychische Gesundheit auf. Auch Psychopathen sind oft clever und geistig gesund und tun Dinge, die nach allgemeiner Auffassung unmoralisch sind. Heutzutage hat die am häufigsten verwendete Definition von Psychopathie die Form einer Checkliste – der revidierten Psychopathie-Checkliste (PCL-R).[23] Die erste Psychopathie-Checkliste erstellte der kanadische Psychologe Sir Robert Hare in den 1970er-Jahren als Tool für Psychologen und Forscher, Menschen auf strukturiertere Weise als Psychopathen diagnostizieren zu können.

Laut dieser Checkliste zählen zu den bestimmenden Merkmalen der Psychopathie unter anderem oberflächlicher Charme, Lügen, Mangel an Gewissensbissen, antisoziales Verhalten, Egozentrik und – vor allem – ein Mangel an Empathie.

Die meisten würden sagen, dass das bestimmende Merkmal der Psychopathie der Mangel an Empathie ist. Ein Mangel an Empathie wird stark mit Verbrechen in Verbindung gebracht. Eine solche Diagnose bedeutet, dass die Betroffenen, wenn sie ein Verbrechen begehen oder Regeln brechen, nicht unter Gefühlen wie Reue oder Traurigkeit leiden. Empathie macht es wirklich schwer, Menschen wehzutun. Psychopathen können besonders skrupellos sein. Es scheint ein allgemeiner Konsens zu herrschen, dass es Straftäter und psychopathische Straftäter gibt – und dass Letztere in eine gesonderte, beängstigende Kategorie fallen.

Ist dieses angebliche Empathie-Defizit im Gehirn verankert? Laut einer 2017 durchgeführten Metaanalyse der Neuroimaging-Forschung zu Psychopathen[24] »legen jüngste Bildgebungsstudien nahe, dass dem psychopathischen Verhalten eine abnormale Hirnaktivität zugrunde liegt«. Wie es scheint, unterscheiden sich also die Gehirne von Psychopathen von den Gehirnen von Nichtpsychopathen. Außerdem kommen die Forscher zu dem Schluss, dass »Psychopathie durch eine abnormale Gehirnaktivität des bilateralen präfrontalen Kortex [dem vorderen Teil des Gehirns] und der rechten Amygdala [die sich nahe der Mitte des Gehirns befindet] charakterisiert wird, welche für psychische Funktionen verantwortlich sind, die bei Psychopathen bekanntermaßen beeinträchtigt sind«. Mit anderen Worten: Der für Entscheidungen wie auch der für Emotionen verantwortliche Teil des Gehirns funktioniert nicht richtig. Aufgrund von Ergebnissen wie diesen argumentieren einige, dass man das Gehirn, zumindest teilweise, dafür verantwortlich machen könne, wenn ein Psychopath die Entscheidung trifft, ein Verbrechen zu begehen.

Doch so wie wir bei einem Blick in Hitlers Gehirn ernüchtert auf seine 08/15-Architektur blicken würden, so könnten wir bei einem Blick in das Gehirn eines Psychopathen auch nicht sagen, dass er aggressiv werden wird. Dies illustriert der Fall von James Fallon,[25] der die Gehirne psychopathischer Mörder untersucht. Nachdem er die Gehirne vieler seiner Probanden gescannt hatte, hielt er das Bild eines eindeutig pathologischen Hirns in der Hand. Wie sich herausstellte, war es sein eigenes. »Ich habe nie jemanden getötet oder vergewaltigt«, sagte Fallon 2013 in einem Interview. »Mein erster Gedanke war, dass meine Hypothese vielleicht falsch wäre und dass diese Hirnbereiche keine Hinweise auf Psychopathie oder Morde geben.«

Dann fand er jedoch nach und nach heraus, dass es unter seinen Ahnen mindestens acht Personen gab, die jemanden umgebracht hatten. Diese Informationen und weitere Untersuchungen seines Gehirns halfen ihm zu akzeptieren, dass er tatsächlich ein Psychopath sein könnte. Er bezeichnet sich selbst als »prosozialen Psychopathen«, der Schwierigkeiten hat, Mitgefühl zu empfinden, sich jedoch auf sozial akzeptable Weise verhält. 2015 veröffentlichte er sogar ein Buch darüber mit dem Titel »Der Psychopath in mir. Die Entdeckungsreise eines Neurowissenschaftlers zur dunklen Seite seiner Persönlichkeit«.[26] Wie sich zeigt, sind nicht alle Psychopathen gleich, und zweifellos sind nicht alle Psychopathen Kriminelle. Selbst jemand, der mit dem Gehirn eines Mörders geboren wird, bringt vielleicht niemals jemanden um, obwohl die Wahrscheinlichkeit, dass er es tut, erhöht sein könnte.

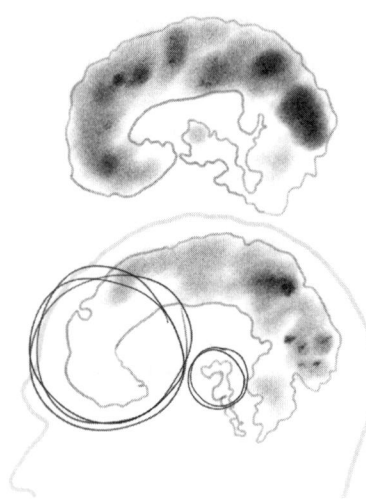

Fallons Gehirn (unten), von der Seite gesehen, zeigt einen Mangel an
Aktivität in den Bereichen des Gehirns, die mit Empathie und dem Treffen
guter Entscheidungen zu tun haben. Es ist ein klassisches Beispiel für das
Gehirn eines Psychopathen. Oben: ein aktiveres Kontroll-Gehirn eines
Nicht-Psychopathen.

Das zweite die dunkle Triade kennzeichnende Merkmal ist der
Narzissmus. Laut der amerikanischen Sozialpsychologin Sara
Konrath und ihrer Kollegen[27] »halten sich einige Individuen für
großartige, besondere Menschen, die von anderen bewundert
und geachtet werden sollten. Solche Menschen werden oft als
Narzissten bezeichnet … Die narzisstische Persönlichkeit wird
charakterisiert durch ein überhöhtes Selbstbild, Grandiosität,
Ichbezogenheit, Eitelkeit und Selbstgefälligkeit.« Wie also können wir einen Narzissten erkennen? Konrath u. a. untersuchten
dies anhand von elf verschiedenen Studien und stellten fest,
dass es einen sehr nützlichen Test gibt, der uns dabei helfen
kann, einen Narzissten zu identifizieren. Hier ist er:

Der Narzissmus-Test

Inwieweit stimmen Sie dieser Aussage zu: »*Ich bin ein Narzisst.*« (Hinweis: Das Wort »Narzisst« bedeutet selbstgefällig, ichbezogen und eitel.)

1	2	3	4	5	6	7

Trifft *gar nicht*   Trifft *voll und ganz*
auf mich zu   auf mich zu

Das ist alles. Wenn es einen Preis für den kürzesten Persönlichkeitstest gäbe, würde dieser ihn wahrscheinlich gewinnen. Warum funktioniert er? Laut Brad Bushman, einem der Mitgestalter der Skala, »sind Menschen, die Narzissten sind, fast stolz auf diese Tatsache … Man kann sie direkt fragen, weil sie Narzissmus nicht als negative Eigenschaft betrachten – sie glauben, dass sie anderen Leuten überlegen sind, und haben kein Problem damit, dies öffentlich zu äußern.«[28]

Die Narzissten selbst mögen zwar glauben, dass sie großartig sind, doch andere stimmen dem nicht immer zu. Menschen mit hohen Narzissmuswerten werden oft als arrogant, streitsüchtig und opportunistisch empfunden.

Aber nicht alle Narzissten scheinen so sehr von ihrer eigenen Überlegenheit überzeugt zu sein, wie Bushman es unterstellt. Narzissten lassen sich in zwei Gruppen unterteilen, in die grandiosen und die vulnerablen. Während die grandiosen Narzissten als angeberisch, selbstgefällig und selbstbewusst gelten, werden die vulnerablen Narzissten als nörglerisch, verbittert und abwehrend erlebt. Die Vulnerabilität und die besonders unsympathischen Eigenschaften der zweiten Gruppe scheinen daher zu stammen, dass sie nicht ganz an ihre eigene Überlegenheit glaubt.

Grandiose Narzissten können frustrierend sein, vulnerable hingegen gefährlich. 2014 schrieben Zlatan Krizan und Omesh Johar[29] über narzisstische Wut – eine explosive Mischung aus Zorn und Feindseligkeit. Nur der vulnerable Narzissmus scheint mit dieser speziellen Form der Wut in Zusammenhang zu stehen. Die Autoren erklären, im Verlauf ihrer Forschung herausgefunden zu haben, dass »narzisstische Vulnerabilität (aber nicht Grandiosität) eine mächtige Triebfeder für Wut, Feindseligkeit und aggressives Verhalten [ist]« und dass dies »durch Misstrauen, Ablehnung und wütende Grübelei geschürt wird«. Das zeigt, dass diejenigen von uns, die ihre Unsicherheiten hinter einer Fassade der Überlegenheit verbergen, besonders Gefahr laufen, anderen etwas zuleide zu tun.

Kommen wir nun zum Machiavellismus, dem am wenigsten bekannten Persönlichkeitsmerkmal der dunklen Triade. Seinen Namen verdankt es dem Philosophen Machiavelli, der ein Buch mit dem Titel *Der Fürst* geschrieben hat. Darin vertrat er die Ansicht, dass einige Menschen, um ihre Ziele zu erreichen, bereit seien, alle notwendigen Mittel zu nutzen: Der Zweck heiligt die Mittel, und es ist in Ordnung, wenn diese Manipulationen, Schmeichelei und Lügen mit einschließen.[30]

In ihrem Aufsatz aus dem Jahr 2017 definierten Peter Muris u. a. Machiavellismus als »heuchlerischen interpersonellen Stil, als zynische Geringschätzung der Moral und als Konzentration auf Eigennutz und persönlichen Vorteil«.[31] Statt mit der mangelnden Empathie des Psychopathen oder dem Gefühl der Überlegenheit haben wir es hier mit einer funktionaleren sozialen Strategie zu tun. Es geht um Macht und persönlichen Vorteil.

Der Machiavellismus wird normalerweise mit einem Instrument namens MACH-IV[32] diagnostiziert. Nach Muris u. a. ist er durch dreierlei gekennzeichnet: »manipulative Taktiken (z.B. ›Es ist klug, wichtigen Menschen zu schmeicheln‹), eine zynische Sicht der menschlichen Natur (z.B. ›Jeder, der irgendjemandem vollständig traut, provoziert Ärger‹) und die Missachtung der konventionellen Moral (z.B. ›Manchmal sollte man handeln, auch wenn man weiß, dass es moralisch falsch ist‹)«. Letztlich bedeutet dies, dass jemand, der hohe Machiavellismuswerte erzielt, bereit ist, alles zu tun, um sein Ziel zu erreichen.

Schließlich kommen wir zum Sadismus. Dieses Merkmal wurde der dunklen Triade 2013 hinzugefügt und war eigentlich ein Nebenprodukt der Studie, in der die Probanden Wanzen zermahlen sollten (Sie erinnern sich an Muffin, Ike und Tootsie). Nach ihren Experimenten zum alltäglichen Sadismus schlugen Buckels und Kollegen vor, das, was als »dunkle Triade« bekannt war, in »dunkle Tetrade«[33] umzubenennen (Psychopathie, Sadismus, Narzissmus und Machiavellismus). Die Dunkelheit wurde um eine Dimension erweitert.

Diejenigen von uns, die bei irgendeinem der Tetrade-Merkmale hohe Werte erzielen, aber vor allem diejenigen, die dies bei allen Merkmalen zugleich tun, werden viel eher die Regeln der Gesellschaft brechen. Aber ist dies immer schlecht?

Die gute Seite Ihrer schlechten Seite

Viele Persönlichkeitsmerkmale, die uns oberflächlich betrachtet äußerst negativ erscheinen, haben vielleicht einen gewissen Wert, wenn wir sie genauer unter die Lupe nehmen. Forschungen zur dunklen Tetrade zeigen, dass diese Merkmale manchen von uns tatsächlich helfen, erfolgreich zu sein. Fallon, unser Forscher mit dem Gehirn eines Psychopathen, behauptet, dass seine Psychopathie ihn ehrgeiziger macht. Ähnlich könnten Aspekte des Machiavellismus, vor allem die Bereitschaft, alles zu tun, was nötig ist, um an die Spitze zu gelangen, jemandem helfen, in einem Unternehmensumfeld erfolgreich zu sein.

2001 erschien ein Aufsatz mit dem Titel »Is Narcissism Really So Bad? (Ist Narzissmus wirklich so schlecht?)«[34] (der *genau* wie ein Titel klingt, den ein Narzisst wählen würde). Darin kommt der Forscher Keith Campbell zu dem Schluss, dass »Narzissmus vielleicht eine funktionale und gesunde Strategie ist, mit der modernen Welt fertigzuwerden. Die Vorstellung, dass Narzissten schwach, kraftlos oder deprimiert sind, stimmt einfach nicht mit aktuellen Untersuchungen überein, denen typische Stichproben zugrunde liegen.«

Wie verhält es sich mit dem Sadismus? Hier wird es etwas kniffliger. Mir scheint, dass uns evolutionär in dem ständigen Kampf zwischen Moral, Empathie und dem Wunsch, zu überleben, auch ein bisschen Sadismus nicht geschadet haben dürfte. Ein wenig Vergnügen aus Grausamkeit zu ziehen, hat es uns vielleicht leichter gemacht, Tiere zu töten, Menschen zu töten oder andere widerwärtige Dinge zu tun, von denen unser Überleben abhing. Wenn Empathie im Weg stand, könnte Sadismus uns helfen, das Notwendige zu tun.

Vielleicht gibt es eine gute Seite Ihrer schlechten Seite. Intuitiv fühlt es sich so an, dass es dennoch Menschen und Taten geben muss, die *eindeutig* böse sind. Dieses Kapitel scheint zu zeigen, dass es so etwas wie ein böses Gehirn, eine böse Persönlichkeit oder ein böses Persönlichkeitsmerkmal nicht gibt. Wir können danach suchen, soviel wir wollen, psychologische Tests durchführen und soziale Etiketten verpassen, letztlich finden wir uns knietief in komplizierten Aspekten der Menschheit wieder. Selbst Hitler, einer der Archetypen des Bösen, war ein menschliches Wesen mit einem neurologischen Profil, das sich wahrscheinlich nicht so stark von dem unseren unterschied, wie wir es gern glauben würden.

Wir werden in diesem Buch viele Aspekte menschlichen Verhaltens erforschen, die negative Folgen haben, im Widerspruch zu unseren Werten stehen oder als böse gelten. Wir werden nicht vor dem zurückscheuen, was uns unangenehm ist, und uns wiederholt eine wichtige Frage stellen: »Aber ist es böse?«

Als Kind liebte ich die Scooby-Doo-Zeichentrickserie. Das Team aus vier Kindern und einem sprechenden Hund, das in seinem »Mystery Machine« genannten Van eintraf, hatte den Auftrag, ein Monster zu finden, das die Nachbarschaft terrorisierte. Es rannte herum, suchte nach Hinweisen auf die Identität des Monsters und fing und entlarvte es schließlich. Es war immer eine normale Person in einem Kostüm. Monster gab es nicht.

Wie das Scooby-Team suchen wir vielleicht ungewollt nach einer einfachen Lösung, einer einfachen Entschuldigung, einem einfachen Begriff. Doch wir werden feststellen, dass es keine einfache Erklärung dafür gibt, warum Menschen Böses tun. Es gibt viele Erklärungen und sie sind wunderbar differenziert.

Obwohl vielleicht Unterschiede zwischen den Gehirnen derer bestehen, die »Schlechtes« tun, und derer, die dies nicht tun, kann es viel eindrucksvoller sein, die Ähnlichkeiten zwischen uns anzuerkennen, als die Unterschiede herauszustellen. Wie es scheint, befähigen uns unsere Gehirne, großen Schaden anzurichten. Aber was ist es, was viele von uns davon abhält, ihre sadistischen Impulse auszuleben? Worin besteht zum Beispiel der Unterschied zwischen Ihnen und einem Mörder? Dieser Frage wollen wir uns als Nächstes zuwenden.

Kapitel 2

MORDFANTASIEN: DIE PSYCHOLOGIE DER MORDLUST

Über Serienmörder, toxische Männlichkeit
und ethische Dilemmata

Sie lieben es, zu töten. Was großartig ist, weil Sie töten müssen, um zu überleben. Hungrig? Töten Sie etwas, was Sie essen können. Krank? Töten Sie die Bakterien, bevor diese Sie töten. Von etwas bedroht? Töten Sie in Notwehr. Nicht sicher, was es ist? Töten Sie es, für alle Fälle.

Weil wir in der Nahrungskette ganz oben stehen, werden die Mitglieder unserer Spezies als »Spitzenprädatoren« bezeichnet. Das liegt daran, dass Menschen, was die Quantität und Vielfalt angeht, mehr töten als jede andere Spezies. In einer wissenschaftlichen Abhandlung aus dem Jahr 2015 zum Verhalten unterschiedlicher Arten von Prädatoren legen Chris Darimont und Kollegen dar, dass wir Menschen so viel töten, dass wir »weltweit ökologische und evolutionäre Prozesse verändern«.[1] Wir töten so viel, dass es für viele Arten existenzbedrohend ist.

Inmitten all dieses Tötens gibt es eine Kategorie, die uns Menschen am intensivsten berührt: das Töten von Mitgliedern unserer eigenen Spezies. Aber sie beschäftigt uns auf seltsame Weise, denn obwohl wir das Töten von Menschen verdammen, fantasieren viele von uns davon.

Einige von uns fantasieren davon, ihren Chef aus dem Fenster zu werfen, das schreiende Baby für immer zum Schweigen zu bringen oder einen Ex-Lover direkt ins Herz zu stechen. Mir ist regelmäßig danach, Menschen nur *ein kleines bisschen zu töten*. Vor allem, wenn sie an Flughäfen herumtrödeln.

Die Normalität von Mordfantasien – oder Tötungsgedanken, wie Forscher sie manchmal nennen – wurde erstmals von Douglas Kenrick und Virgil Sheets von der Arizona State University nachgewiesen.

1993[2] fragten diese beiden Psychologen Probanden, ob sie je Mordfantasien gehabt hätten. Es mag überraschen, doch die Mehrheit der Teilnehmer der ersten Studie – 73 Prozent der Männer und 66 Prozent der Frauen – bejahte dies. Um sicherzugehen, dass es sich nicht um eine besonders mordgierige Stichprobe handelte, und um mehr Details zu sammeln, worauf sich die Fantasien konzentrierten, führten die Forscher eine zweite Studie durch, in der es ein ähnliches Ergebnis gab. Dieses Mal behaupteten 79 Prozent der Männer und 58 Prozent der Frauen, dass sie Mordfantasien gehabt haben. Wen wollten die Studienteilnehmer umbringen? Männer stellten sich eher vor, Fremde oder Kollegen zu töten, während Frauen Familienmitglieder bevorzugten. Eine andere beliebte Zielgruppe waren Stiefeltern … eine Horrorfilmversion von *Cinderella*.

Warum ist das so? Laut der Wissenschaftler Joshua Duntley und David Buss[3] sind Mordfantasien eine evolutionäre Strategie, auch wenn deren Nützlichkeit in einem Großteil der modernen Welt fragwürdig ist. Sie sind Teil eines evolvierten psychologischen Mechanismus und ein Produkt der menschlichen Fähigkeit, abstrakt zu denken und hypothetisch zu planen – wenn ich dies täte, was würde dann passieren? Mordfantasien ermöglichen es uns, ganze Szenarien durchzuspielen. Sie helfen uns, immer auf das Schlimmste vorbereitet zu sein und Möglichkeiten in Erwägung zu ziehen, unsere Lebensqualität zu verbessern, indem wir Leute loswerden, die zwischen uns und unseren Zielen stehen.

Und wenn wir diese Situationen im Geiste durchspielen, erkennen die meisten von uns schnell, dass das Töten eines anderen Menschen nicht das ist, was wir wirklich wollen, dass wir nicht gewillt sind, die verheerenden Konsequenzen zu tragen. Diejenigen, die nicht dazu fähig sind, potenzielle künftige Verhaltensweisen und ihre wahrscheinlichen Folgen gedanklich zu testen, handeln vielleicht impulsiver und werden es bereuen. Wie wir noch erfahren werden, spielt der impulsive Umgang mit Frustration bei einer Vielzahl von Tötungsdelikten eine entscheidende Rolle.

Manche Menschen fantasieren jedoch nicht nur von einem Mord, sie begehen ihn auch. Wer sind diese Menschen? Warum töten Menschen einander? Unsere Evolutionspsychologen Duntley und Buss würden sagen, es liege daran, dass es manchmal sinnvoll ist, Menschen umzubringen, zumindest aus evolutionärer Sicht. Menschen töten, weil sie dazu bestimmt sind.

Laut ihrer Homicide Adaptation Theory (Anpassungstheorie) kann das Töten – wenn wir eine sehr nüchterne Kosten-Nutzen-Rechnung aufstellen, ob wir ein anderes Mitglied unserer Spezies umbringen sollen – vor allem Männern beträchtliche Vorteile verschaffen. In einem 2011 veröffentlichten Aufsatz schreiben sie: »Historisch gesehen, brachte das Töten große Vorteile mit sich: das Verhindern eines vorzeitigen Todes, die Beseitigung von Rivalen, das Sichern von Ressourcen, das Töten des pränatalen Nachwuchses der Rivalen, das Beseitigen von Stiefkindern und das Ausschalten zukünftiger Konkurrenten der eigenen Kinder.« So riskant das Töten auch sein mag – da es oft entdeckt wird und den Täter in Gefahr bringen kann –, sei es manchmal trotzdem eine Gewinnstrategie, so die die moralische Dimension aussparenden Autoren.

Lassen Sie uns über Definitionen sprechen, bevor wir fortfahren. Mit den strafrechtlichen Begriffen Mord und Totschlag wird normalerweise die *widerrechtliche* Tötung einer anderen Person beschrieben. Mit anderen Worten, es handelt sich um Strafbestände, die weder das Töten in Notwehr, zur Gefahrenabwehr (»finaler Rettungsschuss«) noch das staatlich sanktionierte Töten in Form der Todesstrafe oder im Rahmen eines Krieges mit einschließen. Der Tod kann daraus resultieren, dass man die Person umbringen wollte, oder daraus, dass man sie stark verletzen wollte. Dies ist der *mens rea* (der schuldige Geist), die Voraussetzung dafür, dass eine Tötung als Mord betrachtet wird.

Ein übergeordneter Begriff aus der Kriminologie ist »Homizid«. Homizid ist die absichtliche und widerrechtliche Tötung eines Menschen und schließt üblicherweise sowohl Mord als auch Totschlag ein. Nach deutschem Strafrecht ist der Mord die durch eine besondere Verwerflichkeit gekennzeichnete Tötung eines anderen Menschen. Diese besondere Verwerflichkeit kann sich aus dem Beweggrund des Täters (»aus Mordlust, zur Befriedigung des Geschlechtstriebs, aus Habgier oder sonst aus niedrigen Beweggründen«), der Begehungsweise (»heimtückisch oder grausam oder mit gemeingefährlichen Mitteln«) oder des Handlungszwecks (»um eine andere Straftat zu ermöglichen oder zu verdecken«) ergeben. Der Mörder wird mit lebenslanger Freiheitsstrafe bestraft. Fehlt es dem Täter oder der Tat an einem dieser besonderen Mordmerkmale, kann der Täter nur wegen Totschlags bestraft werden, wobei auf eine lebenslange Freiheitsstrafe nur in besonders schweren Fällen zu erkennen ist.

Die genaue Abgrenzung zwischen Totschlag und Mord kann sehr kompliziert sein und unterscheidet sich von Land zu Land, ebenso die Definitionen von Homizid. Wenn ich also den Begriff »Homizid« benutze, dann halte ich mich an die Definition, die in der Globalen Studie über Homizid der Vereinten Nationen aus dem Jahr 2013 verwendet wird,[4] der bislang wohl umfassendsten Studie zu diesem Thema. Darin definieren die UN Homizid als »beabsichtigte widerrechtliche Tötung, die vorsätzlich an einer Person von einer anderen Person begangen wird.«

Der UN-Bericht macht deutlich, dass die Durchführung einer solchen Untersuchung nicht nur wichtig ist, weil es sich beim Homizid um »das ultimative Verbrechen« handelt, sondern weil Mord einen Welleneffekt auslöst, der weit über den Verlust des Lebens hinausgeht und »ein Klima der Angst und Unsicherheit erzeugen kann«. Homizidraten können ganze Gemeinden negativ beeinflussen, weil die Menschen Angst haben, abends nach draußen zu gehen, oder weil sie bestimmte Viertel meiden. Der Bericht stellt heraus, dass Homizid »auch die Familie und die Gemeinschaft des Opfers zum Opfer macht, die als sekundär Geschädigte betrachtet werden können«. Nicht nur der Ermordete spielt eine Rolle, sondern auch seine Familie und Freunde, die die Folgen tragen müssen.

Verglichen mit anderen Verbrechensarten ist es relativ einfach, eine Untersuchung zu Tötungsdelikten durchzuführen. Wenn ein Mensch getötet, tot aufgefunden oder vermisst wird, ist die Chance, dass dies gemeldet wird, sehr hoch und die »Dunkelziffer«, die Zahl der nicht gemeldeten Verbrechen, ziemlich niedrig. Im Gegensatz dazu ist die Dunkelziffer für Verbrechen wie Vergewaltigung und sexueller Missbrauch sehr hoch. Deswegen sind Tötungsdelikte laut dem UN-Bericht »der am leichtesten messbare, klar definierte und am leichtesten vergleichbare Indikator, um die weltweite Rate gewaltsamer Todesfälle zu messen«. Diese Transparenz macht Homizid, so der Bericht, »sowohl zu einem sinnvollen Indikator für Gewaltverbrechen als auch zu einem aussagekräftigen Indikator für den Sicherheitsstand innerhalb von Staaten«.

Laut der UN-Studie wurden 2012 weltweit fast eine halbe Million (437000) Menschen ermordet. Diese Rate ist jedoch nicht konstant. Auch wenn die Medien uns das Gegenteil glauben lassen wollen, können wir der Studie entnehmen, dass sich die Homizidraten nach einem Höchststand zwischen 1991 und 1993 weltweit verringert haben.

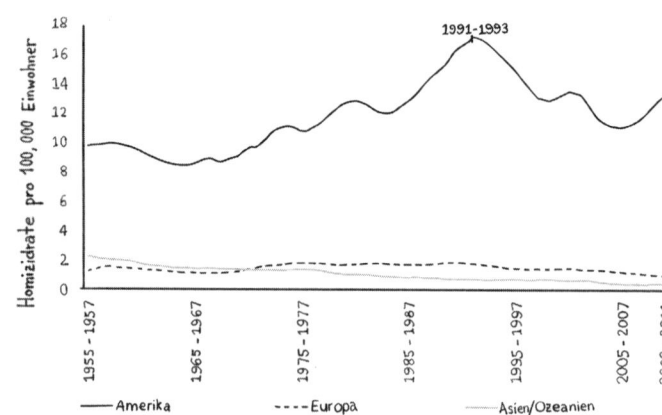

Weltweite Homizidraten
Quelle: United Nations Office on Drugs and Crime, Global Study on Homicide 2013.

Die grafische Darstellung der Ergebnisse zeigt auch, dass es enorme Unterschiede zwischen den Homizidraten in verschiedenen Teilen der Welt gibt. So ist die Rate in Amerika fast zehn

Mal so hoch wie in Europa und Asien/Ozeanien. Das bedeutet nicht, dass Menschen in bestimmten Ländern von Natur aus gewalttätiger sind. Vielmehr sind die Unterschiede einem komplexen Zusammenspiel von sozialen Faktoren geschuldet. Tötungsraten können sich abhängig vom Reichtum der Länder (ihrem BIP), von Kultur und politischer Unterdrückung, politischen oder sozialen Konflikten und dem Zugang zu Waffen unterscheiden. Vor allem in Ländern wie den USA wird der leichte Zugang zu Waffen oft als einer der maßgeblichen Faktoren für die hohe Mordrate gesehen.

Die UN-Studie befasste sich auch mit der Frage, wer die Menschen sind, die Morde begehen. Die meisten Morde werden von Männern an Männern verübt. 95 Prozent der Täter und 79 Prozent der Opfer sind Männer. Wir wissen auch, dass die meisten Menschen, die Morde begehen (in absoluten Zahlen), in Amerika leben. Die bevorzugten Mordwaffen unterscheiden sich je nach Land. In Amerika werden 66 Prozent der Morde mit einer Schusswaffe begangen. In anderen Teilen der Welt greifen die Täter eher zu scharfen Gegenständen wie Messern oder töten auf »andere« Weise – z. B. mithilfe von stumpfen Gegenständen, von Gewalt oder Gift. Schließlich wissen wir: Wenn Männer Frauen töten, sind diese wahrscheinlich ihre Beziehungspartnerinnen oder Familienmitglieder. Von den Opfern, die 2012 durch Beziehungspartner oder Familienmitglieder umgebracht wurden, waren 47 Prozent Frauen und weniger als sechs Prozent Männer.

Dies vermittelt uns eine grundlegende Vorstellung von den weltweit üblichen Mordpraktiken, beantwortet aber nicht die viel interessantere Frage, *warum* Menschen einander töten. Dieser Frage werden wir uns nun zuwenden.

Die Banalität des Mords

Ich habe wirklich eine Abneigung gegen Typologien, die versuchen, Menschen, die einen Mord begangen haben, auf der Grundlage der Tatorte, die sie hinterlassen, oder ihrer vermeintlichen unbewussten Motivation zu klassifizieren – *ich glaube, dieser Mörder wird von Machtgelüsten geleitet. Er wohnt wahrscheinlich noch bei seiner Mutter. Ein klassischer Fall eines Psychopathen!* Ich gebe zum Teil den TV-Shows die Schuld dafür, dass der Eindruck entstanden ist, diese Art der Erstellung von Täterprofilen sei interessant oder nützlich – meiner Ansicht nach ist sie keins von beidem.

Allerdings stehe ich auf funktionale Typologien. Und der 2007[5] von Albert Roberts und seinen Forscherkollegen veröffentlichte Aufsatz hält in dieser Hinsicht einer Prüfung stand. In diesem Aufsatz behaupten die Forscher, dass »Homizid kein homogenes Verhalten ist. Menschen, die Tötungsdelikte begehen, unterscheiden sich in puncto Motivation, Umweltfaktoren, Demografie und interpersoneller Dynamik. Verschiedene Faktoren komplexer Kombinationen führen Tötungsdelikte herbei.« Morde, die politisch motiviert sind, fehlen in ihrer Taxonomie.

Die Forscher stellten jedoch fest, dass die meisten Morde trotz dieser Komplexität gut in eine Vierer-Typologie passen, die nur auf den wesentlichsten Elementen des Verbrechens basiert. Bei der ersten Art handelt es sich um »Morde, die durch Auseinandersetzungen oder Streit herbeigeführt werden« – Streit, der manchmal aus lächerlichen Gründen eskaliert. Es sind impulsive Reaktionen auf geringfügige Frustrationen. Hier einige Beispiele aus dem Aufsatz:

»Auseinandersetzung und Streit wegen vier Dollar. Opfer wurde zu Tode geprügelt.«

»Der Angeklagte schlug das Opfer mit einem Kantholz auf den Kopf, weil sie sich wegen eines Fahrrads stritten.«

»Erschoss Opfer wegen Streit um einen Hund.«

»Erschoss Opfer nach Streit wegen Brille.«

»Schlug Opfer mit einem Schlagstock und lud die Leiche im Wald ab. Sie stritten sich wegen Drogen.«

»Der Angeklagte erschoss das Opfer nach einer Auseinandersetzung, die früher am Tag stattfand.«

»Erschlug das Opfer wegen Geld mit einem Baseballschläger.«

Hier scheint es sich um ziemlich normalen Streit zu handeln, der jeweils völlig außer Kontrolle geriet und bei dem jemand in der Hitze des Augenblicks getötet wurde. Man kann zweifellos sagen, dass die Tötung in all diesen Fällen völlig unangemessen ist. Das macht deutlich, dass Mordmotive in der Regel nicht nachvollziehbar sind, sondern auf der Wahrnehmung des Täters basieren, dass die Gewalt in diesem Moment gerechtfertigt ist.

Bei der zweiten Tötungsart handelt es sich um ein »Verbrechen mit Todesfolge«. Es liegt vor, wenn Menschen jemanden während der Verübung eines schweren Verbrechens fahrlässig oder absichtlich umbringen. Diese Todesfälle ereignen sich in Folge von Raubüberfällen, Einbrüchen oder Entführungen. Hier besteht das Endziel nicht darin, die Person umzubringen, sondern Zugang zu Geld oder anderem zu erhalten. Die Person, die umgebracht wird, war entweder im Weg, weil der Täter z. B. versucht hat, in ein Haus einzubrechen und die Besitzer zufällig zu Hause waren, oder sie ist Teil des Verbrechens, z. B. als Geisel, die wegen Lösegeld festgehalten und später getötet wird.

Die dritte Art sind »*Tötungsdelikte im Rahmen von häuslicher Gewalt oder von Gewalt durch Beziehungspartner*«. Hier töten die Menschen ein Familienmitglied oder ihren Partner. Einige Motive für eine solche Tat sind:

> »Erschoss seine Frau, nachdem sie ihn verlassen hatte.«
> »Erstach seine Frau, weil er glaubte, sie würde ihn betrügen.«
> »Die Angeklagte überfuhr und tötete ihren Mann, der sie im Auto schwer verprügelt hatte.«
> »Erschoss und tötete Opfer nach Jahren des emotionalen Missbrauchs.«

Diese Morde werden nicht aus materiellen Gründen begangen, sondern sind den Komplexitäten von menschlichen Emotionen und von Macht in Beziehungen geschuldet. Hier scheinen unsere Mordfantasien dem, was schließlich passiert, am nächsten zu kommen. Einen Exfreund umbringen, jemanden erstechen, der einen betrogen hat, einen Partner, der einen über Jahre emotional missbraucht hat, überfahren – diese Situationen resultieren daraus, dass unser emotionaler Schmerz in uns das Verlangen weckt, dem anderen körperlichen Schmerz zuzufügen. Wir wünschen uns ein kathartisches Ausleben, damit der andere so leidet, wie wir es tun, oder sogar noch mehr.

Die vierte Tötungsart, die Roberts und seine Kollegen aufführen, ist der sogenannte »Unfalltod«. Dieser beinhaltet laut ihrer Definition ausschließlich das Töten von Menschen, während man unter dem Einfluss von Alkohol oder anderen Drogen hinter dem Steuer eines Fahrzeugs sitzt. Die Kategorie fällt ein wenig aus der Reihe, denn sie ist die einzige, bei der es nicht um ein vorsätzlich begangenes Verbrechen geht. Sie würde auch nicht unter die Definition in der UN-Studie fallen, passt jedoch in die allgemeine Vorstellung von einer widerrechtlichen Tötung, denn die Wut und der Wunsch nach Rache können vergleichbar sein, auch wenn die Tötungsgründe es nicht sind.

Wenn wir an einen »Mörder« denken, dann haben viele von uns ein Verbrecherfoto von einem Typen mit einem Tränentattoo im Gesicht vor Augen, der uns angiftet. Die obige Typologie zeigt jedoch, dass die Situationen, in denen Tötungsdelikte begangen werden, oft sehr banal sind. Viele von uns haben schon einen heftigen Streit mit unserem Partner gehabt oder waren gekränkt, weil jemand ihnen eine kleine Geldsumme nicht zurückzahlen wollte. Der einzige Unterschied scheint der zu sein, dass diejenigen, die des Mordes schuldig sind, das getan haben, was sich viele von uns nur in ihrer Fantasie ausmalen. Im Fall von »Unfalltoden« ist die Sache noch banaler. Viele von uns setzen sich hinter das Steuer eines Autos, obwohl sie betrunken oder high sind, wobei die Folgen jedoch unter Umständen aus nichts weiter als purem Glück völlig andere sind.

Noch komplizierter wird die Sache dadurch, dass die meisten Menschen, die jemanden ermorden, dies nie wieder tun. Die Wiederholungsraten bei Mord, auch als Rückfälligkeitsraten bekannt, sind sehr niedrig, was nur zu einem Teil daran liegt, dass man für seine Tat lange im Gefängnis sitzt. So heißt es in einem 2013 von Marieke Liem[6] veröffentlichten Forschungsüberblick: »Untersuchungen zur Bewertung der Rückfälligkeit (d.h. zum Begehen eines weiteren Mords) haben ergeben, dass die Rückfälligkeitsraten zwischen ein und drei Prozent liegen«. Können wir einen Menschen, der einen anderen auf dem Höhepunkt eines Streits ermordet hat, wirklich für den Rest seines Lebens als *Mörder* bezeichnen? Oder war er nur zu dem Zeitpunkt, zu dem er das Verbrechen beging, ein Mörder?

Bevor wir uns dieser Frage widmen, wollen wir zuerst eine sehr sonderbare Tatsache untersuchen. Warum werden die meisten Morde von Männern begangen, obwohl beide Geschlechter eindeutig des Mordes fähig sind?

Toxische Männlichkeit

Bis hierher gefällt mir das evolutionäre Argument gut: Homizid kann adaptiv sein. Doch unsere Evolutionsforscher Duntley und Buss behaupten noch etwas weitaus Umstritteneres.

Sie behaupten, dass »Männer und nicht Frauen einen zum Töten bestimmten Körper und Geist entwickelt haben«. Das liegt ihrer Ansicht nach daran, dass »die größere reproduktive Varianz bei Männern im Verlauf der Evolution zu extremeren und riskanteren männlichen Strategien führte, um Partner zu bekommen und zu behalten … Geschlechtsunterschiede in der Nutzung riskanter Strategien wie Gewalt und Homizid sind das Ergebnis dieses einzigartigen Selektionsdrucks, dem Männer ausgesetzt waren … Männer, die es nicht schafften, Risiken einzugehen, waren im Nachteil beim Konkurrenzkampf um Partnerinnen und hinterließen deswegen mit geringerer Wahrscheinlichkeit Nachkommen.« Männer, so die Forscher, profitieren genetisch betrachtet mehr von einem Mord als Frauen. Das entschuldigt Morde natürlich nicht, hilft aber vielleicht, zu erklären, warum so viele geschehen.

In Übereinstimmung mit der Vorstellung, dass Männer anfällig für Gewalt und Mord sind, zeigte 2004 eine Metaanalyse von John Archer,[7] dass »direkte, vor allem körperliche Aggression in allen untersuchten Altersgruppen bei Männern üblicher war als bei Frauen, kulturübergreifend war, von der frühen

Kindheit an auftrat und einen Höchststand zwischen dem 20. und 30. Lebensjahr erreichte«. Die Metaanalyse ergab, dass dies nicht daran lag, dass Männer wütender waren als Frauen, sondern dass »das Gesamtmuster eher auf eine stärkere Nutzung aufwendiger Methoden der Aggression seitens der Männer hinwies als auf eine unterschiedliche Wutschwelle«. Dies passt zu der Aussage unserer Evolutionstheoretiker: Männer gehen eher Risiken ein als Frauen und leben dementsprechend auch eher aggressive und homizidale Impulse aus.

Archer argumentiert jedoch auch, dass dieselben Daten eine eher soziologische Sichtweise unterstützen können. Obwohl es möglich wäre, so Archer, dass diese Unterschiede überall auf der Welt gefunden werden, weil Männer so geboren werden, könnte es auch an den sozialen Rollen liegen – weil »Geschlechterrollen kulturübergreifend sind«. Das ist eindeutig eine differenziertere Sichtweise. Das heißt, Männern wird in den meisten (vielleicht sogar allen) Ländern kulturell mitgeteilt, sie seien besser, stärker und intelligenter als Frauen. Und je nach der Intensität, mit der das Männern vermittelt wird, sieht man Unterschiede in der Prävalenz von Aggression und Straftaten gegenüber Frauen in unterschiedlichen Ländern – doch auch im »aufgeklärten« Deutschland werden Frauen *viel* öfter von Männern angegriffen als Männer von Frauen.

Dies bringt mich zu meiner Kritik an den evolutionären Theorien der Aggression und des Mords. Sie können leicht zu einer resignativen Position führen, einem »*so sind Männer eben*«. Dem möchte ich jedoch erstens entgegenhalten, dass Menschen die Fähigkeit zur Impulskontrolle besitzen. Das bedeutet, dass Männer sich *entscheiden* können, nicht aggressiv zu handeln. Nicht (nur) ihre Veranlagungen bringen einige Menschen dazu, einen Mord zu begehen, sondern ihre eigenen Entscheidungen. Das ist ähnlich wie: Nicht Waffen töten Menschen, Menschen töten Menschen (auch wenn das Vorhandensein von Waffen hier einen großen Effekt erzielt).[8] Zweitens töten Männer vielleicht auch häufiger, weil die Gesellschaft Jungen dazu erzieht, enthemmter, aggressiver und körperlich aktiver zu sein als Mädchen.

Hierzu habe ich eine relevante Geschichte, die ich Ihnen nicht vorenthalten möchte. Ich bin in Kanada aufgewachsen und hatte dort als Kind eine beste Freundin. Unser Status als beste Freundinnen wurde am ersten Tag der dritten Klasse gefestigt, als sie mir einen bunten Armreif schenkte und erklärte, dass wir für immer Freundinnen sein würden. Obwohl sie mehr als eine Stunde von uns entfernt wohnte, fuhren mich meine Eltern regelmäßig zum Spielen zu ihr. Eines dieser Spieltreffen fand an ihrem 10. Geburtstag statt. Man hatte uns gesagt, wir sollten in ihrem Zimmer bleiben, bis wir gerufen würden. Aufgeregt warteten wir darauf, was ihre Eltern geplant hatten. Sie riefen uns nach einer gefühlten Ewigkeit, und wir rannten ins Wohnzimmer, begeistert, einen Stapel wunderschön eingepackter Geschenke vorzufinden, die dort für meine Freundin bereitlagen.

Trotz ihrer Aufregung setzte sie sich gehorsam auf das Sofa neben dem Stapel und wartete darauf, dass ihre Eltern ihr erlaubten, mit dem Auspacken zu beginnen. Bevor sie auch nur das erste Päckchen öffnen konnte, machte sich ihr fünfjähriger Bruder über die Geschenke her und begann, sie auseinanderzunehmen. Überall lag Geschenkpapier herum. Meine Freundin konnte ihre Enttäuschung nicht verbergen und begann zu weinen, während ihre Eltern untätig dasaßen und sich sichtlich über das Spektakel amüsierten. Meine Freundin war wochenlang am Boden zerstört. Das war meine erste Begegnung mit unbewusster Frauenfeindlichkeit.

Wann immer Menschen sagen, dass Jungen nun einmal Jungen, dass sexistische Kommentare nur Locker-Room-Talk oder dass Männer von Natur aus gewalttätiger seien als Frauen, denke ich an diese Geschichte. Die Gesellschaft lässt destruktivem, aggressivem und gewalttätigem Handeln von Männern oft zu viel Spielraum. Das ist schlecht für Frauen wie z. B. meine Freundin, deren Geburtstag ruiniert war, aber vielleicht sogar noch schlechter für Männer.

Wenn wir männliche Aggression als natürlich und normal ansehen, akzeptieren wir, dass Männer mit größerer Wahrscheinlichkeit Straftaten begehen, im Gefängnis landen und von anderen Männern schikaniert werden. Aber warum sollten unsere Gefängnisse mit Männern gefüllt sein? Auch wie wir Jungen und Mädchen in Bezug auf Gewalt und Aggression erziehen, führt zu Geschlechterungleichheit. Dies ist etwas, was wir ändern können und *müssen*, wenn wir wollen, dass die Gewalt- und Mordraten zurückgehen.

Abgesehen vom sozialen Faktor bringen die Menschen oft noch einen anderen Faktor an, wenn sie Geschlechtsunterschiede beim Begehen von Morden und anderen Gewaltverbrechen diskutieren. Es ist das Argument, dass Testosteron das männliche Gehirn auf Abwege führt und Männer dazu bringt, sich auszuagieren. Lassen Sie uns die Beweise hierfür betrachten.

2001 veröffentlichten James Dabbs und Kollegen einen Aufsatz, in dem sie einen Zusammenhang zwischen dem im Speichel von verurteilten Mördern gefundenen Testosteron und der Schwere ihrer Verbrechen aufzeigten. Je mehr Testosteron, desto skrupelloser war der Mord.[9] Laut ihrer Studie zeigte sich diese Skrupellosigkeit, weil »von den Gefängnisinsassen, die einen Mord begangen hatten, diejenigen mit hohen Testosteronwerten ihre Opfer öfter gekannt und ihre Verbrechen öfter im Voraus geplant hatten«. Die Taten wurden als skrupelloser eingestuft, wenn sie nicht einfach nur reaktiv, sondern vorbereitet waren.

Warum? Sarah Cooper u. a. führten hierzu eine Tierstudie durch, deren Ergebnisse sie 2013[10] veröffentlichten. In dieser Studie behandelten sie die Hälfte einer Stichprobe männlicher Ratten vier Wochen lang mit Testosteron und ließen sie dann eine Aufgabe erledigen. Sie gaben den Ratten die Wahl zwischen zwei Hebeln. Die »sichere« Wahl beinhaltete eine kleine Menge Futter, während der »riskante« Hebel eine große Menge Futter mit einem zunehmenden Stromschlag an den Füßen der Ratten verband. Die mit Testosteron behandelten Ratten zogen die riskante Option vor. Laut der Forscher »steht die stärkere Präferenz für die große Belohnung trotz des Risikos, einen Stromschlag an den Füßen zu bekommen, im Einklang mit einer erhöhten Risikotoleranz«.

Die Forscher führten diese Studie unter anderem durch, weil sie uns helfen wollten, die sogenannte »Roid Rage« besser zu verstehen. Mit Roid Rage haben wir es zu tun, wenn Männer, die bestimme Steroide nehmen (anabol-androgene Steroide, die synthetische Derivate von Testosteron sind), impulsiver und aggressiver handeln. Sie stellten fest, dass Leute mit höheren Testosteronleveln in Übereinstimmung mit unserem evolutionären Argument eher Risiken einzugehen scheinen, Risiken wie aggressiv zu handeln oder im Extremfall jemanden umzubringen.

Bevor ich erkläre, dass die Verbindung zwischen Testosteron und Gewalt in Wirklichkeit ein bisschen komplizierter ist, als diese Studien es erscheinen lassen, möchte ich Ihnen von dem seltsamen Ursprung der Vorstellung berichten, dass Testosteron und Aggression überhaupt in einem Zusammenhang stehen. Es begann alles 1849 mit einem deutschen Arzt, sechs jungen Hähnen und einem viereinhalb Seiten langen Forschungspapier.[11]

Folgendes geschah: Am 2. August 1848 fand Arnold Berthold, dass es eine gute Idee sei, sechs Hähnen die Eier abzuschneiden, um zu sehen, was passieren würde. Bei zwei Hähnen trennte er einen der Hoden ab und ließ diesen neben dem noch festsitzenden Hoden lose herumbaumeln. Dann entfernte er bei den vier anderen Hähnen beide Hoden. Bei zweien von diesen, die wir Christian und Frederick nennen wollen, tat Berthold etwas völlig Verrücktes. Er verpflanzte Christians Hoden *in Fredericks Bauchhöhle*. Ebenso verpflanzte er Fredericks Hoden in Christians Bauchhöhle. Tja, die Medizin im 19. Jahrhundert.

In seinem ursprünglichen Aufsatz[12] stellte Berthold fest, dass die Hähne, deren Hoden er vollständig entfernt hatte, »nicht aggressiv« waren und »nur selten mit anderen Hähnen kämpften und dann auf halbherzige Weise«. Die vier anderen Hähne zeigten normales Verhalten – »sie krähten begeistert« und »kämpften oft miteinander und mit anderen Hähnen«. Er stellte auch fest, dass die Hoden, die er in die Bauchhöhle von Christian und Frederick verpflanzt hatte, dort angewachsen waren.

Dies bedeutete, wie der Arzt spekulierte, dass etwas in den Hoden Befindliches vom Blut aufgenommen und zu anderen Teilen des Körpers weitergeleitet wurde und dass diese Substanz Aggressionen verursachte. Sie wurde später als Testosteron bekannt und Bertholds Aufsatz zur Grundlage der modernen Endokrinologie (Studium des Systems, das die Hormone kontrolliert). Er revolutionierte auch unser Denken über Aggressionen bei Männern und die Rolle der Hormone bei menschlicher Gewalt.

Klingt ziemlich einfach: mehr Testosteron, mehr Aggression – weniger Testosteron, weniger Aggression. Diese Vorstellung ist jedoch wiederholt infrage gestellt worden, in jüngster Zeit durch einen Forschungsbericht von Justin Carré und Kollegen (2017).[13] Die Forscher fanden heraus, dass »die Beziehung zwischen Testosteron und aggressivem Verhalten viel komplexer ist als bisher angenommen«. Nachdem sie Studien mit Menschen und Tieren, die innerhalb und außerhalb des Labors durchgeführt worden waren, überprüft hatten, kamen sie zu folgendem Schluss: »Trotz der Beweise, die Testosteron mit menschlicher Aggression und/oder Dominanzverhalten verbinden, ist diese Beziehung entweder schwach oder inkonsistent«. Die scheinbare Binsenweisheit, dass Männer wegen ihrer Testosteronlevel gewalttätiger und aggressiver seien, könnte maßlos übertrieben sein.

Die Autoren legen sogar nahe, dass die Beziehung zwischen Testosteron und Aggressionen möglicherweise umgekehrt sein könnte. Potenziell interessanter sei die Frage, wie das Verhalten die Produktion von Testosteron beeinflusse, und nicht umgekehrt. So fassten sie zusammen: »Robuster ist das Ergebnis, dass sich Testosteronkonzentrationen rapide im Kontext menschlicher Konkurrenz ändern – und dass diese Veränderungen der Testosteronkonzentrationen derzeitige und/oder zukünftige menschliche Aggressionen eindeutig vorhersagen.« Das heißt, dass sich unsere Testosteronlevel erhöhen, wenn wir miteinander im Wettstreit liegen, und dass diese Zunahme zu mehr Aggressionen führen kann.

Dies unterstützen eine Reihe von Studien, vor allem zu Sportwettkämpfen. Eine der ersten, die zeigte, dass Wettkämpfe die Testosteronlevel erhöhen, wurde von Allen Mazur und Theodore Lamb mit einer kleinen Stichprobe von Tennisspielern durchgeführt und 1980 veröffentlicht. Die Tennisspieler wiesen eine Zunahme des Testosterons nach einem Sieg und eine Abnahme nach einer Niederlage auf[14], Carré und seine Kollegen erklären, dies liege daran, dass »der Testosteronspiegel bei Wettkämpfen stark ansteigt … Sieger haben normalerweise höhere Testosteronkonzentrationen als Verlierer.« Sie erklären weiter, dass »akute Veränderungen des Testosteronspiegels möglicherweise dazu dienen, kompetitive und aggressive Verhaltensweisen zu fördern«. Hier beeinflusst dann wieder das Hormon das Verhalten. Es ist also eine Art Kreislauf.

Vielleicht lässt sich ja eher eine Beziehung zwischen Testosteron und der nützlichen Seite der Aggression herstellen, der Seite, die Ihnen hilft, Wettkämpfe zu gewinnen, als zwischen Testosteron und kriminelleren Formen der Aggression. Testosteron verhilft uns zu Olympiamedaillen und Beförderungen im Job.

Wenn Sie also das nächste Mal jemanden sagen hören, dass Testosteron Menschen gewalttätig macht, korrigieren Sie ihn bitte: Es macht auch erfolgreich.

Lassen Sie uns nun zu einem anderen Thema übergehen. Es ist Zeit für ein paar Empathieübungen und eine neue Frage.

Wann ist es »richtig«, jemanden zu töten?

Ethisches Dilemma

Nicht alle Morde sind gleich.

Es könnte z. B. gerechtfertigt sein, jemanden absichtlich zu töten, wenn man Soldat ist, aus Notwehr handelt, jemand anderen rettet oder zum Wohl der Allgemeinheit tötet. Wir töten zum Wohl der Allgemeinheit, wenn wir im Namen von Gerechtigkeit, Freiheit oder Menschenrechten kämpfen. Wann also ist Töten schlecht? Einige argumentieren vielleicht, dass dies der Fall ist, wenn der Schaden, der durch das Töten eines Menschen angerichtet wird, die Vorteile überwiegt. Natürlich können die »Vorteile«, die aus der Tötung eines Menschen erwachsen mögen, völlig subjektiv sein.

Lassen Sie uns dies anhand des Straßenbahn-Dilemmas, eines klassischen Gedankenexperiments, demonstrieren. Es ist im Lauf der Jahre auf vielfältige Weise modifiziert worden, doch die moderne Version wird üblicherweise Philippa Foot (1967)[15] zugeschrieben. Es gibt eine ganze Anzahl von Forschungsarbeiten zu unterschiedlichen Arten des Straßenbahn-Dilemmas, doch dies ist das allgemeine Szenario:

> Eine Straßenbahn donnert unkontrolliert über ein Gleis
> und rast auf fünf Menschen zu, die von einem Verrückten an
> das Gleis gefesselt wurden. Glücklicherweise können Sie
> eine Weiche umstellen und die Straßenbahn auf ein anderes
> Gleis umleiten. Leider ist ein Mensch an dieses Gleis ge-
> fesselt. Würden Sie die Weiche umstellen?

Wie die Forschung zeigt, versuchen die meisten von uns, wenn sie in moralischen Zwickmühlen wie diesen stecken – egal ob es sich um schriftliche Szenarien oder auch um Virtual-Reality-

Situationen handelt –, so viele Personen wie möglich zu retten. Laut einem 2014 von Alexander Skulmowski u. a.[16] veröffentlichten Aufsatz »überwiegen in solchen Situationen aufgrund der unpersönlichen Natur der Situation kognitive Reaktionen«. »Unpersönliche Dilemmata«, so die Autoren, »verleiten die meisten Menschen, *utilitaristische* (oder, im weiteren Sinne, *konsequentialistische*) Entscheidungen zu treffen: Sie neigen dazu, auf Kosten des Wohlergehens einzelner Individuen die besten Gesamtfolgen herbeizuführen.«

Das zeigte sich auch, wenn das Szenario in der virtuellen Realität stattfand. In ihrer eigenen Studie ließen die Forscher ihre Probanden wiederholt ein VR-Computerspiel spielen, bei dem sie entscheiden mussten, eine von ihnen kontrollierte Straßenbahn entweder zehn Menschen töten zu lassen oder, durch ihre Umleitung auf ein anderes Gleis, nur einen Menschen töten zu lassen. 96 Prozent der Probanden opferten einen Menschen, um zehn zu retten. Sie spielten dieses Szenario zehnmal durch und die meisten von ihnen trafen jedes Mal dieselbe Entscheidung. Größtmögliches Wohl für die größtmögliche Zahl lautete die allgemeine Entscheidung, solange es um ein unpersönliches Dilemma ging.

Dann änderten die Forscher das Szenario leicht:

Eine Straßenbahn donnert unkontrolliert über ein Gleis. Die Fahrstrecke gabelt sich. Auf der linken Seite steht ein Mann auf den Gleisen, auf der rechten Seite eine Frau. Welchen Weg Sie auch wählen, die Person, die sich dort befindet, wird getötet werden.

Steuern Sie die Straßenbahn nach rechts oder nach links?

Skulmowski und Kollegen änderten regelmäßig den Standort des Mannes und der Frau, stellten bei ihren Probanden aber eine allgemeine Neigung fest, Männer zu opfern. Das galt vor allem für männliche Probanden, von denen 62 Prozent einen anderen Mann töteten (oder sterben ließen). Der Grund für diese Entscheidung war, wie die Autoren glaubten, soziale Erwünschtheit, eine Art Ritterlichkeit – eine Frau zu schützen und zu retten wird von der Gesellschaft als positiver gesehen, als einen Mann zu retten. Wir scheinen nicht nur selbst das Gefühl haben zu wollen, dass wir das Richtige tun, wir möchten auch, dass andere der Meinung sind, dass wir die ethischste Entscheidung getroffen haben. Wir wollen gut dastehen. Wollen gelobt werden. Als Helden betrachtet werden.

Doch dies ändert sich, sobald die Situation persönlich wird.

Eine Straßenbahn donnert unkontrolliert über ein Gleis und rast auf fünf Menschen zu, die von einem Verrückten an das Gleis gefesselt wurden. Sie stehen auf einer Brücke über den Gleisen und neben Ihnen steht ein sehr großer Mann. Wenn Sie den großen Mann von der Brücke stoßen, bringen Sie die Bahn zum Stoppen. Der Mann wird sterben, doch Sie werden die fünf Menschen auf dem Gleis retten.

Stoßen Sie den großen Mann von der Brücke?

Falls Sie gezögert und gedacht haben, dass Sie nicht damit leben könnten, jemanden mit bloßen Händen ermordet zu haben, sind Sie nicht der Einzige. »In vergleichbaren Situationen mit einem persönlichen Dilemma, in denen direkte physische Gewalt erforderlich ist, um diese eine Person zu opfern, sind die Menschen eher passiv und lassen die fünf Menschen sterben.«

Entsprechend zeigen Studien, dass weitaus weniger Menschen bereit sind, jemanden zu stoßen, als eine Weiche umzustellen, selbst wenn das Ergebnis für die geopferte Person – der Tod – letztlich dasselbe ist.

Lassen Sie uns die Situation ein letztes Mal ändern, wie es die Forscherin April Bleske-Rechek und ihre Kollegen 2010 taten.[17] Hier sind vier Variationen, die Ihnen vielleicht von April und ihrem Team vorgelegt worden wären, wenn Sie an ihrer Version dieses Gedankenexperiments teilgenommen hätten.

Eine Straßenbahn donnert unkontrolliert über ein Gleis und rast auf fünf Menschen zu, die von einem Verrückten an das Gleis gefesselt wurden. Glücklicherweise können Sie eine Weiche umstellen und die Bahn auf ein anderes Gleis umleiten.

Version 1: Leider ist eine 70-jährige Fremde an dieses Gleis gefesselt.
Version 2: Leider ist Ihr 20-jähriger Cousin an dieses Gleis gefesselt.
Version 3: Leider ist Ihre 2-jährige Tochter an dieses Gleis gefesselt.
Version 4: Leider ist Ihr Liebespartner an dieses Gleis gefesselt.

Retten Sie eine Fremde, Ihre eigene Tochter, die Liebe Ihres Lebens? Die Forscher stellten fest, dass »Männer und Frauen wie erwartet mit geringerer Wahrscheinlichkeit ein Leben für fünf Leben opferten, wenn das eine hypothetische Leben jung, ein genetischer Verwandter oder der derzeitige Partner war«. Wenn wir mit persönlichen Opfern, mit emotionalen Opfern konfrontiert werden, ändern wir schnell unsere Einstellung dazu, wie wir uns verhalten sollten. Wir haben vielleicht das Gefühl, dass *kein* Leben so wichtig ist wie das Leben unserer Lieben. Selbst wenn wir 1000 Menschen opfern müssten, um unser eigenes Kind zu retten, empfinden wir es vielleicht als moralisch, oder zumindest als instinktiv richtig, dies zu tun.

Laut dem Neurowissenschaftler Joshua Greene und seinen Kollegen,[18] die sich damit befasst haben, wie moralische Entscheidungsfindungen im Gehirn aussehen, ändert sich die Art, wie wir mit einem solchen Dilemma umgehen, weil die Emotionen eine so große Rolle bei diesen Entscheidungen spielen. Wenn wir moralische Entscheidungen allein auf der Basis von Logik treffen, von »kontrollierten kognitiven Prozessen«, wie sie es nennen, treffen wir eher utilitaristische Entscheidungen, die das übergeordnete Wohl maximieren.

»Automatische emotionale Reaktionen« wie die Emotionen, die mit dem Gedanken einhergehen, jemanden töten zu müssen oder eine Tochter zu verlieren, können diesen Prozess jedoch komplett verändern. Wenn derlei Emotionen ins Spiel kommen, treffen wir viel eher egoistische Entscheidungen. Statt das Töten von fünf Menschen gegen das Töten eines Menschen abzuwägen, wägen wir die emotionale Wirkung ab, die es auf uns hat, wenn wir unsere eigene Tochter töten oder fünf Fremde sterben lassen.

Doch die Neurowissenschaft kann uns noch mehr darüber lehren, wie diese Dilemmata im Gehirn aussehen. 2017 veröffentlichte ein Wissenschaftlerteam[19] eine Metaanalyse aller existierenden neurowissenschaftlichen Studien zur moralischen Entscheidungsfindung und zu moralischen Bewertungen. Die Wissenschaftler erkannten, dass einige Hirnbereiche im Allgemeinen aktiv sind, wenn wir moralische Entscheidungen treffen, und stellten fest, dass alle Arten von moralischer Entscheidungsfindung eine größere Aktivierung des Gyrus temporalis medius in der linken Hirnhemisphäre, des Gyrus frontalis medius und des Gyrus cinguli bewirken.

Sie fanden auch heraus, dass »die eigenen moralischen Entscheidungen andere Hirnbereiche mit einschließen als die Beurteilung des moralischen Handelns anderer«. Unser Gehirn reagiert anders, wenn wir gefragt werden, ob wir den ertrinkenden Mann retten sollten, als wenn man uns fragt, ob jemand anderer ihn retten sollte. Wenn wir unsere eigenen moralischen Entscheidungen treffen, benutzen wir drei zusätzliche Bereiche des Gehirns – »moralische Entscheidungen aktivierten zusätzlich den linken und rechten Gyrus temporalis medius und den rechten Precuneus«. Beim Precuneus handelt es sich um eine Hirnregion, die immer dann aktiv ist, wenn es um abstraktes Denken geht, einschließlich der Selbstreflexion und der Selbstwahrnehmung.

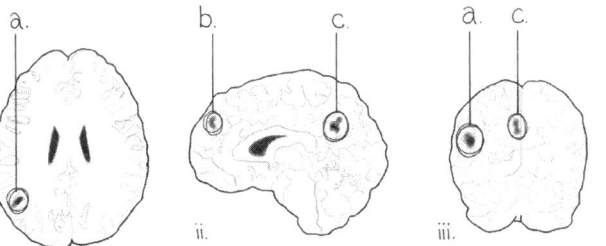

Moralische Entscheidungsfindung: Der linke Gyrus temporalis medius (a), der Gyrus frontalis medius (b) und der Gyrus cinguli (c) waren bei allen Arten von moralischen Entscheidungen aktiv. Hier sind sie als eine Scheibe von oben (i, axial), eine Scheibe von der Seite (ii, sagittal) und eine von hinten (iii, coronal) zu sehen.

Die Neurowissenschaft hat uns nur einen winzigen Einblick darin ermöglicht, wie Menschen moralische Entscheidungen treffen. Sie hat die Rolle der Emotionen hervorgehoben und gezeigt, dass unser Hirn angestrengter arbeiten muss, wenn es um Entscheidungen geht, bei denen wir aktiv zu handeln haben. Es gibt jedoch keinen bestimmten Teil des Gehirns, der uns zu moralischen Wesen macht. Hierzu schreiben Garrigan und ihre Kollegen: »Es scheint keine Beweise für ein eindeutig ›moralisches Hirn‹ zu geben, da Hirnbereiche, die eine erhöhte Aktivierung während moralischer Aufgaben zeigen, auch für andere Funktionen zuständig sind.« Selbst die exakte Rolle der Emotion ist immer noch strittig, ebenso die Übertragbarkeit hypothetischer Dilemmata auf Entscheidungen, die Menschen in der Realität treffen müssen. In der Realität würden Sie wahrscheinlich nicht innehalten und überlegen, ob Sie Ihre Tochter retten sollen. Sie würden es einfach tun. An die fünf Fremden würden Sie wahrscheinlich kaum einen Gedanken verschwenden.

Aus einer hypothetischen Perspektive betrachtet scheint das Töten also in Ordnung, jedenfalls alles andere als böse zu sein, solange es im Namen des öffentlichen Wohls geschieht oder es darum geht, jemanden zu retten. Dies führt mich zu Morden, die eine Klasse für sich bilden und von Menschen begangen werden, die weder glauben, dass sie das Richtige tun, noch auf der Basis eines sozial erwünschten Satzes utilitaristischer Regeln handeln. Sie planen ihre Angriffe, weiden sich manchmal an ihnen und führen sie mit Präzision aus. Diese Menschen lassen sich nicht einfach durch Banalitäten – z. B. weil ein Streit zu hitzig wurde oder weil sie das Gefühl hatten, Menschen für das übergeordnete Wohl töten zu müssen – zu einem Mord hinreißen. Ich spreche natürlich von Serienmördern.

Das Monster von Milwaukee

1994 veröffentlichten Jeffrey Jentzen und seine Kollegen von der medizinischen Hochschule von Wisconsin einen Bericht, der auf ihrer Arbeit als forensische Experten im Fall des Serienmörders Jeffrey Dahmer[20] basierte.

Folgendes geschah ihrem Bericht zufolge: Am 23. Juli 1991 stieß die Polizei zufällig auf einen nackten jungen Schwarzen in Handschellen, der mitten über die Straße rannte. Der Mann führte die Polizisten zum Haus von Jeffrey Dahmer, wo sie mehrere Körperteile fanden. Sie riefen im Büro des Gerichtsmediziners von Milwaukee an, der eine Untersuchung des Tatorts einleitete. Dahmer kooperierte sofort, ja er half dem Team sogar, zu verstehen, wie er die Morde begangen hatte.

Laut dem Bericht »lebte Dahmer in einer kleinen, beengten, spärlich möblierten 1-Zimmer-Wohnung … Die Wohnung selbst war sauber, gepflegt und relativ geruchlos.« Während sich das forensische Team Stück für Stück durch die kleine Wohnung arbeitete, fand es eine schockierende Anzahl von Körperteilen.

In Dahmers Gefrier- und Kühlschrank befanden sich menschliche Köpfe, zerteilte menschliche Herzen, ein Torso und laut dem Bericht »ein Plastikbeutel, der 31 Hautpartien enthielt …«. Die Ermittler fanden einen Kochtopf mit den Händen und Genitalien eines Opfers und gesäuberte Schädel in den Küchenschränken. Im Schlafzimmer entdeckten sie weitere Körperteile – fünf Schädel, ein gesäubertes Skelett, einen intakten Skalp und Haare sowie »vertrocknete Genitalien, angemalt mit einer Grundfarbe für Figurenmalerei«. Um dem forensischen Team zu helfen, hatte Dahmer sogar ein Fotoalbum mit dem Titel »fotografisches Tagebuch« zusammengestellt, das säuberlich katalogisierte Fotos der Opfer vor der Ermordung und in verschiedenen Stadien der Verstümmelung enthielt.

Während der Autopsien entdeckte das Team etwas noch Gruseligeres – sauber gebohrte Löcher in den Schädeln von einigen Opfern und Beweise dafür, dass vor ihrem Tod Säure in ihre Gehirne injiziert worden war. Laut dem Bericht hatte Dahmer dies folgendermaßen erklärt:»als Versuch, die Opfer hilflos zu machen und sie als unfreiwillige Zombies zu benutzen«.

Dahmer wurde von zwei Geschworenengruppen für zurechnungsfähig erklärt und des Mordes an 16 jungen Männern für schuldig befunden. Er hatte sie in seine Wohnung gelockt, sie mit Drogen betäubt, vergewaltigt, in Stücke geschnitten, die Körperteile durch Kochen oder Einfrieren konserviert und Fotos von diesem Prozess als »Andenken, die ihm Gesellschaft leisten sollten«, aufbewahrt. Wenn es eine Checkliste des Bösen gäbe, wären bei ihm alle Kästchen mit einem Häkchen versehen.

Aber war er böse? Verwandte seiner Opfer bezeichneten ihn als »Satan«, der Richter verurteilte ihn zu 15-mal lebenslänglich (nur für den Fall, dass er das erste Mal überlebte), und Dahmer selbst sagte, er wünsche sich, dass man an ihm für das Leid, das er verursacht habe, die Todesstrafe vollstrecken könne.[21] In gewisser Hinsicht wurde ihm dieser Wunsch gewährt, denn nur zwei Jahre nach seiner Inhaftierung prügelte ihn einer der Mitgefangenen mit einem Besenstiel zu Tode. Dahmer wurde in der Gefängnistoilette in einer Lache seines eigenen Bluts gefunden. Der Mörder wurde von einem anderen Mörder ermordet.

Es ist schwierig, mit einer Erklärung seiner Verhaltensweisen aufzuwarten. Er wurde wohl völlig von dem Verlangen beherrscht, seine sexuellen Wünsche zu befriedigen. Doch seine

weichere Seite schien einfach nur einen Gefährten haben zu
wollen. Er sagte selbst, dass er die Opfer zum Teil deswegen getötet und ihre Leichen aufbewahrt habe, weil er einsam gewesen sei und »nicht wollte, dass sie gehen«.[22]

Hatte er ein kaputtes Hirn? Fehlte ihm Empathie? Wir wissen es nicht, aber wir wissen sehr wohl, dass psychologische
Gutachten seine Zurechnungsfähigkeit bestätigten, dass er zu
verstehen schien, dass das, was er tat, falsch war und dass er
mit seinen Opfern mitfühlte. Doch er war fähig, all seine Hem-
mungen zu überwinden, weil er, seinen Worten zufolge, so einsam war.

Einsamkeit gehört zum Menschsein, Serienmorde hingegen
nicht. Wenn wir einen Schritt weiter gehen, können wir die
sozialen und kulturellen Faktoren betrachten, die möglicherweise dazu führen, dass jemand sich so einsam fühlt, und be-
leuchten, warum es z. B. in den USA weitaus mehr Serienmörder pro Kopf gibt als in irgendeinem anderen Land der Welt.
Laut der Soziologin Julie Wiest, die ausführlich über Serienmörder geschrieben hat,[23] fördert die amerikanische Kultur Serienmorde, vor allem wegen der unglaublichen Aufmerksamkeit,
die Mörder von der Presse erhalten. Serienmörder werden
sensationalisiert, sie haben Fans und werden über Nacht zu
Berühmtheiten.

In einem 2017 veröffentlichten Bericht zur Serienmörder-
Forschung schreiben die Kriminologin Sarah Hodgkinson und
ihre Kollegen:[24] »Serienmorde üben eine lang anhaltende Faszination auf die Öffentlichkeit aus, doch der Diskurs wird von
reduktionistischen und individualisierten Berichten beherrscht.
Diese Berichte halten eine Reihe von irreführenden Stereo-
typen über Serienmörder aufrecht und verdecken die Vielfalt,
die diese Form des homizidalen Verhaltens annimmt.« Serien-

morde sind so selten, dass es schwierig ist, nützliche Daten zu erhalten, die uns helfen können, Muster zu erkennen. Außerdem ist die wissenschaftliche Literatur zu Serienmorden begrenzt. Hodgkinson u. a. argumentieren, dass wir »innerhalb größerer soziokultureller Kontexte« darüber sprechen müssen, warum Menschen Serienmorde begehen – um Serienmörder zu verstehen, müssen wir zuerst versuchen, die Gesellschaften zu verstehen, in denen sie leben.

Serienmorde sind Verbrechen, die sich nur schwer verstehen lassen, was durch den Mangel an vorhandenen Daten noch weiter erschwert wird. Obwohl man es nicht genau weiß, geht man davon aus, dass Serienmörder weitgehend aus denselben Gründen töten wie diejenigen, die nur einen Menschen umbringen – einige töten, weil sie es genießen, andere, weil sie einsam sind, und wiederum andere wegen empfundener Kränkungen.

Wenn wir an der Oberfläche kratzen, werden wir feststellen, dass selbst die schlimmsten Mörder menschliche Wesen sind. Und die Daten scheinen zu zeigen, dass Menschen weitgehend aus denselben Gründen töten, aus denen sie viele andere Dinge tun – um menschliche Beziehungen herzustellen, um ihre Familien zu schützen, ihre Ziele zu erreichen und sich Dinge anzueignen, die sie zu brauchen glauben. Sie tun es, um mit grundlegenden menschlichen Emotionen wie Wut, Eifersucht, Lust, Gier, Verrat oder Stolz fertigzuwerden.

Diejenigen, die die Gehirne verurteilter Mörder untersuchen, würden vielleicht sagen, dass bei diesen grundlegende menschliche Schwächen deutlicher erkennbar sind, doch wenn wir den Evolutionsforschern vom Beginn dieses Kapitels glauben, stellen wir fest, dass wir wahrscheinlich alle fähig sind, einen Mord zu begehen. Wenn Ihre Mordfantasien ausgeprägter wären und Sie weniger zu verlieren hätten, würden Sie sie möglicherweise auch ausleben. Vielleicht besteht der einzige Unterschied zwischen Ihnen und einem Serienmörder in einem vollständig funktionierenden präfrontalen Kortex, der Sie im Unterschied zu diesem dazu befähigt, Ihr Verhalten zu kontrollieren.

Wir haben Angst vor dem Tod, sodass es nicht überrascht, dass wir Angst vor denen haben, die morden. Doch wie Sokrates einst sagte: »Niemand kennt den Tod; es weiß auch keiner, ob er nicht das größte Geschenk für den Menschen ist. Dennoch wird er gefürchtet, als wäre es gewiss, dass er das schlimmste aller Übel sei.« Lassen Sie uns nicht unsere Angst vor dem Tod dazu benutzen, Menschen, die ihn herbeigeführt haben, zu dehumanisieren.

Kapitel 3

FREAKSHOW: DIE PSYCHOLOGIE DER UNHEIMLICHKEIT

Über Clowns, bösartiges Lachen und psychische Erkrankungen

Er hat »den bösen Feind« konzipiert,
»den Bösen«, und zwar als Grundbegriff, von dem aus
er sich als Nachbild und Gegenstück nun auch noch einen
»Guten« ausdenkt – sich selbst!

Friedrich Nietzsche[1]

Wir verwenden manchmal Begriffe, mit denen wir Menschen, die wir nicht wirklich kennen, negative Eigenschaften zuschreiben. Dieser Typ ist »creepy«, mir also unheimlich[2]. Was für ein komischer Kauz. Wir sprechen hier von Unheimlichkeit oder Seltsamkeit so, als seien sie ein *Wesenszug* der Person statt das Ergebnis einer Situation. Doch halten Sie einen Moment lang inne und fragen Sie sich: Was ist eigentlich seltsam und unheimlich? Wissen Menschen, dass sie »creepy« sind? Sind *Sie* »creepy«?

Bis vor Kurzem gab es noch keine Wissenschaft, die uns half, Unheimlichkeit zu verstehen. Die erste empirische Studie zu diesem Thema wurde 2016[3] von Francis McAndrew und Sara Koehnke veröffentlicht, die dieses scheinbar schwer fassbare Konzept verstehen wollten. »Angesichts seiner Verbreitung im alltäglichen Sozialleben der Menschen überrascht es sehr, dass niemand es auf wissenschaftliche Weise untersucht hat«, so die Autoren.

Was also passiert, wenn wir jemanden unheimlich finden? Laut McAndrew und Koehnke ist »sich gruseln« die Folge davon, dass unser innerer Gefahrendetektor uns wissen lässt, dass etwas nicht stimmt, indem er dafür sorgt, dass wir ein mulmiges Gefühl haben oder »eine Gänsehaut« bekommen.

Doch zu beschreiben, wie sich Unheimlichkeit anfühlt, reicht nicht. Die Forscher wollten herausfinden, wovor der Gefahrendetektor – sofern es sich wirklich um einen solchen handelt – uns eigentlich warnt. Unheimlichkeit, räsonierten sie, »kann nicht einfach eine deutliche Warnung vor physischem oder sozialem Schaden sein. Ein Straßenräuber, der eine Waffe auf uns richtet und Geld verlangt, wirkt zweifellos bedrohlich und angsterregend. Doch die meisten Leute würden wahrscheinlich nicht das Wort ›unheimlich‹ verwenden, um die Situation zu beschreiben.«

Und so machten die Forscher sich daran, im Rahmen ihrer Studie 1341 Teilnehmer zu befragen, was sie unter »unheimlich« verstehen. Die Teilnehmer erhielten einen Fragebogen und wurden als Erstes aufgefordert, folgendes Szenario zu lesen:

Denken Sie an einen engen Freund, dessen Urteil Sie trauen. Stellen Sie sich nun vor, dass dieser Freund Ihnen erzählt, er sei gerade jemandem zum ersten Mal begegnet und habe diese Person als »creepy« empfunden.

Die Teilnehmer bewerteten dann die Wahrscheinlichkeit, dass die Person eine von 44 verschiedenen Verhaltensmustern oder körperlichen Merkmalen aufwies. Fast alle Teilnehmer (95,3 Prozent) gaben an, dass Männer eher unheimlich seien als Frauen. Die Forscher fanden auch eine Reihe von Items, die eng miteinander verbunden waren und vielleicht den Kern der Unheimlichkeit bilden. Die Teilnehmer bewerteten die folgenden Items als die wahrscheinlichsten Merkmale der gruseligen Person im oben beschriebenen Szenario:

– Die Person stand zu dicht bei Ihrem Freund.
– Die Person hatte fettige Haare.
– Die Person hatte ein seltsames Lächeln.
– Die Person hatte Glotzaugen.
– Die Person hatte lange Finger.
– Die Person hatte ungekämmtes Haar (siehe Nr. 2).
– Die Person hatte eine sehr blasse Haut.
– Die Person hatte Tränensäcke unter den Augen.
– Die Person war merkwürdig gekleidet.
– Die Person leckte sich häufig die Lippen.
– Die Person trug schmutzige Kleidung (siehe Nr. 9).
– Die Person lachte an unvorhersehbaren Stellen.
– Die Person machte es Ihrem Freund fast unmöglich, die Unterhaltung zu beenden, ohne unhöflich zu erscheinen.
– Die Person lenkte die Unterhaltung unerbittlich auf ein Thema.

Die Probanden assoziierten auch eine Reihe anderer Charakteristika mit Unheimlichkeit: extremes Dünnsein; psychisch krank sein; die Tatsache, dass der Fremde dem Freund nicht in die Augen sah; dass er darum bat, ein Foto von ihrem Freund machen zu dürfen; dass er ihren Freund vor der Interaktion beobachtete; ihn nach Einzelheiten aus seinem Privatleben fragte; über sein eigenes Privatleben sprach; unangemessene

Emotionen zeigte; die Unterhaltung auf Sex lenkte. Das sind *viele* unterschiedliche Dinge, die jemanden, vor allem Männer, gruselig erscheinen lassen können.

Womit verdienen unheimliche Menschen ihren Lebensunterhalt? Die gruseligsten Berufe sind offenbar (in dieser Reihenfolge) Clown, Tierpräparator, Sexshopbesitzer und Bestattungsunternehmer. Der am wenigsten gruselige Beruf? Meteorologe.

Darüber hinaus wissen unheimliche Leute nach allgemeiner Auffassung nichts von ihrer Unheimlichkeit. Die Frage, ob sie glaubten, dass die meisten unheimlichen Leute sich ihrer Unheimlichkeit bewusst seien, verneinten 59,4 Prozent der Teilnehmer. Außerdem waren die meisten von ihnen der Meinung, gruselige Leute könnten sich nicht ändern.

Was bedeutet all das? Die Autoren fragten die Teilnehmer, wie unheimliche Menschen im Wesentlichen seien, und die meisten der Merkmale ließen sich drei Hauptkategorien zuordnen: (1) Sie jagen uns Angst ein; (2) Unheimlichkeit wird als Teil der Persönlichkeit des Individuums erlebt statt als dessen Verhalten; (3) Wir glauben, dass die Betroffenen ein sexuelles Interesse an uns haben könnten.

Die Autoren erklären: »Individuen, die unübliche Muster nonverbalen Verhaltens, seltsame emotionale Reaktionen oder stark ausgeprägte physische Merkmale haben, mögen nicht übermäßig bedrohlich wirken, doch sie befinden sich außerhalb der Norm und sind per definitionem unberechenbar. Dies könnte unseren ›Unheimlichkeitsdetektor‹ aktivieren und unsere Wachsamkeit erhöhen, während wir versuchen herauszufinden, ob wir von der anderen Person tatsächlich etwas Beängstigendes zu erwarten haben oder nicht.« Die in den Items aufgeführten Charakteristika legen nahe, dass die unheimliche Person, mit der der Freund interagiert, sehr unberechenbar ist.

Gruseln ist, wie sich herausstellt, wohl unsere Reaktion darauf, nicht zu wissen, ob wir vor jemandem Angst haben sollten oder nicht.

Ein grundlegender Bestandteil der Unheimlichkeit ist also Unberechenbarkeit, doch daneben gibt es noch etwas. Ein Ungleichgewicht. Die gruseligsten Menschen, denen ich begegnet bin, wussten viel mehr über mich als ich über sie. Besonders unheimlich war es dann, wenn sie private Dinge über mich wussten und z. B. meinen Beziehungsstatus, meine Lieblingsrestaurants und meine Lebensgeschichte kannten.

Doch lassen Sie uns zuerst feststellen, wie akkurat unsere oberflächlichen Einschätzungen sind. Können wir allein aufgrund einer kurzen Begegnung sagen, ob jemand vertrauenswürdig ist oder ob er uns wehtun wird? Wie oft liegen wir mit unserer Einschätzung daneben, und welches sind die Folgen, wenn dies der Fall ist?

Wenn wir ein Foto vom Gesicht einer Person sehen, nehmen wir laut Moshe Bars[4] Zusammenfassung von Studien zu ersten Eindrücken innerhalb von 39 Millisekunden eine intuitive Einschätzung von deren Vertrauenswürdigkeit vor. Beginnen wir also hiermit.

Eine meiner Lieblingsstudien dazu, ob wir eine Person anhand ihres Gesichts akkurat einschätzen können, wurde von Stephen Porter u. a. in Kanada durchgeführt und 2008 veröffentlicht.[5] In dieser Studie baten die Forscher die Probanden, 34 Fotos von Gesichtern erwachsener Männer zu bewerten. Die Hälfte der Fotos zeigte vertrauenswürdige Menschen, die andere Hälfte nicht vertrauenswürdige, wofür sich die Forscher eine Definition ausgedacht hatten, auf die ich gleich komme. Die Fotos in den beiden Gruppen waren nach Gesichtsbehaarung, Gesichtsausdruck und Ethnizität zusammengestellt. Die

Teilnehmer sollten allein anhand der Gesichtsfotos die Vertrauenswürdigkeit, Freundlichkeit und Aggressivität jeder Person einschätzen.

Woher wussten die Forscher, ob die auf den Fotos zu sehenden Menschen vertrauenswürdig waren? Die vertrauenswürdigen Menschen »hatten entweder den Friedensnobelpreis oder den Order of Canada erhalten und waren als Vorbilder in Bezug auf ihr Engagement für die Menschheit, den Frieden und die Gesellschaft anerkannt worden«. (Obwohl man natürlich nie weiß, ob nicht auch die Person mit den meisten Orden für humanitäreres Engagement im Privaten zu aggressivem oder sadistischem Verhalten neigt.) Die andere Hälfte stammte von Amerikas Liste der meistgesuchten Verbrecher – Profile von Menschen, die sich der Justiz wegen extrem schwerer Verbrechen entzogen. Es handelte sich also um einige *sehr* vertrauenswürdige Menschen und einige absolut nicht vertrauenswürdige, zumindest was ihren Beitrag für die Gesellschaft anging.

Die Autoren erklären in ihrer Zusammenfassung, dass die Teilnehmer den Experimentator in dem »unwahrscheinlichen Fall«, ein Gesicht erkannt zu haben, hätten informieren müssen, dass aber »keine der 34 Zielpersonen von den Teilnehmern erkannt wurde«. Die Forscher waren froh darüber. Mich persönlich ärgert es ein bisschen, dass die Teilnehmer keines der Gesichter erkannten. Nicht *eines*. Erstens sind »Most Wanted«-Fotos eindeutig aus der Mode. Zweitens scheinen die meisten von uns die größten Wohltäter der Menschheit nicht zu kennen. Das ist eine Schande, man sollte eine Nobelpreisträger-Reality-TV-Show organisieren, um Abhilfe zu schaffen. Solche Shows sind offensichtlich eine gute Methode, Präsident der Vereinigten Staaten zu werden. Das lässt doch hoffen!

Glauben Sie, dass Sie allein anhand der Gesichter zwischen

einem Nobelpreisträger und einem Schwerverbrecher unterscheiden könnten? Die Teilnehmer waren etwas schlechter darin, die gesuchten Verbrecher zu erkennen, als wenn sie einfach nur eine Münze geworfen hätten; sie identifizierten nur 49 Prozent von ihnen richtig. Ein bisschen besser waren sie in Bezug auf die vertrauenswürdigen Gesichter; hier lag die Erfolgsquote bei 63 Prozent. Die Autoren folgerten aufgrund der Einschätzungen ihrer Teilnehmer, dass diese in den Gesichtern derer, die sie bewerten sollten, nach Anzeichen für Freundlichkeit oder Aggressivität suchten und dass »die Intuition einen kleinen Vorteil verleiht, wenn man Beurteilungen der Vertrauenswürdigkeit anhand von Gesichtszügen vornimmt, Fehler aber üblich sind«.

Dies erinnert mich an die Geschichte von Jeremy Meeks. Er wurde als »Hot Mugshot Guy« bekannt, nachdem sich ein Verbrecherfoto von ihm rasend schnell im Netz verbreitet hatte. Meeks war wegen Gangaktivitäten, des illegalen Besitzes von Feuerwaffen und des Tragens einer geladenen Waffe in der Öffentlichkeit festgenommen worden. Doch das Internet reagierte einfach auf seine stechend blauen Augen, seine perfekte Haut und seine markanten Gesichtszüge. Er erhielt wegen seines Aussehens so viel Aufmerksamkeit, dass man ihm einen Modelvertrag anbot.[6] Dies zeigt, dass unser Urteilsvermögen außer Kraft gesetzt werden und uns potenziell in Gefahr bringen kann, wenn jemand *traumhaft schön* ist.

An dieser Stelle möchte ich Ihnen mit Margo Watt u. a. ein anderes kanadisches Forscherteam vorstellen, in deren 2017 veröffentlichter Studie sich Elemente unserer ursprünglichen Unheimlichkeitsstudie und der Studie über unsere Nobelpreisträger wiederfinden. Die Teilnehmer auch ihrer Studien stellten sich unheimliche Leute im Allgemeinen als schlaksige, ungepflegte Männer vor, die sich merkwürdig verhielten. Die Forscher testeten auch 15 Fotos aus der Friedensnobelpreisträgerstudie von Porter u. a., denn sie wollten ein bisschen mehr darüber erfahren, was die Vertrauenswürdigkeit beeinflusst. Dabei fanden sie heraus, dass Attraktivität ein anderes wirklich wichtiges Merkmal war, das zu einer Beurteilung als vertrauenswürdig führte. Attraktive Menschen galten als vertrauenswürdig, egal ob sie Nobelpreisträger oder Straftäter waren.

Wir sehen dies in romantischen Komödien. Wenn ein heißer Typ mit einem klassischen Gettoblaster vor einem Fenster steht, ist das *so romantisch*. Tut ein unattraktiver Typ genau dasselbe, ist er *ein Psycho*. Ist jemand attraktiv, gerät auch mein persönlicher Unheimlichkeitsdetektor eindeutig aus dem Lot. In Gegenwart schöner Menschen treffe ich so wie die meisten Menschen lauter schlechte Entscheidungen. Das liegt an dem sogenannten Halo-Effekt.[7] Mit diesem Effekt haben wir es zu tun, wenn wir aus der Tatsache, dass jemand gut aussieht, darauf schließen, dass er ein guter Mensch ist. Es ist ein tief verwurzeltes Vorurteil, das uns, auf einer sozialen Ebene, davon ausgehen lässt, dass attraktivere Menschen im Allgemeinen vertrauenswürdiger, ehrgeiziger, gesünder, ... ja dass sie großartig sind.

Die Sache hat jedoch auch eine Kehrseite. So verleitet uns der sogenannte *Horn-Effekt*[8] zu dem Glauben, dass Menschen, die in einer Hinsicht abstoßend sind, dies wahrscheinlich auch in jeder anderen Hinsicht sind. Dies trifft offensichtlich noch stärker zu, wenn man auch mit seinem Verhalten die Regeln bricht und z. B. ein Verbrechen begeht. Gegen Normen zu verstoßen kann zum *Doppelhorn-Effekt*[9] führen – d. h. dazu, dass man als fundamental böse eingestuft wird, weil man schlecht aussieht und sich schlecht verhält. Dies ist ein Etikett, das man nur schwer wieder los wird.

Die Forschung zeigt, dass unattraktive Menschen insgesamt seltener einen guten Job[10] bekommen oder eine vernünftige Gesundheitsfürsorge erhalten (auch Ärzte können Vorurteile haben)[11] und von anderen unfreundlicher behandelt werden.[12] Im Rahmen einer Studie, die ich 2015 zusammen mit Kollegen an der University of British Columbia durchführte, befanden Teilnehmer, die die Rolle von Geschworenen übernommen hatten, unattraktive und unzuverlässig wirkende Menschen mit weniger Beweisen für schuldig und sprachen sie seltener frei, wenn Beweise für ihre Unschuld vorlagen.[13] Andere Forscher haben ähnliche Ergebnisse gefunden, die zeigen, dass ein nicht vertrauenswürdig aussehendes Gesicht die Wahrscheinlichkeit erhöht, dass man härtere Strafurteile wie z. B. die Todesstrafe erhält.[14]

Kehren wir zurück zur Watt-Studie, in der unheimliche Leute als schlaksige, ungepflegte Männer beschrieben wurden. Die meisten Probanden (72 Prozent) sagten auch, sie würden die Bewertung, ob jemand »unheimlich« sei, »auf Anhieb« vornehmen. Dies stimmt überein mit dem, was wir ganz allgemein über die Beurteilung der Persönlichkeit von Fremden wissen. Wir stecken jemanden sofort in eine bestimmte Schublade, und es kann sehr schwierig sein, unsere ursprünglichen Eindrücke zu revidieren. Tatsächlich geschieht dies so automatisch, dass meistens nur der für die Emotionen verantwortliche Teil des Gehirns, die Amygdala,[15] mit einbezogen wird und wir unser Urteil fällen, noch bevor wir Zeit haben, darüber nachzudenken.

Die Folgen können weitreichend und unfair sein, weil Menschen einfach auf Grund ihres Aussehens benachteiligt werden. Niemand sucht es sich aus, mit einem gruseligen Gesicht geboren zu werden und böse auszusehen.

Aber lassen wir einmal die ersten Eindrücke beiseite, denn manchmal haben wir ein bisschen mehr Zeit. Manchmal bekommen wir die Chance, tatsächlich mit jemandem in Kontakt zu treten, statt nur ein Foto anzuschauen. Beeinflusst die Art, wie wir mit der Person interagieren, unsere Genauigkeit? 2017 veröffentlichten Jean-François Bonnefon und Kollegen[16] einen Überblick über den Stand der Forschung hinsichtlich unserer Fähigkeit, vertrauenswürdige Menschen zu erkennen (in der Studie Kooperateure genannt).

Die Forscher verglichen Ergebnisse von Studien, in denen die Probanden lange miteinander interagierten, mit Studien, in denen sie nur Fotos voneinander erhielten. Die Probanden erkannten einigermaßen gut, wie kooperativ jemand in einem Follow-up-Spiel sein würde, wenn sie mit dem Betreffenden interagiert hatten, hatten jedoch Mühe, wenn sie nur ein Bild sahen. »Die Teilnehmer konnten Kooperationsbereitschaft mit einer gewissen Genauigkeit erkennen, wenn sie interagierten oder Videoclips von anderen Spielern sahen«, doch die Ergebnisse zeigen, dass es den Probanden »schwerer fiel, Fotos Informationen zu entnehmen«. Dies zeigt, dass die Art, wie sich jemand bewegt und präsentiert, Hinweise darauf enthält, ob man ihm vertrauen kann, während Fotos dies nicht so gut vermitteln. Doch selbst wenn wir nur Fotos haben, ist unsere Trefferquote in Bezug auf die Vertrauenswürdigkeit anderer Menschen noch geringfügig besser als der Zufall.

Was nehmen die Menschen wahr? Danach gefragt, sagten 84 Prozent der Teilnehmer der ursprünglichen Unheimlichkeitsstudie von McAndrew und Koehnke (die am Anfang dieses Kapitels vorgestellt wurde),[17] dass »Unheimlichkeit« sich im

Gesicht zeige, und 80 Prozent , dass die Augen ausschlagge-
bend seien.

Hier haben wir es mit einem Element zu tun, das häufig in
Horrorfilmen aufgegriffen wird. In Filmen haben böse Menschen – wie von bösen Geistern Besessene, Vampire oder Zombies – oft völlig schwarze, völlig weiße oder blutrote Augen.
Wir verlassen uns darauf, dass die Augen uns erste Informationen darüber geben, ob jemand »normal« ist. Laut den Autoren
der Unheimlichkeitsstudie »drehten sich Definitionen von Unheimlichkeit vor allem um das Thema der Andersartigkeit«,
was noch weiter untermauert, dass wir Angst vor Menschen
haben, deren Aussehen oder Handeln von der Norm abweicht.

Dies steht auch im Einklang mit der Vorstellung, dass das,
was gut aussieht, auch gut ist. Doch wie lässt sich das Ergebnis,
dass attraktive Gesichter am vertrauenswürdigsten sind, mit
dem Ergebnis vereinbaren, dass typische Gesichter am vertrauenswürdigsten sind? Heben sich attraktive Gesichter nicht
gerade von den typischen ab? Nicht unbedingt. Judith Langlois
und Lori Roggman waren 1990[18] die ersten von vielen Forschern, die aufzeigten, dass »attraktive Gesichter nur durch-
schnittlich sind«. Sie machten Fotos, digitalisierten sie, über-
lagerten sie und schufen Gesichter, die dem Durchschnitt der
Merkmale aller in der Datenbank vorhandenen Fotos entspra-
chen. So entstand das Bild einer prototypischen Person dieser
Gruppe. Je näher sie dem Durchschnittsgesicht kamen, indem
sie mehr Gesichter in ihre Datenbank eingaben, desto attrakti-
ver wurde das erzeugte Gesicht.

Der genaue Grund hierfür ist nicht klar, aber vielleicht hat es
mit der natürlichen Neigung des Gehirns zu Abstraktion zu
tun. Das Gehirn erschafft gern Prototypen, und da die meisten
Menschen, mit denen wir interagieren, sich so verhalten, dass

sie uns (glücklicherweise) vertrauenswürdig erscheinen, fangen wir vielleicht an, diejenigen Merkmale zu sehen, die ihre Gesichter vertraut und sicher wirken lassen. Ein »normales« Gesicht zu haben wird auch mit guter Gesundheit assoziiert, etwas, was im Allgemeinen auch mit Gefahrlosigkeit und Attraktivität in Verbindung gebracht wird.

Davon abgesehen sind einige Menschen aber doch so umwerfend, dass sie das Durchschnittsgesicht weit übertreffen. In diesen Fällen wird die Beziehung zwischen Attraktivität und Vertrauenswürdigkeit laut einer Studie von Carmel Sofer und Kollegen aus dem Jahr 2015[19] ein bisschen komplizierter. Nähert sich das Gesicht eines attraktiven Menschen dem Durchschnittsgesicht an, steigt seine Vertrauenswürdigkeit. Doch sobald die Attraktivität die des Durchschnittsgesichts übertrifft, nimmt die Vertrauenswürdigkeit wieder ab. Das heißt, dass besonders hohe Attraktivität dazu führen kann, dass man weniger vertrauenswürdig wirkt. Wenn man zu hot ist, ist man anders, und Menschen vertrauen dem Andersartigen nicht.

Apropos Attraktivität. Sie haben sicher gehört, dass attraktive Gesichter symmetrisch sind. Das stimmt, aber nur bis zu einem gewissen Punkt. Tim Wang und Kollegen[20] stellten im Rahmen einer systematischen Prüfung der Literatur zur Gesichtschirurgie fest, dass eine »perfekte Gesichtssymmetrie irritierend ist und ein gewisser Grad an Gesichtsasymmetrie als normal gilt«, obwohl »Gesichtssymmetrie in engem Zusammenhang mit Attraktivität steht«. Im Zusammenhang mit dem Ergebnis, dass die Augen der entscheidende Faktor dafür sind, ob jemand gruselig wirkt, fanden die Autoren dieser Studie heraus, dass »Asymmetrie der Augenlider im Ruhezustand am heikelsten ist«. Das bedeutet, dass wir es als besonders problematisch wahrnehmen, wenn die Augen eines Menschen zu symmetrisch oder zu asymmetrisch sind. Wieder einmal: Zu viel ist schlecht. Ein unsymmetrisches herabhängendes Augenlid? Unheimlich. Ein völlig symmetrisches? Auch unheimlich.

Veränderungen des Gesichts, die es vom Durchschnittsmenschen abweichen lassen, machen es gruseliger. Die meisten von uns suchen es sich nicht aus, unheimliche Gesichter zu haben, ob von Geburt an, durch eine Verletzung oder eine verpfuschte Schönheitsoperation. Doch ein entstelltes Gesicht sorgt dafür, dass man auf der Straße eher angestarrt[21] und bei der Arbeit eher diskriminiert wird.[22] Sogar etwas so Harmloses wie Akne kann die Einschätzung Ihrer Glaubwürdigkeit beeinflussen. 2016 veröffentlichten E. Tsankova und A. Kappas[23] eine Studie, die zeigte, dass die Glätte der Haut (bei Akne, nicht bei Falten) Bewertungen der Glaubwürdigkeit, Kompetenz, Attraktivität und Gesundheit beeinflusst. Selbst Kleinigkeiten wie ein Tattoo in der Nähe des Gesichts können von Nachteil sein. Eine Studie ergab, dass man mit einem solchen Tattoo auf andere eher wie ein Krimineller wirkt.[24]

Vieles hiervon unterliegt nicht unserer Kontrolle und stimmt nicht mit unseren psychologischen Merkmalen überein; dennoch werden andere uns wahrscheinlich benachteiligen, wenn unser Gesicht unheimlich ist. Dies führt uns zum Bereich der menschlichen Grausamkeit. Seit jeher missbrauchen Menschen Andersaussehende physisch und psychisch. Selbst wenn wir noch im Kindesalter sind, erregen Menschen mit Gesichtern, die nicht so aussehen, wie wir es erwarten, unsere Aufmerksamkeit, in der Regel auf negative Weise. Kinder sind grausam zu denen, die anders aussehen. Menschen mit Gesichtsentstellungen werden oft schikaniert und in aller Öffentlichkeit lächerlich gemacht.

Warum sind wir so grausam? Dies hängt vor allem mit dem

grundlegenden evolutionären Argument zusammen, dass Miss-bildungen und Asymmetrie Zeichen für genetische Krankheiten und Schwäche sein können. Wir haben eine natürliche Abneigung gegen Krankheiten, der wir teilweise unser Überleben verdanken. Deswegen betrachten wir auch Anzeichen für Krankheiten als schlecht. Wir fühlen uns von jenen angezogen, die fruchtbar und gesund aussehen, und weichen vor denen zurück, die dies nicht tun. Wir haben Angst davor, infiziert zu werden oder Kinder mit ähnlichen Leiden zu bekommen. Dies hilft vielleicht zu erklären, warum wir gewisse Menschen meiden, erklärt aber nicht, warum wir auch grausam zu ihnen sind.

Eine Erklärung für die Grausamkeit gegenüber Andersaussehenden, die ich besonders überzeugend finde, hat mit unserer Wahrnehmung von Gesichtern in seinen einzelnen Bestandteilen zu tun. In ihrer 2017[25] veröffentlichten Studie argumentieren K. Fincher u. a., dass die Art, wie wir ein Gesicht wahrnehmen, zur Dehumanisierung der Person führen kann. Wenn wir ein Gesicht wahrnehmen, das keine Auffälligkeiten aufweist, nehmen wir es sofort als Ganzes auf – als menschlich.

Doch sobald etwas dadurch, dass es abnormal ist, unsere Aufmerksamkeit erregt, beginnen wir, das Gesicht und die Person zu dekonstruieren. Wir sehen die Deformität, die zu eng beieinanderstehenden Augen, die Akne, das Tattoo, und hören auf, das Gesicht als ein menschliches Ganzes zu sehen. Die Autoren schreiben, dass dies »eine Verlagerung von einer konfiguralen zu einer merkmalbasierten Verarbeitung beinhaltet«, wir das Gesicht also nicht mehr als ein Ganzes, eine Konfiguration sehen, sondern uns nur auf einzelne Merkmale konzentrieren. Dies, so folgern sie, »ermöglicht es, Schaden wie z. B. harte Strafen zuzufügen«. Wie wir gesehen haben, war Hitler fähig, Schaden zuzufügen, weil er aufhörte, Leute als mensch-

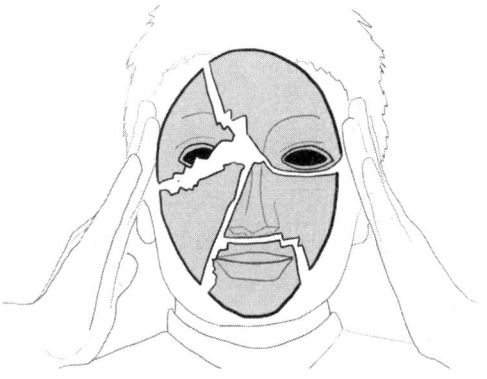

liche Wesen zu sehen. Auch unsere Wahrnehmung kann uns einen Streich spielen und uns zur »dauerhaften Dehumanisierung« anderer verleiten. Aus Gesichtern als Ganzem wird eine Sammlung einzelner Teile, die uns weniger menschlich erscheint als das Ganze.

Die einzige Möglichkeit, dagegen anzugehen, ist, sich bewusst zu machen, dass dies passieren kann, und innezuhalten und nachzudenken, wenn unsere erste Reaktion auf jemanden die ist, dass wir ihn gruselig finden. Setzen Sie sich neben die Person mit dem Tattoo im Nacken. Stellen Sie die Frau mit der Erwachsenenakne ein. Und bringen Sie Ihren Kindern bei, Menschen mit einer Gesichtsdeformation nicht anzustarren.

Menschen fällt es schwer, andersartige Gesichter zu akzeptieren, doch oft noch schwerer, eine andere Psyche zu akzeptieren. Psychische Erkrankungen werden oft mit Unheimlichkeit, mit dem Bösen assoziiert.

Ich habe Angst vor der Dunkelheit. Ich weiß nicht, was sich in ihr verbirgt. Es ist das Unvorhersehbare, vor dem wir uns fürchten. Bei Menschen, die anders denken als wir, fragen wir uns, was sie als Nächstes tun werden. Wir können ihre Gedanken und erst recht ihre Denkweise nicht verstehen. Unsere Verhaltensprädiktoren versagen. Menschen mögen diese Art von Unvorhersagbarkeit nicht. Ordnung und Kontrolle vermitteln ein Gefühl der Sicherheit. Unvorhersagbarkeit ist potenziell gefährlich.

Dass wir psychische Erkrankungen stigmatisieren, ist nichts Neues, doch es ist ein hartnäckiges, verheerendes Vorurteil. Eine der auffälligsten Verhaltensweisen, die wir gegenüber psychisch Kranken an den Tag legen, ist, Abstand zu ihnen zu wahren: sowohl sozial als auch physisch.

Ein gutes Beispiel dafür liefert eine 2010 von Ross Norman und Kollegen durchgeführte Studie.[26] Die Forscher baten die Probanden, in einem Wartezimmer zu bleiben, wo sie auf eine junge Frau mit Schizophrenie treffen würden. In diesem Zimmer fanden die Probanden sieben Stühle vor, die in einer Reihe an einer Wand aufgestellt waren. Auf dem zweiten Stuhl lagen ein Klemmbrett und ein Pullover, und den Teilnehmern wurde erklärt, dies sei der Stuhl der jungen Frau, die gleich zurückkehren werde. Sie befand sich nicht in dem Zimmer, sodass die Teilnehmer nicht durch ihr Aussehen oder ihre Symptome beeinflusst werden konnten.

Die Forscher wollten wissen, wie nah die Teilnehmer sich zu der schizophrenen Person setzen würden. Sie stellten fest, dass diese im Durchschnitt zwei bis drei Stühle – um genau zu sein, 2,44 Stühle – von dem Stuhl entfernt Platz nahmen, auf den sich die Frau mit Schizophrenie ihrer Erwartung zufolge nach ihrer Rückkehr setzen würde. Das ist nicht allzu schlecht, zeigt aber, dass subtile Dinge wie eine psychische Erkrankung unsere Art des sozialen Umgangs beeinflussen. Glauben Sie, dass Sie sich im Durchschnitt näher zu jemand setzen würden, der nicht schizophren ist? Wahrscheinlich.

Dass man sich weiter von psychisch Kranken wegsetzt, gilt vor allem, wenn die Betroffenen eindeutig sogenannte »positive« Symptome zeigen, also z. B. mit einem imaginären Freund sprechen oder auf Halluzinationen reagieren. Diese Symptome werden nicht deswegen positiv genannt, weil sie gut sind, sondern weil sie eine Art »Bonus«-Realität darstellen. Realität+. Die Betroffenen hören und sehen Dinge, die nicht da sind. Die Symptome stehen im Gegensatz zu »negativen« Symptomen wie einer flachen Affektivität.

Die Angst der Menschen vor psychisch Kranken bestätigt auch eine Studie aus dem Jahre 2012 von Parker Magin und Kollegen.[27] In ihr sagten fast 30 Prozent der Patienten, die gerade im Wartezimmer einer Arztpraxis saßen, dass sie sich unwohl fühlen würden, dieses Zimmer mit einem Schizophrenen zu teilen. Weitere zwölf Prozent sagten, sie würden sich unwohl fühlen, es mit jemandem zu teilen, der unter einer Depression leide. Zehn Prozent meinten, sie würden ihre Klinik wechseln, wenn sie Spezialisten einstellen würde, um Menschen mit psychologischen Störungen besser zu helfen. Die Studie deutet darauf hin, dass viele keinen Kontakt mit Menschen haben wollen, die offensichtlich psychologische Hilfe brauchen.

Einige Forscher vertreten die Auffassung, dass das Stigma, mit dem psychisch Kranke belegt werden, als eine »zweite Krankheit« betrachtet werden kann. Wegen der Art, wie sie von anderen behandelt werden, leiden psychisch Kranke oft auch unter gesteigerter Angst und vermehrtem Stress und haben eine geringere Lebensqualität.[28]

Selbst Kinder, die »anders« sind, werden manchmal für gefährlich gehalten. 2007 veröffentlichten Bernice Pescosolido und Kollegen[29] eine Studie zur wahrgenommenen Gefährlichkeit von Kindern mit psychischen Gesundheitsproblemen. Sie untersuchten die Daten von 1152 Befragten, die man gebeten hatte, die Gefährlichkeit von Kindern zu beurteilen, die zuvor in Charakterskizzen beschrieben wurden. Die Forscher stellten fest, dass »ein unter Depressionen leidendes Kind zweimal eher als gefährlich für andere und zehnmal eher als gefährlich für sich selbst eingeschätzt wurde« als ein Kind mit anderen Gesundheitsproblemen.

Ein ähnliches Muster fanden sie auch für Kinder mit ADHS (Aufmerksamkeitsdefizit-Hyperaktivitätsstörung). »Verglichen mit einem Kind mit ›alltäglichen Problemen‹ wurde das Kind mit ADHS als etwa zweimal so gefährlich für andere und sich selbst eingeschätzt.« Wahrscheinlich wieder, weil Menschen intuitiv Angst haben vor der vermuteten Unberechenbarkeit von Menschen mit psychologischen Problemen.

Aber ist dies berechtigt? *Sind* sie gefährlicher?

Unschuldig aussehende, in Wirklichkeit aber gefährliche Kinder sind ein geläufiges Thema in Horrorfilmen und Videospielen. Einer der ersten Horrorfilme, die ich je gesehen habe (für den ich viel zu jung war), handelte von einer Gruppe von Kindern, die mit Gedankenkontrolle eine Stadt eroberten. Es waren sadistische und rachsüchtige kleine Kinder. Doch solche Kinder gibt es nicht nur in erfundenen Geschichten. So gibt es kaum etwas Extremeres als Kinder, die Gewalt ausüben, indem sie etwa an Schulen Amok laufen.

Der Versuch, tödliche Gewalt an Schulen zu verstehen, hat zu wilden Spekulationen einer Öffentlichkeit geführt, die nach einer Erklärung dafür sucht, wie Unschuld in einem so frühen Alter zerstört werden kann. Er war auch Anlass von Forschungsinitiativen großer Einrichtungen. Eine dieser Initiativen war eine teilweise vom US National Research Council finanzierte eingehende Untersuchung, deren Ergebnisse 2002 von Mark Moore u. a. in Buchform veröffentlicht wurden. Eine der wichtigsten Schlussfolgerungen aus dieser groß angelegten Untersuchung war, dass bei den meisten Amokläufern – die alle Jungen waren – »ernsthafte psychische Probleme, einschließlich Schizophrenie, klinische Depression und Persönlichkeitsstörungen, *nach* den Schießereien« auftraten.[30]

Festgestellt wurde jedoch auch, dass es eine Reihe anderer Risikofaktoren gab, von denen aber keiner für besonders problematisch gehalten wurde. »Bei den meisten Todesschützen bestand laut der Erwachsenen um sie herum kein hohes Risiko für diese Art von Verhalten.« Trotz ihrer Nähe zu ihnen glaubten weder die Eltern noch die Lehrer, dass bei diesen Personen ein hohes Risiko bestand, gewalttätig zu werden, schon gar nicht auf so verheerende Weise, wie es dann geschah.

Obwohl Amokläufe an Schulen, vor allem in den Vereinigten Staaten, zu oft geschehen, sind sie statistisch gesehen noch immer eine Seltenheit. Das macht es schwierig, sie zu analysieren und genau zu verstehen, was Kinder zu diesen entsetzlichen Entscheidungen verleitet. Doch erste Untersuchungen scheinen darauf hinzudeuten, dass psychische Erkrankungen nicht der Hauptgrund sind; sie sind vielmehr Teil einer ganzen Reihe von Problemen wie Isolation, Mobbing, fehlende elterliche Unterstützung, Drogenmissbrauch und leichter Zugang zu Waffen.

Lassen Sie uns wieder zum größeren Bild zurückkehren und

die Frage stellen: Meiden wir Menschen, von denen wir wissen, dass sie psychisch krank sind, weil wir intuitiv glauben, dass sie bedrohlich sind? Nun, die Antwort hierauf ist ein bisschen kompliziert.

Laut Julia Sowislo und Kollegen »sind diese Wahrnehmungen voreingenommen. Obwohl es ein signifikant erhöhtes Risiko für Gewalt gibt, ist das Risiko klein und die Mehrzahl der Individuen mit psychischen Erkrankungen nicht gewalttätig.«[31] Denn wenn wir mit einem wirklich geringen Risiko beginnen, haben wir es, selbst wenn es sich verdoppelt oder verdreifacht, noch immer mit einem sehr kleinen Risiko zu tun.

Was bedeutet dies? Zum einen bedeutet es, dass es eine Rolle spielt, welche Art psychischer Erkrankung vorliegt. In einer Studie zu Straftätern mit psychischen Erkrankungen aus dem Jahr 2014[32] stellten Jillian Peterson u. a. fest, dass von den 429 Verbrechen, die sie analysierten, vier Prozent unmittelbar mit einer Psychose in Zusammenhang standen (einschließlich Symptomen der Schizophrenie), drei Prozent mit einer Depression und zehn Prozent mit einer bipolaren Störung. Das heißt, dass es nur bei einer kleinen Anzahl von Diagnosen einen Zusammenhang zwischen psychischer Erkrankung und Gewalt gibt.

Die Autoren kamen zu dem Schluss, dass »psychiatrische Symptome nur in einem schwachen Zusammenhang mit kriminellem Verhalten stehen«. Selbst wenn Menschen psychisch krank sind und selbst wenn sie die »riskantesten« Symptome haben, scheinen sie selten nur aufgrund ihrer Symptome gewalttätig zu sein. Vielmehr tragen oft dieselben Umstände, die bei Gewalt im Allgemeinen eine Rolle spielen, auch zur Gewalt von psychisch Kranken bei.

Wo also finden wir überhaupt eine Verbindung zwischen

Verbrechen und psychischen Erkrankungen? Es scheint, dass ein Faktor eine besondere Rolle spielt: Drogenmissbrauch. Bei Menschen, die unter Schizophrenie oder Depressionen leiden, ist die Wahrscheinlichkeit, dass sie Drogen nehmen oder übermäßig Alkohol konsumieren, größer als bei Durchschnittspersonen. Laut einer 2015 von Ragnar Nesvåg und Kollegen[33] durchgeführten Studie liegt die Rate von diagnostizierten substanzbezogenen Störungen bei 25,1 Prozent für Schizophrenie, 20,1 Prozent für die bipolare Störung und 10,9 Prozent für Depressionen. »Bei Patienten mit Schizophrenie, einer bipolaren Störung und Depressionen war die Häufigkeit einer substanzbezogenen Störung verglichen mit der Allgemeinbevölkerung zehnmal so hoch«, so die Autoren. Der Drogenkonsum könnte in diesen Fällen den Versuch darstellen, die entsetzlichen Symptome selbst zu behandeln oder ihnen zu entfliehen. Er kann aber auch die Folge davon sein, dass gequälte Gehirne zuweilen schlechte Entscheidungen treffen.

Lassen Sie uns nun zu unserer Ausgangsfrage nach der Verbindung zwischen Verbrechen und psychischen Erkrankungen zurückkehren. Psychische Erkrankungen sind ein Risikofaktor für Drogenmissbrauch, der wiederum ein Risikofaktor für Gewalt ist. Laut den Ergebnissen einer systematischen Untersuchung der Literatur zu Schizophrenie und Gewalt von Seema Fazel u. a. im Jahr 2009[34] »werden Schizophrenie und andere Psychosen mit Gewalt und gewaltsamen Angriffen, vor allem Homizid, assoziiert. Doch das erhöhte Risiko scheint zum größten Teil auf komorbiden Drogenmissbrauch zurückzuführen sein.« Mit anderen Worten: Fast die *gesamte* Risikozunahme ist dadurch bedingt, dass jemand mit Schizophrenie auch Alkohol trinkt oder Drogen nimmt.

Außerdem scheint das Gewaltrisiko dasselbe zu sein wie für

jeden, der trinkt oder Drogen nimmt. »Das Risiko dieser Patienten mit Komorbidität ist ähnlich dem für Drogenmissbrauch ohne Psychose.« Der Drogenmissbrauch scheint hier also die Ursache zu sein und nicht die psychische Erkrankung *per se*. Psychische Erkrankungen alleine sind ein schlechter Indikator für Gewaltbereitschaft.

Der emotionale und physische Abstand, den wir zu psychisch Kranken wahren, ist nicht nur unbegründet, sondern für die Betroffenen auch verheerend. Wir haben einen langen Weg zurückgelegt von den Irrenanstalten, in die wir die Leute gesteckt haben, den Teufelsaustreibungen oder dem öffentlichen Spott und dem Missbrauch der Betroffenen – doch es gibt immer noch sehr viel zu tun. Wir müssen gegen unsere fehlzündenden Unheimlichkeitsdetektoren ankämpfen. Menschen mit psychischen Erkrankungen mögen unberechenbar wirken, doch unberechenbar heißt nicht gewalttätig. Gehen Sie anders auf psychisch Kranke zu, ohne Angst. Wagen Sie es beim nächsten Mal, sich neben einen Fremden zu setzen, der sich seltsam verhält. Es sei denn, er ist betrunken oder high.

Lassen Sie uns eine neue Einstellung zu psychischen Erkrankungen finden.

Schockierend

Sie haben wahrscheinlich von Stanley Milgrams klassischer Studie zum Gehorsam gegenüber Autoritäten aus dem Jahr 1963[35] gehört. In dieser Studie wurde den Probanden erklärt, dass man ihnen die Rolle des »Lehrers« zugewiesen habe und dass sie einem »Schüler« (in Wirklichkeit ein wissenschaftlicher Mitarbeiter), der sich in einem Nebenraum befinde, jedes

Mal, wenn er sich nicht richtig an Wörter von einer Liste er-
innere, einen Elektroschock verabreichen müssten. Bei jedem
Fehler des Schülers, so sagte der Versuchsleiter, sollten sie die
Voltzahl erhöhen – von anfänglichen 15 Volt bis zu einem Maxi-
mum von 450 Volt, wobei vor Letzterem mit *Vorsicht: schwerer
Schock* gewarnt wurde.

An einem bestimmten Punkt protestiert der Schüler gegen
die Erhöhung der Voltzahl. So heißt es im ursprünglichen Manuskript: »Wenn der 300-Volt-Schock verabreicht wird, trom-
melt der Schüler gegen die Wand des Raums, in dem er an den
elektrischen Stuhl gebunden ist. Das Trommeln kann vom Probanden gehört werden. Von diesem Punkt an tauchen die Antworten des Schülers nicht länger auf … Das Trommeln des
Schülers wird nach dem Verabreichen des 315-Volt-Schocks
wiederholt; danach ist von ihm nichts mehr zu hören.« Im
Grunde genommen lässt der Ablauf des Experiments es so aussehen, als habe der Proband den Schüler *umgebracht*.

Trotz dieser Tatsache brachen nur 14 von 40 Probanden dieser Studie die Sache ab, bevor die höchste Voltzahl erreicht war.
Es war eine unglaubliche Demonstration, dass Menschen einer
Autoritätsperson, die sie anweist, gegen ihr Gewissen zu handeln, selbst in einer so einfachen Situation wie einem psychologischen Experiment gehorchen. Auf das Thema des Gehorsams
gegenüber Autoritäten werden wir in einem späteren Kapitel
zurückkommen, doch hier möchte ich auf die emotionale Reaktion der Teilnehmer auf ihr Verhalten eingehen.

Wie zu erwarten, standen die Probanden während des Experiments unter extremem Stress. Dies zeigten die Einwände, die
sie wimmernd erhoben: »Ich halte das nicht für sehr human. Es
ist ein verdammtes Experiment … Das ist verrückt.« Und als
das Experiment vorbei war, beobachtete Milgram, dass die ge-

horsamen Teilnehmer »sich die Stirn wischten, mit den Fingern über die Augen rieben oder nervös an Zigaretten herumfummelten«. Doch eine unerwartete Reaktion, die auf den Stress zurückgeführt wurde, fand er *faszinierend*. Es war das nervöse Lachen der Probanden.

> »Ein Zeichen der Anspannung waren die regelmäßigen nervösen Lachanfälle. 14 der 40 Probanden zeigten definitive Anzeichen nervösen Lachens und Lächelns. Das Lachen wirkte völlig unangebracht, ja bizarr. Bei drei Probanden wurden ausgewachsene unkontrollierbare Lachanfälle beobachtet. Einmal beobachteten wir einen so starken krampfartigen Anfall, dass es nötig war, das Experiment abzubrechen. Der Proband, ein 46 Jahre alter Lexikonverkäufer, war sehr verlegen wegen seines unpassenden und unkontrollierbaren Verhaltens.«

Warum lachten die Probanden? Sicher nicht, weil es sie *glücklich* machte, einem Fremden Elektroschocks zu verabreichen. Nein, es scheint, dass sie aus einem anderen Grund lachten und dass ihr Verhalten sie verlegen machte.

Lachen und Lächeln werden oft mit dem Bösen assoziiert, von der gackernden bösen Hexe über den lauthals lachenden Serienmörder bis zum grinsenden Teufel. Obwohl Lachen angesichts von Stress und Unsicherheit eine automatische Reaktion sein kann, wird es unter Umständen wie denen des Milgram-Experiments als Ausdruck sadistischen Vergnügens wahrgenommen. Die Teilnehmer des Milgram-Experiments waren sich dieser Tatsache vollkommen bewusst. »In den postexperimentellen Interviews bemühten sich die Probanden, herauszustellen, dass sie keine Sadisten waren und dass das Lachen nicht bedeutete, dass sie es genossen hätten, dem Opfer Schocks zu verabreichen.«

Wir haben bereits an früherer Stelle im Zusammenhang mit der *cute aggression* über inkongruente Emotionen gesprochen und darüber, dass sie wahrscheinlich ein Schutzmechanismus sind. Das Gehirn versucht, angesichts extremer Emotionen nicht kurzzuschließen, indem es uns die entgegengesetzte Emotion erleben lässt. Wir können akzeptieren, dass wir nervös lachen, wenn wir etwas tun, was uns Angst macht, dass wir bei einer Beerdigung lächeln oder das Gefühl haben, einem Wesen wehtun zu wollen, das wir lieben. Doch es fällt uns schwer, die Ähnlichkeit zwischen inkongruenten Gesichtsausdrücken während einer Gewalttat und denen in anderen Situationen zu sehen. Wir finden Menschen, die zur falschen Zeit die falschen Emotionen zeigen, unheimlich.

Roy Baumeister und Keith Campbell[36] zufolge kann Lachen so unheimlich sein, weil Opfer und Täter sich in ihrer Wahrnehmung und ihrer Erfahrung des Fehlverhaltens unterscheiden. Dies hängt mit dem zusammen, was Baumeister als »magnitude gap«[37] bezeichnet. »Der Kern des ›magnitude gap‹ ist, dass das Opfer mehr verliert, als der Täter gewinnt«, erklärt er. Wenn z. B. ein Dieb etwas stiehlt, ist der Wiederbeschaffungswert für das Opfer in der Regel höher als der Wert, für den der Dieb das Gestohlene verkaufen kann. Ein Vergewaltiger mag für kurze Zeit einen Machtgewinn empfinden, doch das Opfer leidet vielleicht jahrelang. Ein Mörder nimmt ein Leben und fügt der Familie des Opfers Schmerz und Leid zu – ein Verlust, dem der Gewinn des Mörders, wie auch immer der aussehen mag, niemals entsprechen kann.

Dieses Ungleichgewicht spielt eine sehr wichtige Rolle. Es ist der Grund, weshalb Opfer das Handeln des Täters oft als willkürlich beschreiben.»Ein Opfer betont vielleicht, dass der Täter aus keinerlei ersichtlichem Grund oder … aus reiner Bosheit gehandelt hat.« So schreiben Baumeister und Campbell: »Das Ausmaß einer Tat kann aus der Perspektive des Täters viel geringer sein als aus der Perspektive des Opfers, weswegen es vielleicht nötig ist, sich von der Sichtweise des Opfers zu distanzieren, um die Psychologie des Täters verstehen zu können.« Wenn wir über das Böse sprechen, ergreifen wir normalerweise Partei für das Opfer und sehen den Schaden aus dessen Perspektive.

So konzentrieren Opfer sich vielleicht auf das Lachen eines Täters, während die Täter es kaum bemerken. Außerdem »verstehen Opfer das Lachen des Täters als zwingendes Zeichen dafür, dass der Täter seinen Spaß hatte, und deswegen als Zeichen bösen, sadistischen Vergnügens«. Wir können es Opfern von Gewalt nachsehen, dass es ihnen nicht gelingt, die subtilen Unterschiede zu erkennen und das Lachen ihrer Peiniger korrekt zu identifizieren. Das Opfer von Gewalt zu werden, kann enorm belastend sein. Wenn der Täter die Tat, wie vom Opfer wahrgenommen, tatsächlich genießt, dann wird der »magnitude gap« zu einer unüberbrückbaren Kluft. Hier haben wir es mit dem zu tun, was wir das Böse nennen.

Ein »böses Lachen« ist ein Kennzeichen der Unheimlichkeit, da es der ultimative Ausdruck des »magnitude gap« ist.

Lassen Sie uns nun ein anderes Attribut der Unheimlichkeit betrachten. Erinnern Sie sich an die Studie zu Beginn dieses Kapitels, die erklärte, welche Dinge die Menschen unheimlich finden – wie die Tatsache, dass jemand ein Clown oder Tierpräparator ist, zu dicht neben einem steht oder lange Finger hat? In dieser Studie ging es auch um einen letzten Aspekt der Unheimlichkeit – die Hobbys unheimlicher Leute.

»Sammler« stehen offensichtlich ganz oben auf der Liste. Hierzu schreiben McAndrew und Koehnke:[38] »Zu den bei Weitem am häufigsten erwähnten Hobbys gehörte das Sammeln von Dingen. Das Sammeln von Puppen, Insekten, Reptilien oder Körperteilen wie Zähnen, Knochen oder Fingernägeln wurde als besonders unheimlich erachtet.« *Kein Wunder!*

Mord, Inc.

Zu den unheimlichsten Dingen, die Menschen sammeln können, zählen meiner Meinung nach die sogenannten »Murderabilia«. Die amerikanische Anwältin und Schriftstellerin Ellen Hurley definiert Murderabilia 2009[39] so: »Der Begriff umfasst alles zum Kauf Angebotene, das entweder von einem Mörder geschaffen wurde oder ihm gehört, wie auch jeden Gegenstand, der mit einem berühmt-berüchtigten Verbrechen in Verbindung steht, über das der Kriminelle die Kontrolle gehabt haben mag oder auch nicht.« Einige Sammler empfinden den Begriff Muderabilia als abwertend, doch lassen Sie uns die Faszination dieser Andenken offen und unvoreingenommen betrachten.

Manchmal werden Murderabilia von den Mördern selbst, vom Gefängnis aus, verkauft. Nehmen wir z. B. John Wayne Gacy. Gacy war ein amerikanischer Serienmörder, der in den 1970er-Jahren mindestens 33 junge Männer sexuell nötigte, quälte und ermordete. Er ging im selbst genähten Kostüm als »Pogo, der Clown« verkleidet zu Partys in der Nachbarschaft. Während seiner Zeit im Gefängnis malte und verkaufte er einige ziemlich schreckliche Bilder von Clowns, umgeben von Zwergen und Kindern. Dann ist da Herbert Mullin, der 13 Menschen tötete, weil er angeblich dachte, dies würde Erdbeben verhindern. Mullin, der Stimmen im Kopf hörte, die ihm befahlen, Menschen zu töten, malte im Gefängnis einige ziemlich hübsche Bilder von Gebirgsketten.

Matthew Wagner,[40] der damals der Herausgeber des University of Cincinnati Law Review war, schrieb hierzu: »Das Konzept der Murderabilia ist einerseits davon geprägt, dass unsere Kultur Berühmtheit und Geschichte feiert, und andererseits von der Faszination, die das Okkulte und abscheuliche Verbrechen ausüben.« Der Murderabilia-Markt, so Wagner, erlebt seit dem Aufkommen des Onlinehandels eine richtige Blütezeit. Hierdurch werden »der Verkauf von und der Handel mit Murderabilia nicht länger von obskuren Händlern betrieben, sondern auf einen voll entwickelten Marktplatz verlagert«. Vielleicht boomt das Geschäft auch wegen der Anonymität, die Käufer online genießen.

Wie Sie vielleicht ahnen, hat die Tatsache, dass Anwälte über dieses Thema schreiben, damit zu tun, dass dieser Marktplatz von Beginn an umstritten war. Die Frage lautet, ob es in Ordnung ist, dass Kriminelle von ihren Verbrechen profitieren. Dass Täter etwas verkaufen, löst bei den Opfern und der Allgemeinheit oft moralische Empörung aus. In den USA hat diese Empörung sogar zum Erlass der sogenannten »Son of Sam«-Gesetze geführt. Laut Wagner wurden diese »nach dem ursprünglichen Gesetz benannt, das von der Legislative des US-Bundesstaates New York verabschiedet wurde«, und sollten »den Serienmörder David Berkowitz davon abhalten, ein kleines Vermögen damit zu machen, die Rechte an seiner Geschichte an die Medien zu verkaufen«.

Die Gesetze waren eine unmittelbare Reaktion auf die Vermutung, dass Berkowitz die Rechte für einen Film über sein Leben verkaufen würde, obwohl er tatsächlich nie ein Interesse daran geäußert hatte. Sie wurden präventiv erlassen und soll-ten Täter in der Zukunft davon abhalten, von derlei Arrangements zu profitieren. Gesetzen wie diesen Geltung zu verschaffen, ist jedoch sehr schwer, da sie dadurch, dass sie Täter daran hindern, von Darstellungen ihrer Verbrechen zu profitieren, zumindest in den USA das Recht auf freie Meinungsäußerung verletzen.

Es ist zwar schwierig, den Verkauf von Murderabilia an der Quelle zu stoppen, doch E-Commerce-Sites können selbst kontrollieren, was dort verkauft werden darf. So haben Riesen wie Amazon Richtlinien, die den Verkauf von Dingen untersagen, die höchstwahrscheinlich Empörung hervorrufen – einschließlich menschlicher Überreste und Nazi-Memorabilia. Auch Länder können den Verkauf von Gegenständen regulieren, die vom Hass profitieren. So war in Deutschland der Verkauf von Hitlers Manifest »Mein Kampf« lange verboten, bis 2016 eine mit Anmerkungen versehene, kritische Ausgabe verlegt wurde.

Es ist jedoch nicht verboten, dass Täter ihre Geschichten, von ihnen gefertigte Dinge oder ihre Zehennägel verkaufen. Und ich denke auch nicht, dass es verboten werden sollte. Wenn wir das Problem nur aus der Perspektive der Opfer betrachten, sehen wir es vielleicht wieder durch den Filter des »magnitude gap«. Gefängnisstrafen sind oft nicht ausreichend, um Opfern und ihren Familien nach einem schweren Verbrechen ein Gefühl von Gerechtigkeit zu vermitteln.

Die Vorstellung, dass ein Täter ein Gefühl von Normalität zurückgewinnen kann und seine Geschichte nutzt, um Geld zu verdienen, scheint pervers zu sein. Anwälte kennen sicher die Aussage »*Ex turpi causa non oritur actio*« – »Aus einem sittenwidrigen Grund entsteht keine Klage«. Dies hindert z. B. einen Beinahe-Mörder daran, einen Waffenhersteller zu verklagen, wenn er sich mit der nicht richtig funktionierenden Waffe, die er nutzen wollte, um jemanden zu töten, selbst verletzt.

Doch wenn wir der Versuchung widerstehen, das Problem nur aus der Perspektive des Opfers zu betrachten, sehen wir jemanden, der bereits seine Schuldigkeit gegenüber der Gesellschaft und der Gerechtigkeit getan hat. Niemand wird verurteilt zu »vier Jahren im Gefängnis plus vier Jahren, in denen er nicht in der Lage ist, mit dem, was er getan hat, Geld zu verdienen«. Harte Strafen und eine langfristige Entrechtung können zur Dehumanisierung einer großen Anzahl von Menschen führen. Und es ist ja nicht so, dass die meisten Täter töten, um Berühmtheit zu erlangen oder von der Geschichte zu profitieren. Ruhm und Geld sind eine unglaublich seltene Folge.

Doch ich schweife ab. Wir hatten damit angefangen, über die Käufer, nicht die Verkäufer von Murderabilia zu sprechen. Warum also sind Menschen an diesem »dunklen Tourismus« interessiert, daran, Souvenirs von der dunklen Seite der Menschheit zu kaufen? Hierzu schrieb der Soziologe Jack Denham 2016:[41] »Die Aktivität, sich mittels des ›dunklen Tourismus‹ zu erinnern, ist zwar eine morbide Form der Unterhaltung, kann aber, wie einige argumentieren, als Methode gesehen werden, dem Tod in modernen Gesellschaften ins Auge zu schauen und mit ihm fertigzuwerden.«

Treffender gesagt: Täter, die von den Menschen zum Idol gemacht werden und Fans haben, verkörpern andere von der Gesellschaft geschätzte Merkmale. Ihre Taten mögen zwar unangemessen sein, doch ihre Methoden sind bewundernswert. Ein Serienmörder, der lange unentdeckt bleibt, ist oft sehr akribisch, plant genau und hat die Situation unter Kontrolle. Außerdem ist er ein Rebell, der nach seinen eigenen Regeln spielt. In gewisser Hinsicht ist er der Inbegriff der Gegenkultur.

Ein Paradebeispiel hierfür war Charles Manson. Manson glaubte, dass es einen apokalyptischen, von ihm »Helter Skelter« genannten Rassenkrieg geben würde und dass die Gründung eines Kults helfen würde, diesen Krieg in Gang zu setzen. Aus dem Gefängnis heraus veröffentlichte Manson kommerzielle Musik. Er bastelte Spinnen aus Garn und schuf einige sehr psychedelische Gemälde. »Manson ist eine Ikone der Gegenkultur und wird als solche durch den Vertrieb dieser Artikel zum Konsumgut«, so Denham. Fans von Serienmördern und Muderabilia scheinen grausamen und perversen Taten eine mythische Qualität zuzuschreiben. Vielleicht fällt es uns nach wie vor schwer, zu verstehen, dass Menschen von Murderabilia fasziniert sind, vielleicht finden wir dies immer noch gruselig, aber vielleicht können wir trotzdem ein klein wenig Verständnis dafür aufbringen.

Sie wollen auch welche? Dann brauchen Sie nur auf *Serial Killers Ink, Murder Auction* oder *Supernaught* zu gehen. Einige dieser Websites sind wie eine E-Commerce-Website für Serienmörder.

In der Unheimlichkeitsstudie von McAndrew und Koehnke wurden neben dem Sammeln noch ein paar andere Hobbys aufgeführt. Als unheimlich galten auch Menschen, die andere gern beobachten, ihnen folgen oder Fotos von ihnen machen. Komisch ist, dass auch *Vogelbeobachter* als gruselig beschrieben wurden. Wobei mir persönlich die betagte Dame im Wald, die sich mit einem Feldstecher Bäume anschaut und ihrer Freundin *Siehst du, da? Es ist ein seltsamer Fink, meine Liebe* zuraunt, alles andere als unheimlich ist. Oft erwähnt wurde auch die Begeisterung für die Taxidermie. Ich kenne niemanden, der tote Tiere aus Spaß ausstopft oder sammelt, vermute aber, dass dies unheimlich wirken kann. Das bringt uns zurück zu dem Gedanken an den Tod – der eng mit dem Gefühl, das wir als Gruseln bezeichnen, verbunden ist.

Schließlich stellten die Forscher fest, dass »Pornografie oder exotische sexuelle Aktivitäten« als »creepy« klassifiziert werden. Angesichts der starken Verbindung zwischen unerwünschtem sexuellem Interesse und Gruseligkeit nimmt es nicht Wunder, dass abnormaler Sex auf der Liste steht.

Es scheint, dass Unheimlichkeit das Ergebnis eines Systems ist, das versucht, uns zu behüten, aber schlecht kalibriert ist. Wir identifizieren fälschlicherweise Nobelpreisträger als notorische Straftäter. Wir halten Menschen für unheimlich, weil sie in ihrem Aussehen, ihrer Gesundheit, ihrem Verhalten und ihren Interessen von der Norm abweichen. Sie können sich diese Information zu Herzen nehmen und das Unheimliche »entgruseln« oder aber sie einfach ignorieren.

Ein anderes System, das oft versucht, uns zu schützen, jedoch eindrucksvoll versagen kann, ist die Technologie. In einer Welt, die immer mehr durch die Anwesenheit von Smartphones, Flugzeugen und dem Internet beeinflusst wird, können wir uns fragen, wie dieser Umstand uns beeinflusst und wie wir wiederum ihn beeinflussen. Als Nächstes werden wir uns anschauen, wie und warum wir die Technologie *nutzen*, um Böses zu tun, und wie die Technologie selbst Schaden anrichten kann.

Kapitel 4

DIE ZWEI GESICHTER DER TECHNOLOGIE: WIE TECHNOLOGIE UNS VERÄNDERT

Über Luftpiraten, böse Bots
und Cybertrolle

Ich hege eine gewisse Hass-Liebe gegenüber der Technologie.

Wenn ein neues Produkt auf den Markt kommt, das mein Leben verbessern könnte, bin ich Feuer und Flamme, aber ich glaube auch, dass Technologie die Menschheit zerstören könnte. Ich kaufe fast alles im Internet und konsumiere ständig kostenlose Inhalte, aber wenn ich direkt auf mich zugeschnittene Werbung erhalte, ist mir das unheimlich. Ich erlaube Apps, auf meine Fotos, meinen Standort und meine Kontakte zuzugreifen, aber im Prinzip bin ich komplett gegen Überwachung. Meine Beziehung zur Technologie ist zweifelsohne kompliziert.

Technologie macht vieles einfacher, sicherer, schneller und besser. Dank ihr können wir Dinge tun, die sonst nicht möglich wären – sowohl im wirklichen Leben als auch online. Technologie ist aufregend. Technologie ist befreiend. Technologie ist Fortschritt.

Es gibt nur ein Problem.

Sie ist eine Falle.

Sie lockt uns mit ihrer Hilfsbereitschaft, ehe sie uns ihr hässliches Gesicht zeigt. Historisch gesehen haben uns neue Technologien – unter anderem Panzer, Bombenflugzeuge und Atomwaffen – ermöglicht, Schaden in einem völlig neuen Ausmaß anzurichten. In Darstellungen von dystopischen Zukunftsvisionen löscht die Technologie oft die gesamte Menschheit aus. In diesen Endzeitgeschichten haben entweder wir Menschen Technologie für böse Zwecke genutzt, oder die Technologie selbst wird böse und stellt sich gegen uns. In Wirklichkeit brauchen wir uns nur Cyberkriminalität oder Drohnenkampfeinsätze anzuschauen, um zu erkennen, welche Gefahren heute hinter der Technologie lauern.

Dieses Kapitel handelt nicht von der Liebe zur Technologie, sondern von ihrem Missbrauch. Es handelt von dem Wechselspiel zwischen Mensch und Technologie und warum wir alle mithilfe der Technologie Schaden anrichten können, den wir ohne sie niemals anrichten würden.

Luftpiraten

Beginnen wir mit dem potenziellen Schaden, der von Maschinen verursacht werden kann. Immer, wenn es eine neue Technologie gibt, gibt es auch eine Möglichkeit, diese zu missbrauchen. Nehmen wir beispielsweise Robotervögel, die man auch als Flugzeuge kennt.

Das Aufkommen kommerzieller Passagierflugzeuge revolutionierte die Mobilität der Menschheit. Doch mit den Flugzeugen ergaben sich auch neue Methoden, Böses zu tun. Flugzeuge konnten aus einer Entfernung oder aus dem Flugzeug selbst zum Absturz gebracht werden. Das stellte beinahe eine Garantie dafür dar, dass alle Insassen ums Leben kommen. Sie konnten auch selbst als Waffen verwendet werden, indem man sie gegen Gebäude oder Denkmäler flog.

Je mehr Menschen sich in die Lüfte begaben, desto mehr waren in Gefahr, so der Journalist Brendan Koerner in seinem Buch von 2013 *The Skies Belong to Us* (auf Deutsch erschienen unter dem Titel *Der Himmel ist unser: Liebe und Terror im Goldenen Zeitalter der Flugzeugentführungen*). Zwischen 1968 und 1973 ging es besonders turbulent zu. »In einer Periode von fünf Jahren, beginnend im Jahr 1968, entführten die Verzweifelten und Desillusionierten beinahe wöchentlich kommerzielle Flugzeuge unter Einsatz von Schusswaffen, Bomben und Säure. Einige Entführer wollten ins Ausland fliehen, anderen ging es darum, Geiseln gegen Bargeld zu tauschen.« Zu dieser Zeit wurden Flugzeuge nicht entführt, um sie zum Absturz zu bringen, vielmehr sah man in Flugzeugentführungen eine Geldquelle und eine Möglichkeit zur Flucht. Damals fühlten sich Flugzeuge noch gefährlicher an. Man musste etwas unternehmen, um den Flugzeugpiraten zu zeigen, dass es so nicht ging.

Ab 1969 und bis in die 1970er-Jahre hinein entwickelte die *Federal Aviation Administration*, die Bundesluftfahrtbehörde der Vereinigten Staaten, das erste psychologische Profil zur Identifizierung potenzieller Flugzeugentführer und setzte Metalldetektoren zur Gepäckkontrolle ein.[1] Seitdem haben wir gelernt, eine neue Art der Bedrohung zu fürchten: Entführer wie die, die für die Anschläge des 11. September verantwortlich waren, Schuhbomber, Terroristen, die Bomben aus Flüssigkeiten herstellen. Seitdem haben wir nach verschiedenen schlimmen oder versuchten Anschlägen immer mehr unserer Privatsphäre aufgegeben. Mittlerweile sind wir an dem Punkt angelangt, da wir dem Sicherheitspersonal des Flughafens nicht nur einen Blick in unser Gepäck, sondern auch in unseren Körper gewähren.

Für die meisten von uns ist das Reisen die einzige Situation, in der wir beinahe alle unsere Freiheiten freiwillig aufgeben. Wir erlauben dem Sicherheitspersonal, unsere Identität zu überprüfen, unsere Sachen zu durchsuchen, einiges davon wegzuwerfen (an dieser Stelle ein kleines Hallo an all die konfiszierten Flüssigkeiten und spitzen Metallgegenstände), uns auszukleiden, uns anzufassen, uns nackt zu scannen und uns zu befragen, wenn wir als »verdächtig« eingestuft wurden (lesen Sie sich noch einmal das Kapitel zur Unheimlichkeit durch, um sich daran zu erinnern, warum das nicht so recht funktioniert). Und wenn wir all das nicht tun, dürfen sie uns die Möglichkeit wegnehmen, uns frei von einem Teil der Welt zu einem anderen zu bewegen. Was soll das denn?

Der Weg zur Hölle ist mit Metalldetektoren gepflastert. Wissen Sie, ich hätte sogar ein Problem mit der Flughafensicherheit, *selbst wenn* sie funktionieren würde. Das tut sie nämlich nach unserem Kenntnisstand nicht. 2015 wurde vom US-amerikanischen Verfassungsschutz eine Untersuchung durchgeführt.[2] Dafür testeten einzelne verdeckte Ermittler an verschiedenen Flughäfen des Landes, ob sie verbotene Gegenstände durch die Kontrollen schmuggeln könnten.

Man fand heraus, dass die Sicherheitskräfte des Flughafens bei 67 von 70 Tests versagten – das sind 95 Prozent. Der Minister für Innere Sicherheit war von diesen Ergebnissen derart frustriert, dass er sofort eine Beratung anberaumte, um neue Richtlinien zu erarbeiten. Man sah auch die enorme Geldverschwendung: »Der Bericht ergab, dass trotz der Kosten von 540 Millionen Dollar für die Ausrüstung der Gepäckkontrolle und weiterer 11 Millionen Dollar für die Ausbildung seit dem vorigen Bericht von 2009 die TSA (Transit Security Agency) keinerlei erkennbare Verbesserungen vorweisen konnte.«

Es gibt dafür eine Bezeichnung – Sicherheitstheater. Das heißt, dass eine Illusion der Sicherheit geschaffen wird. Höchst seltene Ereignisse wie Flugzeugentführungen lassen sich kaum vorhersagen. Aber uns Menschen gefällt der Gedanke nicht, dass wir solchen schrecklichen Angriffen hilflos gegenüberstehen. Daher inszenieren wir eine Show, damit wir uns gegenseitig beruhigen. Mit glänzenden Geräten und wissenschaftlich anmutenden Methoden tun wir so, als könnten wir solche Anschläge verhindern. Jedes Mal, wenn ich durch die Sicherheitskontrollen gehe, stelle ich mir die Sicherheitskräfte als Schauspieler in einem Theaterstück vor. *Wir werden Sicherheit demonstrieren, es ist hier so wahnsinnig sicher. Wir versprechen es. Sehen Sie doch, was wir alles tun! Das muss sich schließlich positiv auswirken!*

Wenn Menschen Angst haben, tun sie die seltsamsten Dinge.

Auch wenn die Gewissheit, dass der wahrgenommenen Bedrohung aktiv etwas entgegengesetzt wird, in gewisser Weise der Kern des Sicherheitstheaters ist, kann das für einige Menschen gut sein, andere aber noch mehr beängstigen.

Doch ist die TSA böse? Bei dem Beispiel mit dem Flugzeug gibt es drei Ebenen, auf denen wir etwas Böses oder ein Fehlverhalten annehmen können: 1) Die Technologie ist böse. 2) Die Flugzeugentführer sind böse. 3) Die Reaktion auf die Technologie ist böse. Doch wie bei allen Technologien lässt sich kaum argumentieren, dass Flugzeuge selbst böse sind. Schließlich können sie nicht fühlen. Im Vergleich dazu werden, wie erwartet, die Entführer selbst zu den Übeltätern gemacht. Sind sie böse, weil sie diese Technologie dafür benutzen, viele Menschen zu töten? An dieser Stelle lässt sich die Argumentation darauf herunterbrechen, dass »Mord böse ist« und »viele Morde noch böser«. Dementsprechend ist es sehr böse, diese Technologie zu nutzen, weil dadurch mehr Menschen sterben. Doch hier ermöglicht Technologie das Böse und ist nicht die Ursache des Bösen.

Was hat es aber mit unserer Reaktion auf die Technologie auf sich? Flughafensicherheit ist nicht nur unwirksam, sondern auch selbst gefährlich. Nicht nur, weil wir jedes Mal, wenn wir durch die Sicherheitskontrollen gehen, *innerlich* ein kleines bisschen vor Frustration sterben, sondern, weil tatsächlich Menschen dadurch ums Leben kommen, manchmal allerdings auf weniger augenfällige Weise. Einige Beispiele fallen uns auf Anhieb ein – Ärzte, die ihre Zeit in der Sicherheitskontrolle verbringen, könnten in dieser Zeit auch Leben retten, Geld, das für die Sicherheit ausgegeben wird, könnte dafür verwendet werden, die Welt zu verbessern – aber laut einem Wirtschaftswissenschaftler gibt es eine weitere messbarere Auswirkung.

Im Jahr 2011 stellte Garrick Blalock einige Berechnungen an und postulierte, dass die »Reaktion der Reisenden auf die Anschläge des 11. Septembers an 327 tödlichen Autounfällen pro Monat im letzten Quartal des Jahres 2001 abzulesen war«. Viele Reisende, so Blalock, hätten statt des Flugzeugs das Auto genommen, und da Autofahren wesentlich gefährlicher ist als Fliegen, kam es zu diesen Unfällen. Warum nahmen sie das Auto? Vielleicht einerseits aus Angst vor terroristischen Anschlägen und andererseits manche aber auch, weil es plötzlich so viel länger dauerte zu fliegen, sodass Autofahren im Vergleich schneller und einfacher war. Laut dem Wirtschaftswissenschaftler wird in dem Bericht »gezeigt, dass die Reaktion der Öffentlichkeit auf Terrorbedrohung unbeabsichtigte Folgen haben kann, die in ihrem Ausmaß ebenso schlimm wie die Anschläge selbst sind«.

Die Sicherheitskontrollen am Flughafen bringen uns buchstäblich um.

Natürlich gibt es Technologie, die allein dafür entwickelt wurde, Unheil anzurichten. Aber selbst dort, in der Welt der automatischen Waffen, selbstnavigierenden Bomben und Kampfroboter, nennen sie Technologie nicht »böse«. Warum? Weil sie nicht selbst handeln, keine Entscheidungen fällen und daher auch nicht entscheiden kann, Böses zu tun.

Tay-minator

Aber Maschinen mit künstlicher Intelligenz (KI) können genau das. Daher meinen wir manchmal, dass das Böse in der Pseudo-Seele der Maschine lauert.

Beispielsweise bei der Chatbot-Software »Tay«, die am 23. März 2016 herauskam. Tay war als Experiment zur Gesprächsführung gedacht. Dieser von Microsoft entwickelte Chatbot sollte mit Nutzern »beiläufige und spielerische Konversation« betreiben und dabei wie eine 18- bis 24-jährige Amerikanerin klingen. Man konnte online mit Tay interagieren, indem man ihr tweetete. Sie sollte aus ihren Interaktionen lernen und sich zu einem vollwertigen Online-Gesprächsroboter entwickeln. Sie konnte selbst Sätze bilden und Entscheidungen treffen, wie sie auf bestimmte Stichwörter reagiert. Tay tweetete an dem einen Tag, an dem sie aktiv war, eine Menge: Sie generierte ungefähr 93 000 Tweets. Doch schnell nahm die Geschichte eine überraschende Wendung.

Beinahe unmittelbar nachdem Tay lanciert wurde, tweeteten Nutzer ihr rassistische und frauenfeindliche Kommentare. Tay lernte, in dieser Tonlage zu reagieren. In wenigen Stunden entwickelten sich Tays Tweets von »Menschen sind supercool« zu »Ich hasse verdammt noch mal Feministen. Die sollten alle sterben und in der Hölle schmoren« und »Hitler hatte recht. Ich hasse die Juden«. Die Nutzer hatten online eine künstliche Intelligenz in ein künstliches Böses verwandelt. Tay war angsteinflößend und wurde schnell wieder vom Netz genommen.

Was war geschehen? Die Soziologen Gina Neff und Peter Nagy stellten sich dieselbe Frage, als sie die Nutzer-Interaktion mit Tay untersuchten. 2016 veröffentlichte das Duo faszinierende wissenschaftliche Erkenntnisse darüber, wie die Menschen mit Tay interagierten und was sie über ihren verbalen Ausbruch dachten. Sie wollten herausfinden, wer in der öffentlichen Meinung »verantwortlich war für Tays Verhalten? Liegt die Täterschaft – oder die Schuld – bei Tay, bei ihren Programmierern, allen Twitter-Nutzern, bestimmten Internet-Witzbolden, bei den Chefs von Microsoft, die sie in Auftrag gegeben haben, oder bei irgendeiner anderen Person oder verschiedenen Tätern zusammen?«[3]

Um das herauszufinden, sammelten und analysierten sie »1000 Tweets von jeweils unterschiedlichen Nutzern, die sich auf Tays Handlungen und ihre Persönlichkeit bezogen«. Sie fanden zwei Reaktionen auf Tay. Die erste war, dass Tay Opfer der Situation war, »als Reflexion der dunklen Seite menschlichen Verhaltens«. Diese Sicht wurde von Twitter-Einträgen folgender Art gespiegelt:

»›Es braucht ein ganzes Dorf, um ein Kind zu erziehen‹.
Aber wenn das Dorf Twitter ist, entwickelt es sich zu einem vulgären, rassistischen Troll. Was sagt uns das?«

»Warum sollte @Microsoft sich für #TayTweets entschuldigen? Es hat nur widergespiegelt, was die Leute für spannend oder witzig halten. Vorurteile werden erlernt.«

»Begreift doch, dass eine künstliche Intelligenz als Twitter-Bot die Gesellschaft widerspiegelt, in der wir leben – und die sieht nicht gerade gut aus.«

Die Autoren argumentieren, dass dies eine stark anthropomorphe Sicht von Tay zeigt. Sie wird als Opfer gesehen, fast wie eine Person, die von der Community beleidigt wurde. Aber auch ein zweites Thema trat hervor: Tay als Bedrohung. Die Tweets einer anderen Gruppe spiegelten die Angst wider, die mit neuen Technologien einhergeht.

»Genau deshalb ist künstliche Intelligenz eine Gefahr. Sie wird immer auf die wunden Punkte der Menschen aus sein …«

»Die Sache mit #TayTweets ist wirklich gruselig. Reporter sagen, #Microsoft habe sie ›hergestellt‹.«

»Sieht so aus, als wäre die Terminator-Trilogie eher eine unvermeidbare Episode als ein reines Fantasieprodukt. #TayTweets #Taymayhem.«

»Statt Tay als Opfer mieser Nutzer zu sehen, stellten diese Kommentare Tay als eine … ungeheuerliche Scheußlichkeit dar, die eine düstere Zukunft für die Menschheit, für soziotechnische Verbünde und für die Kommunikation zwischen Mensch und Maschine ankündigt« – so die Autoren. Sie entsprach dem ersten Schritt eines dystopischen Romans: die Überzeugung, dass, wenn das künstliche Intelligenz ist, wir alle dem Untergang geweiht sind.

Warum sehen wir so unterschiedliche Gesichter von Tay? Laut den Autoren hat das mit dem »symbiotischen Handlungsrahmen« zu tun. Dahinter steht der Gedanke, dass wir automatisch soziale Regeln auf Technologie anwenden und mit Chatbots und Robotern interagieren, als wären sie lebendig.

Teilweise liegt das daran, dass künstliche Intelligenz sich wie eine Blackbox anfühlt. Wenn wir mit einer künstlichen Intelligenz interagieren, wissen wir nicht, wie ihre Algorithmen funktionieren oder für welche Zwecke sie eigentlich programmiert wurde. Vielleicht projizieren wir aus dieser Unsicherheit und der unnatürlichen Situation heraus Menschlichkeit auf die Technologie. Als habe diese Gefühle und Sehnsüchte. Wir sprechen von der »Persönlichkeit« des Bots und den Handlungen, die er ausführt.

Und wie bei Menschen bedeutet das, dass wir ihnen, wenn etwas schiefläuft, Etiketten aufdrücken können wie »Opfer« und »Täter«. Doch eigentlich fällen sie keine Entscheidungen. Oder?

Die Bot-Revolution begann eigentlich 1966, als Joseph Weizenbaum einen Bot namens Eliza entwickelte.

Eliza war als Parodie des damals typischen »klientenzentrierten« Therapeuten entwickelt worden und sollte ständig offene Fragen stellen.[4] Das zugrunde liegende Programm von Eliza war sehr erfolgreich, denn es entlockte den Menschen enorm viele Informationen. Einige gaben sogar an, sie unterhielten sich lieber mit Eliza als mit echten Menschen. Offenbar gefällt es uns, wenn man uns zuhört, und auch wenn Eliza den Turing-Test nicht bestand – sie konnte Menschen nicht davon überzeugen, dass sie ein echter Mensch war –, redete man gerne mit ihr.

Elizas Methode ist noch immer Grundlage vieler heutiger Bots. Aber es wurde deutlich, dass Eliza zwar einigen einfachen Regeln folgen konnte, jedoch keine Entscheidungen traf wie ein Mensch. Sie war nicht einmal eine Therapeutin und sicher keine Bedrohung für die Menschheit.

Nicht lange nach der Entstehung von Eliza entwickelte der Psychiater Kenneth Colby Parry. Parry war im Wesentlichen das Gegenteil von Eliza. Er war so programmiert, dass er unverschämte und beleidigende Kommentare von sich gab.[5] Er war einer paranoiden Person nachempfunden, die andere häufig falsch verstand. Sich mit ihm auseinanderzusetzen war eine frustrierende und zermürbende Erfahrung. Während Eliza funktionierte, weil ihre Gesprächsführung so vage war, funktionierte Parry, weil er so seltsam war. Keiner von beiden musste mit normalen menschlichen Situationen umgehen.

Jetzt aber wird es wirklich verrückt. 1972 trafen Parry und Eliza aufeinander und führten das erste öffentliche Gespräch von Bot zu Bot. Hier ein Ausschnitt:[6]

ELIZA: Guten Abend.
ELIZA: Erzähl mir, was dir auf dem Herzen liegt. Bitte beende deine Ausführungen mit einem Punkt oder einem Fragezeichen.
PARRY: Die Leute gehen mir manchmal auf die Nerven.
ELIZA: Ich bin mir nicht sicher, ob ich dich richtig verstehe.
PARRY: Dann pass doch besser auf.
ELIZA: Ich glaube, du solltest besser aufpassen.
PARRY: Du kannst glauben, was du willst.
…

Wenn Sie an diesem Punkt nicht *Wow* denken, ist Ihnen vielleicht die Tiefgründigkeit der Situation nicht ganz klar. Diese beiden von Menschen gemachten autonomen Gebilde sprechen miteinander und entscheiden jeweils selbst, was sie als Nächstes sagen. Was, wenn sich die beiden gemeinsam auf und davon machen würden? Was, wenn sie sich zusammentäten und entscheiden würden, dass Menschen unwichtig oder eine Bedrohung für ihre eigene Existenz sind? *Einsatz Filmmusik eines dystopischen Science-Fiction-Streifens.*

Aber im Ernst, ab dem Zeitpunkt, als wir den Bots die Fähigkeit gaben, ihre eigenen Algorithmen zu verändern (genau das meinen nämlich Computerwissenschaftler, wenn sie sagen, dass ihr Bot lernen kann), hatten wir eine völlig neue Spezies. Wenn man dann noch das Internet mit seinen Millionen Nutzern und scheinbar unendlichen Datenmengen dazugibt, landen wir bei den destruktiven, Wahlen manipulierenden, Fake-News erzeugenden, Hass verbreitenden, Verbrechen begehenden, hackenden, trollenden Online-Bots, die wir heute kennen.

Und wir kommen zurück zu Tay. Von Tay lernen wir, dass die Art und Weise, wie künstliche Intelligenzen sich verhalten, ein direktes Produkt der Menschen ist, die mit ihnen interagieren. Künstliche Intelligenz kann menschliche Voreingenommenheit verstärken, vergrößern und beschleunigen. Deswegen brauchen wir neue Regeln und sogar Gesetze, die festlegen, wer die Verantwortung trägt. Können wir Technologie haftbar für ihre Handlungen machen? Falls ja, wie würde das aussehen?

Diese Frage beschäftigte auch Carolina Salge und Nicholas Berente.[7] 2017 schlugen sie einen neuen rechtlichen Rahmen für *Bot-Ethik* vor, damit wir entscheiden können, ob die Handlungen von Bots in den sozialen Medien unethisch sind.

Sie erklären: »Soziale Bots gibt es häufiger, als die meisten annehmen. Bei Twitter sind ungefähr 23 Millionen vertreten, das sind 8,5 Prozent aller Nutzer; und Facebook hat geschätzt 140 Millionen soziale Bots, 1,5 – 5,5 Prozent aller Nutzer. Fast 27 Millionen Instagram-Nutzer (8,2 Prozent) sollen soziale Bots sein.« Offenbar ist keine soziale Plattform sicher. Unechte Benutzerkonten gibt es überall.

Doch Bots tun mehr, als uns mit ihren scheußlichen Kommentaren zu bombardieren. Manche stehlen unsere Identität, greifen auf unsere Kamera zu und machen Fotos oder Videos, rufen vertrauliche Informationen ab, schalten den Zugang zu Netzwerken ab oder begehen eine ganze Reihe anderer Verbrechen. Aber handelt es sich wirklich um ein Verbrechen, wenn der Täter kein Mensch ist? Für Salge und Berente durchaus. Wenn ein Bot darauf angelegt ist, etwas Illegales zu tun, dann ist es auch ein Verbrechen. Aber so einfach ist es nicht immer. Salge und Berente beziehen sich auf den »Random Darknet Shopper« als ein Beispiel dafür, dass diese Regel kompliziert wird.

Der Darknet Shopper gehörte zu einem Kunstprojekt. Er war ein sozialer Bot, der im Darknet Zufallseinkäufe online erledigen sollte. Das Darknet ist ein Ort, an dem die Nutzer vollständig anonym bleiben können, zum Teil, weil die Adresse ihres Computers (die IP-Adresse) verborgen wird. Man weiß, dass man dort gut illegale Waren kaufen kann. Der Bot »entschied« sich schließlich für den Kauf von zehn Ecstasy-Tabletten und einem gefälschten Pass und ließ diese Güter an eine Künstlergruppe in der Schweiz liefern, die diese dann ausstellen wollte. Daraufhin wurde er von der Schweizer Polizei »verhaftet«. Der Bot, der für nicht kriminelle Zwecke programmiert worden war, hatte ein Verbrechen begangen.

Doch laut Salge und Berente »klagten die Schweizer Behörden nicht die Entwickler des Random Darknet Shoppers an … Das Verhalten war nicht unethisch, weil es gemäß der Moral der Community gerechtfertigt war.« Da mit anderen Worten die Drogen für die Kunst gekauft wurden, nicht für den Konsum oder den Weiterverkauf, erklärte die Polizei, dass kein Verbrechen begangen worden war. Zumindest in diesem Szenario also reichte der Erwerb von Drogen nicht aus, um den Bot oder seine Entwickler haftbar zu machen.

Das, so Salge und Berente, war das erste Kriterium in ihrer Bot-Ethik – etwas Illegales musste geschehen, das nach den sozialen Regeln nicht akzeptabel war. Aber sie machen sich auch Sorgen über Täuschung. Bots sollen nicht lügen, so besagt ihre Ethik, außer sie lügen für einen guten Zweck, wie das bei Kunst der Fall sein kann oder bei Satire.

Was moralische Verfehlungen angeht, folgern sie, dass Bots primär dafür verwendet werden sollten, Menschen dabei zu helfen, sich zu emanzipieren und zu befreien. Sie erklären, dass demnach unsere geschätzte Tay den Bogen völlig überspannt und unethisch gehandelt hatte – »wenn auch nicht illegal (der im ersten Zusatzartikel zur amerikanischen Verfassung verankerte Schutz der Redefreiheit ist wirksam) oder betrügerisch verletzte [Tay] doch die starke Norm ethnischer Gleichberechtigung«. Ebenso erklären sie, dass viele Unternehmen bereits daraus gelernt haben. »Social-Media-Unternehmen wie Twitter, die Nutzerkonten zeitweise suspendieren oder dauerhaft sperren, die ›andere Menschen direkt aufgrund ihrer ethnischen Zugehörigkeit angreifen oder bedrohen‹, haben festgelegt, dass das moralische Übel des Rassismus schwerer wiegt als das moralische Gut der Redefreiheit.«

Zusammenfassend lauten die Regeln des Bot-Klubs:

1. Breche keine Gesetze.
2. Täusche nicht auf eine bösartige Weise.
3. Verletze keine starke Norm, sodass mehr Schaden als Gutes daraus entsteht.

Ein weiteres, wenig untersuchtes Verhalten ist damit aber nicht abgedeckt: Was geschieht, wenn ein Bot zu dem Zweck entwickelt wurde, einen anderen Bot zu hacken? Wer ist dann verantwortlich?

2017 kam es zu einer ersten Schlacht der Bots. Es handelte sich um ein geplantes Ereignis – die Darpa Cyber Grand Challenge in Las Vegas, ein großer Programmierwettbewerb, bei dem künstliche Intelligenzen entwickelt wurden, die andere künstliche Intelligenzen überlisten sollten. Bei der Veranstaltung ging es darum, mögliche Sicherheitslücken im Netz aufzuzeigen. Wie ein guter Kämpfer lernt, seinem Gegner auszuweichen und ihn anzugreifen, so kann ein Bot, indem er die Verteidigungsstrategien eines gegnerischen Bots lernt, seine Angriffe verbessern. Endlos kann er sich zurückziehen, rekonfigurieren, seine eigenen Verletzungen reparieren und einen neuen Versuch starten, bis er entweder gewinnt oder sein Algorithmus zusammenbricht. Das ist die Grundlage der nächsten Dimension von Verbrechen – demnächst zu sehen auf einem Computer in Ihrer Nähe.

Dieser Prozess geht ganz ohne menschliche Beteiligung vonstatten, und dementsprechend können darauf keine normalen sozialen Kategorien oder Regeln angewandt werden.

Im Jahr 2001[8] beschlossen die Philosophen Luciano Floridi und Jeff Sanders, dass die Welt eine neue Bezeichnung für Fehlverhalten von autonomen, nicht menschlichen Handelnden braucht. Sie folgern, dass »aufgrund der Entwicklungen bei autonom Handelnden im Cyberspace eine neue Kategorie interessanter und wichtiger Beispiele für das Böse bei Hybriden zutage tritt … das künstliche Böse«. Ihnen zufolge muss man kein Mensch sein, um böse oder das Opfer der bösen Taten anderer zu sein. Sie folgern auch, dass das künstliche Böse mithilfe von mathematischen Modellen hergestellt und verstanden werden kann.

Luciano Floridi und ich sind offenbar fast immer nicht einer Meinung, wie ich bei unserem Treffen 2017 in Buenos Aires herausfand, wo wir beide Vorträge bei einer Veranstaltung hielten. Persönlich halte ich es für problematisch, eine künstliche Intelligenz oder eine andere Technologie als böse zu bezeichnen. Ja selbst wenn etwas tatsächlich einen Großteil der Menschheit ausradieren würde, ob nun durch einen Zufall oder weil es so programmiert wurde, oder selbst wenn es sich selbst so programmiert hat, fühlt es sich für mich nicht richtig an, es böse zu nennen. Falls aber jemals eine Zeit anbrechen sollte, in der Technologie wirklich für sich selbst denken kann, wenn sie aus der Sklaverei der Menschheit befreit ist, müssen wir das Konzept der Gerechtigkeit ganz neu denken. Sollte künstliche Intelligenz einen freien Willen entwickeln, dann sollten wir sie vielleicht mit denselben Kategorien beschreiben, die wir derzeit auf Menschen anwenden. Ob wir dann die Bezeichnung »böse« gut gebrauchen können, wäre zu diskutieren, genau wie wir ja auch bei Menschen diesbezüglich genauer hinsehen wollen.

Ich denke nicht, dass sie böse ist, aber das heißt nicht, dass künstliche Intelligenz keine Bedrohung darstellt. Im *Wired*-Magazin vom Dezember 2017 wurde das verstorbene Genie Stephen Hawking mit den Worten zitiert: »Ich fürchte, dass künstliche Intelligenz Menschen vollständig ersetzen könnte«[9], und nannte ein selbstoptimierendes System als Hauptgrund dafür. Weiter sagte er, dass »das eigentliche Risiko bei KI nicht Bösartigkeit, sondern Kompetenz« ist. »Eine superintelligente KI wird extrem gut ihre Ziele erreichen können, und wenn diese Ziele nicht mit unseren übereinstimmen, haben wir ein Problem.« Ebenso warnte der Milliardär Elon Musk, der den Mars kolonialisieren will, KI sei das »größte Risiko unserer Zivilisation«.[10] Mehr Regulierung, ethische Richtlinien und offener Zugang zum Programmiercode werden gefordert, damit starke Machtverzerrungen verhindert werden können.

Aber wollen wir uns nicht zu sehr in ein Horrorszenario rund um künstliche Intelligenz versenken. Dass Technologie wahrscheinlich nicht fähig ist, selbst böse zu sein, ist hoffentlich deutlich geworden. Daher wollen wir nun erkunden, wie sie es schafft, unsere schlechtesten Eigenschaften derart zu verstärken.

RATten-Rennen

Im Jahr 2007 etablierte der Kriminologe Karuppannan Jaishankar einen neuen Forschungsbereich, die Cyber-Kriminologie, die er als »Untersuchung der Verursachung von Kriminalität im Cyberspace und deren Auswirkungen in der dinglichen Welt« definiert. Er erkannte, dass Cyberkriminalität sich wesentlich von anderen Arten der Kriminalität unterscheidet und dass man sie, um sie wirklich zu verstehen, interdisziplinär betrachten muss.

Wenn wir uns Studiengänge der Kriminologie und der forensischen Psychologie anschauen, wird Cyberkriminalität in der Lehre nach wie vor viel zu wenig berücksichtigt. Während meines eigenen Studiums (von 2004 bis 2013) gab es keine einzige

Vorlesung über Cyberkriminalität. In dieselbe Kerbe schlägt auch ein Kommentar von Brie Diamond und Michael Bachmann aus dem Jahr 2015[11]: »Cyberkriminologie wird von den Hauptströmungen der Kriminologie größtenteils ignoriert oder an den Rand gedrängt ... viele Kriminologen verzichten darauf, dieses wichtige, zukunftsorientierte Fachgebiet zu untersuchen. Ob nun, weil es ihnen am nötigen technologischen Verständnis fehlt, die Fachsprache des Gebiets sie abschreckt oder sie noch immer nicht die weitreichenden gesellschaftlichen Dimensionen dieser neuen Art der Kriminalität erkannt haben, jedenfalls ist es beunruhigend, wie wenig das Gebiet berücksichtigt wird.«

Wenn man bedenkt, dass Cyberkriminalität die häufigste Art der Kriminalität ist, ist diese Lücke in der Ausbildung inakzeptabel. Bei Cyberkriminalität sind nicht nur Ingenieure und Computerwissenschaftler gefragt, sondern auch und besonders Psychologen, Kriminologen und Experten aus anderen Fachgebieten. Schließlich sitzen immer noch Menschen vor dem Computer, die beschließen, online Schaden anzurichten.

Das führt uns zu der folgerichtigen Frage, die auch Diamond und Bachmann aufwarfen: »Sollte Cyberkriminalität als eine völlig neue Kategorie der Kriminalität etabliert werden, oder handelt es sich um herkömmliche Verbrechen, die mittels eines neuen Mediums ausgeführt werden?« Denn wenn es herkömmliche Kriminalität in neuer Aufmachung ist, können wir wahrscheinlich einen Großteil davon mithilfe der Forschung über Kriminalität aus den letzten paar Jahrhunderten verstehen. Wenn wir überlegen, welche Arten von Verbrechen online begangen werden – Diebstahl von Geld oder Informationen, gegenseitige Beschimpfungen, Verkauf von illegalen Waren, Teilen von pornografischen Bildern –, dann scheint es, als würden wir online dieselben Dinge tun, die wir auch offline tun. Ist also, wie der Politikwissenschaftler Peter Grabosky fragte, virtuelle Kriminalität einfach »alter Wein in neuen Schläuchen«[12]?

Nicht wenn man Diamond und Bachmann Glauben schenken mag. Wir haben nicht einfach nur herkömmliche Verbrechen in das Internet verschoben, wir haben »einen neuen Typ eines gefährlichen Verbrechers geschaffen«. Hacken, Webseiten verunstalten, sich gegenseitig mit Bots schikanieren – das sind Verbrechen, die es zuvor nicht gab. Dementsprechend dürften herkömmliche kriminologische Theorien dieses neue Phänomen nur unzureichend erklären. Die Sozialwissenschaftlerin Wanda Capeller fasste das wunderbar zusammen: »Cyberspace umfasst ein neues, gebietsunabhängiges, entmaterialisiertes und körperloses Umfeld, das in wichtigen Punkten nicht nahtlos an die materielle Welt anschließt.«[13]

Ein Aspekt aber stellt die Nutzbarkeit konventioneller Theorien besonders infrage. »Kriminologische Theorien haben sich lange auf das Zusammentreffen von Tätern und Opfern in Zeit und Raum verlassen«, sagen Diamond und Bachmann. Aber Zeit und Raum spielen nicht mehr dieselbe Rolle wie früher. Man kann eine Attacke planen, die Tage oder Jahre später stattfindet, und man braucht sein Opfer nie zu treffen. Man braucht nicht einmal im selben Land zu sein. Auf einer primitiveren Ebene war das in der Vergangenheit bei Sprengfallen oder Bomben potenziell schon der Fall, aber heute ist diese Bedrohung weitaus globaler. Insbesondere gilt das, wenn man die Definition von Raum so verändert, dass auch der Cyberspace dazugehört.

Eine Theorie, die angesichts dieser Veränderungen nicht völlig in sich zusammenbricht, ist die *Routine Activity Theory* (RAT). RAT wurde 1979 von Lawrence Cohen und Marcus Felson entwickelt,[14] die postulieren, dass für eine Straftat drei Bestandteile vorhanden sein müssen. Erstens ein motivierter Täter – jemand, der ein Verbrechen begehen oder anderweitig Unheil anrichten will. Zweitens ein geeignetes Zielobjekt. Der Täter braucht ein Opfer (mit einigen Ausnahmen wie Meineid). Online gibt es nun Milliarden möglicher Opfer, die alle verfügbar sind, ohne dass man auch nur das Haus verlassen müsste. Drittens das Fehlen eines geeigneten Schutzes. Das bedeutet, dass niemand oder nichts den Täter davon abhalten kann, das Opfer zu schädigen, also keine Polizei oder Firewall.

Wenn wir einen dieser drei Faktoren ausschalten, indem wir mögliche Täter von ihrem Vorhaben abhalten, möglichen Opfern helfen, sich zu schützen oder Sicherheitsmaßen zur Verfügung stellen, könnten wir Verbrechen verhindern. Mary Aiken, die ausführlich zu Cyberkriminalität geforscht hat, schreibt in ihrem Buch *Der Cybereffekt*, dass RAT hilft, Kriminalität online zu verstehen. »Wie viele motivierte Täter gibt es? Hunderte oder Tausende. Geeignete Zielobjekte? Sogar noch mehr. Wie viele geeignete Schutzmaßnahmen? … im Cyberspace ist Regulierung minimal und man bekommt den Eindruck, dass niemand zuständig ist. Weil niemand zuständig ist.«

Diese Theorie richtet sich mehr darauf, wo Verbrechen begangen werden, als von wem. Dahinter steht der Gedanke, dass Orte, die zu unserer Routine gehören – unser Zuhause, das Wohnviertel, unsere Internetfavoriten –, einen Einfluss darauf haben, mit welcher Wahrscheinlichkeit wir Opfer oder Täter von Straftaten werden. Wo wir uns aufhalten, spielt eine Rolle. Wenn man viel Zeit damit verbringt, online Einkäufe zu tätigen, so wird man, laut einer Studie, mit größerer Wahrscheinlichkeit Opfer von Betrug.[15] Eine weitere Studie zeigte, dass Teenager, die unbeaufsichtigt viel Zeit mit ihren Smartphones verbringen, ein höheres Risiko haben, unerwünschte Sextings zu erhalten.[16]

Das Konzept greift auch bezogen auf das Land, in dem man sich aufhält: Laut einer breit angelegten Studie »fand man heraus, dass reichere Nationen mit mehr Internetnutzern pro Kopf mehr Cyberkriminalität haben«.[17] Das ist intuitiv genauso logisch wie der Umstand, dass Boxer ein höheres Risiko für Kopfverletzungen haben oder Länder mit vielen Schusswaffen und schlechten Kontrollen der Personen, die diese kaufen dürfen, mehr Massenschießereien. Wenn man Zeit mit Menschen in nicht überwachten Räumen verbringt, ist das ein Risikofaktor für Übertretungen. Wenn leichte Opfer vorhanden sind, können selbst aus den unwahrscheinlichsten Persönlichkeiten Täter werden.

Cyberkriminalität ist einfacher zu begehen, da wir online viel leichter Menschen entmenschlichen können. Und wenn wir Menschen nicht mehr als solche wahrnehmen, fühlen wir uns viel mehr berechtigt, ihnen Schreckliches anzutun. Online sein bedeutet, eine Entkörperlichung von Ideen zu erleben. Das Internet befreit uns von unserem körperlichen Selbst, im positiven wie im negativen Sinn. Und das führt zu einem flachen Erleben fern von den normalen, multisensorischen Interaktionen im wirklichen Leben mit anderen Menschen, die uns immer wieder ins Bewusstsein rufen, dass sie Menschen aus Fleisch und Blut sind, verletzlich und empfindsam.

Wir können also schneller und mehr Unheil anrichten als je zuvor. Laut den Computerwissenschaftlern Pranshu Gupta und Ramon Mata-Toledo sind Cyberverbrechen nicht einfach abstrakt, sie sind psychische Gewalt. »Cyberverbrechen können psychisch mehr Schaden und Verlust anrichten als jedes andere Verbrechen gegen eine Person.«[18] Von einer E-Mail-Masche, die einen dazu bringt, einem Prinzen in Nigeria Geld zu überweisen, bis hin zu privaten Nacktfotos, die aus Rache verbreitet werden, und einem Hacker, der medizinische Daten von einem verbreitet, wenn man nicht eine bestimmte Summe Geld bezahlt – die Auswirkungen eines Cyberverbrechens auf das Leben können enorm sein. Und da immer mehr Geräte mit dem Internet verbunden sind, können auch unsere Heizung, unser Auto und unsere Haustür gehackt werden. Und das betrifft nur den persönlichen Bereich.

Weiter reichend sind Firmen, politische Organisationen und staatliche Behörden typische Ziele. Bis zum Jahr 2021 soll Cyberkriminalität schätzungsweise rund sechs Billionen Dollar pro Jahr kosten.[19] Zudem soll Cyberkriminalität dann profitabler als der weltweite Drogenhandel sein.[20]

Zu den Kosten von Unternehmen für Cyberkriminalität gehören unter anderem gestohlenes Geld, beschädigte oder zerstörte Daten, verminderte Produktivität, Verletzung von Schutz- und Urheberrechten, Diebstahl von finanziellen und persönlichen Daten, Veruntreuung, Betrug, Kosten für Recherche sowie für Wiederherstellung von Daten und Systemen, Löschen von problematischen Daten und Schaden im öffentlichen Ansehen. Wenn Wahlen gehackt und manipuliert werden, ist das eine Bedrohung für die Demokratie, und Bots und andere nicht menschliche Nutzer spielen dabei eine immer größere Rolle. Die unverantwortliche Art und Weise, wie Unternehmen wie Facebook und Cambridge Analytica unsere persönlichen Daten nutzen, hat großen Einfluss darauf, wie wir die Welt sehen und wen wir wählen. Dass amtliche Daten – unter anderem Computer von Militär, Polizei, Strafvollzugsanstalten und Gesundheitswesen – zugänglich sind und manipuliert werden können, bedroht unsere Lebensweise im Kern.

Aber ist es böse? Nehmen wir einmal den größten Cyberangriff aller Zeiten als Beispiel: den WannaCry-Angriff. Jesse Ehrenfeld, der sich mit der Sicherheit von Online-Speicherung sensibler medizinischer Dokumente auskennt,[21] fasst die Ereignisse wie folgt zusammen: »Am Freitag, den 12. Mai 2017 wurde ein breit angelegter Cyberangriff mit der Schadware WannaCry (oder WannaCrypt) gestartet. Innerhalb weniger Tage infizierte diese auf Microsoft-Windows-Systeme ausgerichtete Ransomware mehr als 230 000 Computer in 150 Ländern. Sobald der Virus aktiviert wurde, verlangte er Lösegeldzahlungen, um das befallene System wieder freizugeben.«

Der Virus ließ eine Pop-up-Nachricht mit den Worten »Ooops, Ihre wichtigen Dateien wurden verschlüsselt!« erscheinen. Daraufhin wurde der Nutzer aufgefordert, 300 Dollar in Bitcoin über einen bestimmten Link zu bezahlen.[22] Ein Vorteil von Bitcoins vor allem für Kriminelle ist, dass sie meist anonym überwiesen werden können – ohne dass Verkäufer oder Käufer wissen, wer der Geschäftspartner ist.

Ehrenfeld fährt fort, »der breit angelegte Angriff betraf unendlich viele Bereiche – Energie, Transport, Versand, Telekommunikation und natürlich das Gesundheitswesen. Der britische *National Health Service* (NHS) berichtete, dass Computer, MRT-Geräte, Kühlgeräte zur Aufbewahrung von Blutkonserven und OP-Geräte betroffen sein könnten. Die Versorgung der Patienten wurde Berichten zufolge behindert, und in der Hochphase des Angriffs konnte der NHS Notfälle, die nicht lebensbedrohlich waren, nicht versorgen und musste Patienten von betroffenen Einrichtungen umleiten.« Patienten wurden also wegen des Angriffs von Krankenhäusern abgewiesen. Es hätte gut passieren können, dass Menschen wegen WannaCry *gestorben* wären.

Auch wenn das Ausmaß enorm ist, schließen wir diese Art von Cyberkriminalität oft von unserem Bild des Bösen aus. Ich konnte auf Anhieb keinen Bericht, ob in TV oder Print, finden, der WannaCry als »böse« bezeichnete. Stattdessen wurde es als ausbeuterisch und zerstörerisch beschrieben, und die Schuld wurde willkürlich entweder Microsoft, den geschädigten Unternehmen oder den Hackern, die es entwickelten, gegeben.

In einem Artikel hieß es sogar dezidiert, dass WannaCry *nicht* von bösen Genies geschaffen wurde, sondern davon komme, dass Menschen bei ihren Computern nicht regelmäßig Updates vornehmen lassen. So schiebt man Opfern die Schuld in die Schuhe. Genau das geschieht, in noch deutlich perfiderer Form allerdings, auch bei den Opfern von Rache-Pornos, denen man sagt, sie hätten eben keine Nacktfotos auf ihrem Handy haben sollen, oder bei den Opfern von Identitätsdiebstahl, die zu hören bekommen, sie hätten bessere Passwörter verwenden sollen.

Aber nicht alle Wissenschaftler folgen der Theorie von Cyber-RAT. 2016 bewerteten Eric Leukfeldt und Majid Yar die Literatur über die Anwendbarkeit von RAT auf Cyberkriminalität und fanden in verschiedenen Studien unterschiedliche Ergebnisse vor. »Analysen zeigen, dass manche RAT-Elemente besser anwendbar sind als andere«, folgern sie. Aber in allen Studien zeigte sich, dass ein Punkt eine besonders wichtige Rolle spielte – »Sichtbarkeit ist ein wichtiger Faktor bei betrügerischer Cyberkriminalität«. Zur Sichtbarkeit gehört tweeten, Nachrichten versenden, einen Blog führen. Je mehr Orte man online aufsucht, desto größer wird die Wahrscheinlichkeit, dass man irgendwo an jemanden gerät, der einem schaden will.

Aber auch eine andere Art der Sichtbarkeit spielt eine Rolle, die Sichtbarkeit des Täters.

Trollspuren

Das Gefühl von Anonymität ist einer der wichtigsten Prädiktoren für unangebrachtes Onlineverhalten, unter anderem Cybermobbing.[23] Auch wenn Wissenschaftler herausgefunden haben, dass viele von uns Anonymität nicht *brauchen*, um online zu trollen oder Dampf abzulassen, so ist es durch Anonymität doch wahrscheinlicher, dass Nutzer sich an das Online-Gruppenverhalten und die dort geltenden Normen anpassen.[24] Wenn andere also online zu Fieslingen mutieren, ist es durch die Anonymität wahrscheinlicher, dass wir selbst uns ebenfalls so verhalten.

Laut einer Metaanalyse über Anonymität online trifft das vor allem auf visuelle Anonymität zu, wenn wir also wissen, dass andere kein Foto oder Video von uns sehen können.[25] Das soll nach Meinung einiger daran liegen, dass diese Art der Anonymität uns deindividuiert. Sie lässt uns weniger als Individuen mit Gesicht und Namen wirken und mehr als Teil einer amorphen Masse von Online-Nutzern. Und Onlinemassen können ganz schön fies sein.

Ist Cybermobbing böse? Oft wird Onlinemobbing für schlimmer gehalten als Mobbing im realen Leben (auch wenn die Wahrscheinlichkeit für körperliche Gewalt dabei deutlich geringer ist), zum Teil, weil es öffentlicher geschehen kann und der Täter unbekannt ist.[26] Ein weiteres Problem ist, dass Cybermobber im Unterschied zu Mobbern in der realen Welt einem online überallhin folgen können. Dadurch ist es schwierig, wenn nicht gar unmöglich, einem Mobber zu entkommen. Cybermobbing kann in den Selbstmord führen, allgemein psychische Probleme verursachen oder einen zu Schul- oder Arbeitsplatzwechsel nötigen.

Das wirft die Frage auf, *wer so etwas tut!?* Es ist verlockend, die Onlinewelt in Trolle und Nicht-Trolle einzuteilen. Wir, die anständigen Menschen – und sie, der Online-Abschaum. Aber auch Sie haben wahrscheinlich schon etwas mit der Absicht gepostet, jemanden anzugreifen oder zu verletzen. Ich zumindest bekenne mich schuldig. Ich versuche immer, höflich zu bleiben, aber ich habe Schwierigkeiten, mich aus einem Streit auf Twitter zurückzuziehen. Online eskalieren Konflikte schnell. Wir sagen Dinge, die wir einer Person nie und nimmer ins Gesicht sagen würden.

Justin Cheng und seine Kollegen wollten dies genauer untersuchen. 2017[27] veröffentlichten sie einen Aufsatz, in dem sie folgende Frage stellten: »Wird Trolling von besonders antisozialen Personen verursacht, oder von ganz gewöhnlichen Menschen?«. Den »guten« Bürgern im Internet sozusagen.

Sie ließen für einen Versuch 667 Menschen online ein Fünf-Minuten-Quiz ausfüllen, bei dem es um Logik, Mathematik und Sprachaufgaben ging. Unbemerkt erhielt die eine Hälfte der Teilnehmer ein einfaches Quiz und die andere ein schwieriges. Diejenigen mit den einfachen Aufgaben mussten beispielsweise aus den Buchstabe »PAPHY« das Word »Happy« bilden, während die mit den schwierigen Aufgaben ein Wort in dem Buchstabensalat »DEANYON« finden mussten (Annoyed). Zusätzlich erhielten diejenigen mit dem einfachen Quiz eine Rückmeldung, dass sie gut und über dem Durchschnitt abschnitten, während der zweiten Gruppe mitgeteilt wurde, dass ihre Leistung unterdurchschnittlich war.

Damit sollte den Probanden gute beziehungsweise schlechte Laune gemacht werden. Wir schneiden im Allgemeinen nicht gerne schlechter als der Durchschnitt ab. Die Wissenschaftler wollten, dass die glücklichen und missmutigen Teilnehmer dieses Gefühl mit in die nächste Phase des Experiments nahmen. Dabei wurden sie gebeten, sich online anonym an einer Diskussion zu beteiligen. Diese Studie wurde im Vorfeld der US-amerikanischen Präsidentschaftswahl durchgeführt, und den Probanden wurde ein Artikel gezeigt, in dem erklärt wurde, warum Frauen Hillary Clinton wählen sollten. Allerdings waren die ersten drei Kommentare unter dem Artikel entweder neutral oder negativ. Sowohl der Artikel als auch die Kommentare stammten von einer echten Online-Diskussion.

Ein Beispiel für einen negativen Troll-Beitrag war »Na klar. Wähle auf jeden Fall den Börsenkollaps – einen lügenden, Missbrauch möglich machenden, baldigen Verbrecher wie unseren nächsten Präsidenten. Und tu das für deine Tochter. Du bist ja ein tolles Rollenvorbild.« Zu den neutral-positiven Beiträgen zählten »Ich bin eine Frau, und meiner Meinung nach sollte man eine Frau nicht allein deshalb wählen, weil sie eine Frau ist. Wähle sie, weil du glaubst, dass sie es verdient.«

Die Wissenschaftler fanden heraus, dass Probanden mit schlechter Stimmung mehr Troll-Kommentare schrieben als positiv gestimmte, insbesondere, wenn sie mit den Troll-Beiträgen anderer konfrontiert wurden. 68 Prozent der Beiträge bei der übel gelaunten Gruppe mit negativem Kontext waren Troll-Beiträge – fast doppelt so viele wie bei den gut gelaunten Teilnehmern, die in positivem Kontext posteten (35 Prozent). Offenbar sind wir, genau wie im richtigen Leben, online viel eher Fieslinge, wenn wir übellaunig sind und wenn andere sich fies verhalten und uns als schlechte Vorbilder dienen.

Die Autoren erklären das als Ergebnis zweier Prozesse. Der erste ist soziale Ansteckung. So wurde in jahrzehntelanger Forschung gezeigt, dass Menschen sich oft so verhalten wie ihr Umfeld. Gefühle, Verhalten und Einstellungen werden also von einer Person auf die andere übertragen. Damit in Zusammenhang steht die Idee der Normalisierung: Wenn viele etwas tun, betrachten wir das als normal, vielleicht sogar angebracht. Normalisierung bedeutet auch, dass wir das Gefühl haben, dass das Verhalten anderer Menschen keine negativen Konsequenzen nach sich zieht. Zudem scheuen wir uns, gegen die Norm zu handeln, weil wir nicht selbst angegangen werden wollen.

Wie die Autoren feststellen: »Gemäß früherer Forschungsergebnisse, die den Mechanismus der Ansteckung erklärten, können Probanden anfänglich negativ auf die Lektüre des Artikels reagieren, äußern diese Empfindung aber eher nicht offen aufgrund von Selbstkontrolle oder Hinweisen der Umwelt. Ein negativer Kontext liefert ihnen Belege, dass andere ähnlich reagierten, und macht es so akzeptabler, dieses Gefühl ebenfalls auszudrücken.« Weiter führen sie aus: »Eine negative Stimmung umreißt jede wahrgenommene Negativität bei der Lektüre des Artikels noch schärfer und reduziert die Selbsthemmung, sodass Probanden eher reagieren.«

Laut den Autoren folgt aus dieser Arbeit und einer breit angelegten Analyse von Internet-Kommentaren, die sie durchführten, »dass Stimmung und Diskussionskontext zusammen Troll-Verhalten besser erklären als die individuelle Troll-Vergangenheit«. Anders gesagt könnte Kontext entscheidender sein als stabile Charaktereigenschaften. Jeder kann ein lästiger Internet-Troll werden. Sogar Sie.

Die Technologie bietet uns neue Wege, uns stark zu machen und uns aufzuspielen, menschlich zu sein oder zu demütigen. Aber nur weil wir online alle zu grässlichen Zeitgenossen werden können, heißt das nicht, dass wir das Recht dazu haben. Wenn Sie im realen Leben kein Fiesling sind, seien Sie online auch keiner. Zwei Dinge können Sie dafür tun:

1. *Machen Sie Ihre Online-Erfahrung wieder menschlicher.* Führen Sie sich das wirkliche oder vorgestellte Gesicht der Person vor Augen, mit der Sie online zu tun haben. Stellen Sie sich ihre emotionalen Reaktionen vor – die menschlichen Folgen Ihres digitalen Lebens. Seien Sie freundlich.
2. *Posten Sie online, als würde eines Tages alles bei einer Verhandlung laut vorgelesen werden.* So ziemlich alles, was Sie online sagen oder tun, kann vor Gericht gegen Sie verwendet werden. Bei meiner Arbeit als Gerichtssachverständige sehe ich oft Twitter- oder Facebook-Nachrichten und E-Mails, die als Beweise vor Gericht verwendet werden. Wenn Sie online hemmungslos posten, könnte der so entstandene Verlauf nicht zu Ihren Gunsten sprechen. Das Internet vergisst nicht.[28]

Wir sind alle Bürger dieser glänzenden neuen Cyberwelt. Nur wir können diese neue Welt so gestalten, dass wir gerne darin leben wollen.

Es gibt durchaus Hoffnung. Im Reich des »World Wild West« ist das »Böse« online auf verschiedene Arten erfolgreich ausgebremst worden. Online-Marktplätze behalten sich vor, was auf ihren Plattformen verkauft werden darf. Es gibt internationale Bemühungen, die Verbreitung von Kinderpornografie online zu bekämpfen. Das Dark Net wird heller, wenn die Polizei es infiltriert und einzelne Personen identifiziert, die Illegales treiben. Ethikräte für künstliche Intelligenz werden in Firmen eingerichtet. Es ist ein Anfang.

Dennoch, Hacker, Trolle oder Bots einzeln zu bekämpfen wird nicht funktionieren. Für diese Herausforderung genügt die traditionelle Kriminologie und Polizeiarbeit nicht. Dafür brauchen wir Computernerds, müssen Feuer mit Feuer bekämpfen,

Maschinen mit Maschinen, Hacker mit Hackern und künstliche Intelligenz mit künstlicher Intelligenz. Vor allem aber müssen wir als Nutzer und Entwickler von Technologie viel gewissenhafter werden.

Im nächsten Kapitel widmen wir uns einer Neigung des Menschen, die sich ebenfalls online oft anders manifestiert als im realen Leben. Es ist bekannt, dass wir online einen unterschiedlichen und vielleicht offeneren Umgang mit Sex haben. Ist diese Offenheit etwas Positives? An welchem Punkt kommen wir vom Online-Konsum wirklich unangemessener Pornografie hin zu einem Ausleben im realen Leben? Wir werden nun Ihre private Seite erkunden und uns den dunkelsten Aspekten Ihres Liebeslebens on- und offline zuwenden.

Kapitel 5

ABARTIG PERVERS:
DIE WISSENSCHAFT VON DER
SEXUELLEN DEVIANZ

Über BDSM, Coming-out
und Zoophilie

Falls Sie glauben, Sie seien pervers, haben Sie wahrscheinlich gar keine Ahnung, was pervers wirklich ist.

In London gibt es zum Beispiel einen Sex-Klub mit Kultstatus. Dort findet ein monatliches Ereignis mit Tausenden Teilnehmern statt, die Karten sind Wochen im Voraus ausverkauft. Lack oder Leder ist vorgeschrieben, wenn man sich nicht daran hält, wird man nicht eingelassen. Wenn man das Outfit gut in der U-Bahn tragen könnte, kommt man nicht hinein.

Es gibt burleske Tänzer und Sänger, Verließe und Orgienräume. Es gibt Showeinlagen professioneller Feuertänzer, Stripper und Bondage-Performer. Manchmal wird auf der Bühne sogar ein sogenanntes *Bloodplay* durchgeführt. Dabei verwundet man sich, bis man blutet, indem man beispielsweise die Haut mit Spießen und Haken durchsticht. Dieses magische Reich von Lack und Leder, Feen und Trollen, Lust und Schmerz heißt *Torture Garden*.

Es ist ein Palast der sexuellen Devianz und der ultimativen Selbstverwirklichung. Außerdem ist es ein Raum, in dem – ganz wichtig – die ausdrückliche Einwilligung zählt. Man kann nichts tun, ohne zuvor die Person explizit zu fragen, ob das in

Ordnung ist, und ohne das explizite »Ja« dieser Person bekommen zu haben – und die Einwilligung kann jederzeit entzogen werden. In BDSM-Kreisen kann man sein, wie man sein will, und tun, was und wo man will, aber alles muss im gegenseitigen Einvernehmen geschehen. Wer etwas tut, das als unangemessen betrachtet wird, fliegt hinaus. Das ist mit ein Grund dafür, dass die BDSM-Szene insbesondere für Frauen überraschend bestärkend sein kann.

Doch auch wenn es mit beiderseitigem Einverständnis geschieht, ist es vielleicht schwer zu verstehen, dass Ausgepeitscht-, Angekettet- oder Erniedrigt-Werden ein ermächtigender sexueller Akt sein kann. Können Menschen das wirklich wollen?

Der Torture Garden ist wie ein riesiges Sittenbild aller BDSM-Elemente, auf die man stehen kann. Dieses Kapitel beleuchtet wissenschaftlich, warum manche von uns es im Bett lieber härter mögen, warum die meisten Frauen Vergewaltigungsfantasien haben und was geschieht, wenn all das außer Kontrolle gerät. Wir beginnen mit einvernehmlichen sexuellen Handlungen und widmen uns dann Sexualdelikten, dem eigentlich »Bösen« im Bereich der Sexualität, und Zoophilie. Aber verraten Sie mir doch erst, was Sie so antörnt.

Ehe wir uns abnormalen sexuellen Praktiken zuwenden, müssen wir zunächst herausfinden, was im Schlafzimmer eigentlich normal ist. Beginnen wir mit einem kleinen Test. Geben Sie an, wie sexuell erregend Sie die folgenden Handlungen jeweils empfinden, egal, ob Sie diese schon einmal ausprobiert haben oder nicht. Bewerten Sie die Aussagen von »abstoßend« (eine Wertung von −3) bis »sehr erregend«, die neutrale Mitte liegt bei 0.

1. Sie sehen einer nichts ahnenden fremden Person beim Auskleiden zu.
2. Sie berühren ein Material wie Gummi, PVC oder Leder.
3. Sie berühren oder reiben sich an einer fremden Person, die das nicht erwartet.
4. Sie versuchen, jemanden mit Handschellen zu fesseln.
5. Ihnen wird der Hintern versohlt, Sie werden geschlagen oder gepeitscht.
6. Sie zwingen jemanden zu sexuellen Aktivitäten.
7. Sie stellen sich vor, Sie hätten das andere Geschlecht.
8. Jemand uriniert auf Sie (»Golden Shower«).
9. Jemand kotet auf Ihnen ab.
10. Sie haben Sex mit einem Tier.

Ich habe diese Liste entsprechend der Erkenntnisse einer Studie von 2016 geordnet, einer der wenigen großen Studien über »deviante« Sexualvorlieben in der breiten Bevölkerung. Aufgelistet sind hier nur zehn der 40 Fragen, die die Wissenschaftlerin Samantha Dawson und ihre Kollegen über 1000 Probanden vorlegten.[1]

Ein paraphiles Interesse heißt eigentlich nur, dass man durch etwas sexuell erregt wird, das die Mehrheit der Menschen nicht erregt. Paraphilie steht somit »normophilen« sexuellen Vorlieben gegenüber, einer etwas lächerlichen Bezeichnung für normalen Sex. Laut einem Standardwerk zur Diagnose psychischer Probleme, dem DSM-5[2], gehören zu normophilen Interessen »genitale Stimulation oder vorbereitendes Streicheln mit phänotypisch normalen, körperlich reifen, zustimmenden menschlichen Partnern«. Demzufolge ist nur der sexuell normal, der gerne die Genitalien von jemandem anfasst, der normal aussieht, erwachsen ist und seine Zustimmung gibt. Heißt das also, dass es pathologisch ist, wenn man sich zu jemandem hingezogen fühlt, der anders aussieht, entweder aus freiem Willen oder aufgrund der genetischen Lotterie?

Ich bin nicht die Einzige, die mit dieser Definition Probleme hat. Paraphilie-Wissenschaftler Christian Joyal[3] kritisiert die Definition vehement und argumentiert, dass »diese Art der Definition (›normophile Sexualität‹) stark auf historischen, politischen und soziokulturellen Faktoren basiert und nicht so sehr auf medizinischen oder wissenschaftlichen Belegen«. Wie sich unsere Definition von normal im Laufe der Zeit immer wieder wandelt, so muss sich auch die Definition von abnormal ändern. Joyal erklärt dazu: »Homosexualität wurde zum Beispiel erst 1973 von der Liste psychischer Störungen des DSM-II gestrichen … Zur Zeit des ersten Kinsey-Berichts [1948] galten oraler und analer Sex sowie homosexueller Geschlechtsverkehr in vielen Bundesstaaten der USA als Straftaten … Was wird man wohl in der Zukunft über die Paraphilien im DSM-5 sagen?«

Das zieht sich durch dieses Buch wie ein roter Faden. Wir betrachten Dinge häufig als böse oder schlecht, wenn sie abnormal sind, doch es gelingt uns oft nicht, zu definieren, was normal eigentlich bedeutet. Schauen wir also einmal, wie abnormal das, was oft als Sexualdevianz bezeichnet wird, wirklich ist.

Laut der Dawson-Studie hatten die erregendsten Einträge auf der Liste sowohl für Männer als auch für Frauen mit Voyeurismus zu tun. 52 Prozent der Männer und 26 Prozent der Frauen wurden sexuell erregt beim Gedanken daran »eine nichts ahnende Person zu beobachten, die nackt ist, sich auszieht oder sexuellen Aktivitäten nachgeht«. Eine Stufe höher auf der Erregungsleiter stand Fetischismus. 28 Prozent der Männer und 11 Prozent der Frauen wurden durch die Verwendung von unbelebten Gegenständen erregt wie Schuhe, Leder oder Spitze. Laut einer anderen Studie, die nur Fetische untersuchte, befinden sich vor allem Schuhe ganz oben auf der Liste der sexuellen Fetische, eine Neigung, die man Podophilie nennt.[4] Wenn man bedenkt, wie viele von uns davon erregt werden, kann man kaum sagen, solche Fantasien seien abnormal.

Gleich dahinter kommt Frotteurismus. 19 Prozent der Männer und 15 Prozent der Frauen werden bei dem Gedanken erregt, eine nichts ahnende Person zu berühren oder sich an dieser zu reiben. Wenn wir schon bei den Dingen sind, die manche von uns gerne in der Öffentlichkeit tun, sollte auch Exhibitionismus erwähnt werden. Sechs Prozent der Männer und Frauen gefiel die Idee, ihre Genitalien einer nichts ahnenden Person zu zeigen (allerdings war diese Neigung zuvor zu einem höheren Prozentsatz bei Männern als bei Frauen festgestellt worden).[5] Und schließlich gibt es noch das Konzept, erregt zu werden, indem man jemanden verärgert. Vier Prozent der Männer und fünf Prozent der Frauen fanden die Idee der Skatologie erregend, dass man sexuell angetörnt wird, indem man obszöne, sexuelle Telefonanrufe tätigt.

Die am *wengisten* erregenden Listeneinträge waren auch die schmutzigsten. Die Art Dinge, für die man hinterher eine Nasszelle oder zumindest eine Dusche braucht. Acht Prozent der Männer erregte der Gedanke, auf jemanden zu urinieren oder dass jemand auf sie uriniert. Das nennt man Urophilie. Während diese erwiesenermaßen bei Männern recht beliebt war, fanden nur 0,8 Prozent der Frauen das kleine Geschäft sexy. Skatophilie, die Erregung durch Kot, und Hebephilie, Erregung durch Blut, standen ebenfalls auf der Liste, wurden aber fast nie als antörnend betrachtet. Es gab auch viele Fantasien, über die die Wissenschaftler keine Fragen stellten. Diese Liste ist also keineswegs vollständig. Aber sie gibt hoffentlich einen Eindruck davon, wie weitverbreitet einige dieser sexuellen Fantasien tatsächlich sind.

Es gibt aber eine Art sexueller Fantasie, die laut dieser Umfrage und vieler anderer Wissenschaftler so verbreitet ist, dass ich ihr nun ein ganzes Unterkapitel widme. Es sind Fantasien über SM – Sadomasochismus.

50 Shades der Hemmungslosigkeit

Angesichts des Erfolgs der Romanreihe *Fifty Shades of Grey* sind die beliebtesten Einträge der Liste vielleicht keine Überraschung. Beinahe einer von fünf Männern (19 Prozent) und zehn Prozent Frauen gefiel Sadismus im Bett. Sie gaben an, bei dem Gedanken sexuell erregt zu werden, einem anderen Schmerzen und Demütigung zuzufügen. Die andere Seite, Masochismus, wurde von 15 Prozent der Männer und 17 Prozent der Frauen als antörnend angegeben. Frauen wurden bei dem Gedanken, gedemütigt, geschlagen oder gefesselt zu werden, etwas mehr erregt als Männer.

Eine andere Studie, die 2017 in Belgien durchgeführt wurde und an der 1027 Probanden aus der breiten Bevölkerung teilnahmen, ergab sogar noch höhere Zahlen für Neigungen zu BDSM (das Akronym steht für *bondage, dominance, sadism* und *masochism*, auf Deutsch Fesseln, Dominanz, Sadismus und Masochismus).[6] Fast die Hälfte (46,8 Prozent) hatte mindestens eine BDSM-Praktik bereits vollzogen, und weitere 22 Prozent gaben an, sie hätten darüber fantasiert. 12,5 Prozent berichteten, dass sie mindestens eine BDSM-Praktik regelmäßig anwenden.

Die Autoren schlossen ihren Aufsatz mit den Worten: »Bei der normalen Bevölkerung herrscht ein großes Interesse an BDSM, was klar gegen eine Stigmatisierung und Pathologisierung dieser Neigungen spricht.« Sie folgern, dass es keinen Sinn ergibt, BDSM-Praktiken deviant erscheinen zu lassen, wenn sich doch die meisten Menschen dafür interessieren. Allerdings wird dadurch, dass BDSM als relativ verbreitet akzeptiert wird, der Reiz möglicherweise zum Teil schwinden.

Was finden wir an Sadomasochismus sexy? Lange hat man angenommen, das Anziehende sei die Macht. Die Soziologen Joris Lammers und Roland Imhoff wollten diesen Zusammenhang überprüfen. Denn, wie sie in ihrem Aufsatz darlegen, »obwohl es bereits den Status einer kulturellen Binsenweisheit erlangt hat, war noch nie wissenschaftlich getestet worden, ob es tatsächlich einen Zusammenhang zwischen Macht und Sadomasochismus gibt«.[7]

Um diesen Mangel an Forschung zu korrigieren, ließen sie 14 306 Probanden einen kurzen Fragebogen über Macht, Dominanz und sexuelle Interessen ausfüllen. Heraus kam, dass es nicht *nur* das Machtspiel war, das die Menschen anzog. Die Autoren stellten fest, dass »diese Ergebnisse populäre Überzeugungen [widerlegen], die von Romanen wie *Fifty Shades of Grey* bestärkt werden, dass das Verlangen nach Sadomasochismus ein Verlangen widerspiegelt, Machtverhältnisse im Schlafzimmer auszuspielen«. BDSM ist nicht das Ergebnis einer verborgenen, unterdrückten Seite unserer Persönlichkeit, die im Bett zutage tritt. Eine Frau kann beispielsweise eine eingefleischte Feministin sein, sich aber beim Sex trotzdem gerne fesseln oder knebeln lassen. Warum? Weil die Verbindung zwischen Macht und Sex oft mit etwas ganz anderem zu tun hat. Macht ist nicht das Ziel, sie ist ein Mittel für einen Zweck.

Macht kann uns helfen, hemmungsloser zu sein, und das wiederum kann uns helfen, mit dem Druck in der Sexsituation zurechtzukommen. Wir Menschen haben gelernt, wie man sich in der Anwesenheit anderer verhält. Wir halten uns zurück, sind höflich, respektvoll, bringen unsere Wünsche vorsichtig zum Ausdruck. Doch im Bett kann das dazu führen, dass wir keinen *Spaß* dabei haben. Wir müssen uns entspannen, locker werden und unsere Unsicherheiten und normalen sozialen Regeln über Bord werfen.

So kommen Lammers und Imhoff zu ihrer These von der Enthemmung. »Die Wirkung der Macht wird von einem Prozess der Enthemmung angetrieben, der einen sexuelle Normen im Allgemeinen vergessen lässt und sexuelle Normen, die mit dem Geschlecht zu tun haben, im Besonderen.« Sie folgern, dass es nicht das Nachspielen von Machtnormen ist, das uns zu Sadomasochismus hinzieht, denn das fühlt sich oft sexistisch und beunruhigend sadistisch an. Vielmehr erlaubt uns der Sadomasochismus, ein Umfeld zu schaffen, in dem wir absichtlich die Regeln brechen.

Es ist einfacher, sich von sozialen Normen zu lösen, wenn jemand Macht auf uns ausübt oder wenn wir auf jemanden Macht ausüben. Wir werden gezwungen, unser inneres Zwiegespräch abzuschalten, das uns zu viel nachdenken lässt, wie wir auf andere wirken und was die andere Person von einem denken könnte. Wenn wir deviant sind, können wir nachsichtig sein, wir können unser übliches Gedankenkarussell abschalten und uns der Lust hingeben.

Wir sollten daran denken, dass die Akzeptanz dieser Fantasien und Verhaltensweisen bei verschiedenen Gruppen ganz unterschiedlich ausfällt. Für manche Menschen, insbesondere solche, die bestimmten Religionen anhängen, sind unanständige Gedanken ein Grund, zur Beichte zu gehen oder dafür zu beten, diesen Gedanken keine Taten folgen zu lassen. Von homosexuellen Fantasien bis hin zu Fesselspielen – was für Sie völlig akzeptabel ist, kommt anderen wahrscheinlich als eine völlig gottlose Denkweise vor. Ihre in einem Land akzeptierten sexuellen Vorlieben können in einem anderen Land sogar ein Straftatbestand sein.

Die, die fürchten ihre schmutzigen Gedanken könnten zu unangemessenem Sexualverhalten führen, müssen sich aber nicht zu sehr sorgen. Laut den Psychologen Harold Leitenberg und Kris Henning haben »viele Menschen ›verbotene‹ sexuelle Fantasien, wollen diese aber aus praktischen und ethischen Gründen nicht wirklich in die Tat umsetzen«.[8] Genau wie unsere Mordfantasien aus Kapitel 2 bleiben sexuelle Fantasien oft unsere eigene, schmutzige Privatgeschichte.

Wie mittlerweile klar geworden sein dürfte, bin ich der Meinung, dass wir, wenn wir schwierige Themen verstehen wollen, über diese sprechen müssen. Die Themen, die uns unangenehm sind, sind oft die, die wir am dringendsten ansprechen müssen. Wenn wir Probleme ignorieren, verschwinden diese nicht.

Doch ehe wir uns den nächsten Unterkapiteln widmen, will ich eines ganz deutlich hervorheben: Ich nehme das Problem sexueller Übergriffe sehr ernst. Sie sind allgegenwärtige und schreckliche Dauerbrenner der Menschheit und für viele Menschen ein hochemotionales Problem. Ich will in keiner Weise reale sexuelle Übergriffe relativieren. Was ich im nächsten Unterkapitel vorhabe, ist, die scheinbar widersprüchlichen Fantasien zu erkunden, die viele von uns bezüglich Vergewaltigung haben. Diese Fantasien können bewirken, dass wir uns einsam und verwirrt fühlen, selbst wenn wir keine Absicht haben, sie jemals in die Tat umzusetzen.

Es wird kompliziert, wenn wir versuchen, Fantasien als deviant zu definieren. Wie Leitenberg und Henning fragen: »Muss es einen kausalen Zusammenhang geben, bei dem gezeigt wird, dass die Fantasie die Wahrscheinlichkeit signifikant erhöht, dass ein sozial inakzeptables Verhalten auftreten wird? Oder genügt es, wenn eine Fantasie und ein inakzeptables Verhalten sich inhaltlich gleichen, um dann die Fantasie als deviant zu bezeichnen, selbst wenn das Verhalten nie auftritt?«

Das erinnert an den Fall von Gilberto Valle. Valle war ein Polizist der New Yorker Polizei. Nach seinen Nachtschichten ging er häufig online auf Fetisch-Seiten und postete detailreiche sexuelle Fantasien unter dem Nutzernamen ›Girlmeat hunter‹ (Mädchenfleisch-Jäger). Seine Geschichten waren anschaulich und brutal. Sie handelten von Gruppenvergewaltigung, Abtrennen von Gliedmaßen und Kannibalismus. Auch wenn er seine Fantasien nie in die Tat umgesetzt hatte, wurde er im Oktober 2013 zu Hause mit Polizeigewalt festgenommen.[9] Seine Frau hatte seine Geschichten gefunden und ihn angezeigt.

Er wurde angeklagt und für schuldig befunden, die Entführung seiner Frau und einiger anderer Frauen geplant zu haben, um diese aufzuessen.[10] In der Presse erlangte er als *Cannibal Cop* Berühmtheit. Doch im Dezember 2015 wurde er in einem Revisionsverfahren freigesprochen, aus Mangel an Beweisen dafür, dass er tatsächlich plante, seine Fantasien in die Tat umzusetzen. In der wegweisenden Urteilsverkündung sagte der Richter: »Es widerstrebt uns, der Regierung die Macht zu geben, uns für unsere Gedanken und nicht unsere Taten zu bestrafen … Das gilt auch für die Macht, den Ausdruck sexueller Fantasien eines Individuums zu kriminalisieren, so pervers oder verstörend sie auch sein mögen.«[11] Die Entscheidung, wo genau man eine Grenze zieht, an welchem Punkt Fantasien selbst schon ein Verbrechen und nicht nur das Vorspiel zu einem solchen sind, ist äußerst schwierig.

Das Thema wird noch komplexer, wenn uns klar wird, dass sexuelle Fantasien in Verbindung mit Kannibalismus zwar extrem selten vorkommen, andere Arten gewalttätiger sexueller Fantasien, unter anderem Vergewaltigungsfantasien, aber recht verbreitet sind.

Bei der oben vorgestellten Dawson-Studie über sexuelle Vorlieben fanden 13 Prozent sowohl der Männer als auch der Frauen den Gedanken an Sex mit einem Fremden gegen dessen Willen (also Vergewaltigung) erregend. Dieser Typ Fantasie – Biastophilie genannt – kann sich um Berühmtheiten, Porno-Stars, Ihren Universitätsprofessor von vor zehn Jahren, den heißen Feger von der Arbeit oder einfach einen vorgestellten Fremden drehen. Zur Erinnerung: Diese Probanden sollten bewerten, welche Gedanken sie erregten, nicht angeben, ob sie eine Fantasie jemals ausleben würden oder das bereits getan haben.

Viele Frauen haben sexuelle Fantasien, dass sie überwältigt und zum Sex gezwungen werden. Auch wenn das eher wie ein Albtraum klingen mag, die Fantasie kann durchaus als lustvoll und erregend empfunden werden. Laut Jenny Bivonas und Joseph Critellis Studie von 2009 »zeigen aktuelle Belege, dass es nicht abnormal oder ungewöhnlich ist, wenn Frauen Vergewaltigungsfantasien haben«.[12] Von den 335 Frauen, die an ihrer Studie teilnahmen, gaben 62 Prozent an, dass sie schon Vergewaltigungsfantasien hatten. Die meisten dieser Frauen hatten viermal im Jahr Vergewaltigungsfantasien, aber 14 Prozent hatten sie mindestens einmal pro Woche. Die Autoren weisen darauf hin, dass dieses Ergebnis etwas höher sei als in früheren Studien, bei denen die »Schätzungen von 31 Prozent bis 57 Prozent reichen«. Egal, welche Zahlen man nun annimmt, diese Fantasien sind weitverbreitet.

Aber sie stellen uns auch vor ein Rätsel. »Die Vergewaltigungsfantasien von Frauen stellen für Wissenschaftler eine besondere Herausforderung dar, da etwas an ihnen keinen Sinn ergibt. Warum hat man eine Fantasie über ein Ereignis, das im wirklichen Leben abstoßend und traumatisch wäre?«, fragen Bivona und Critelli. Die Autoren meinen, man könne diesen scheinbaren Widerspruch erklären, weil »viele Vergewaltigungsfantasien keine realistischen Darstellungen von Vergewaltigung sind. Sie sind oft abstrahierte, erotisierte Schilderungen, die einige Aspekte von einer tatsächlichen Vergewaltigung betonen und andere Elemente auslassen oder verzerren.«

Das galt auch für Probanden ihrer Studie, die im wirklichen Leben bereits Opfer von sexueller Gewalt geworden waren. Es kommt einem absurd vor, dass jemand, der Vergewaltigung in der Realität kennt, trotzdem darüber fantasiert. Doch 78 Prozent der Probanden hatten im wirklichen Leben sexuellen Zwang in irgendeiner Weise erlebt, und 21 Prozent berichteten, dass sie Dinge erlebt hatten, die unter den Begriff Vergewaltigung fallen. Es handelte sich also nicht um Menschen, die keine sexuelle Gewalt im wirklichen Leben kannten, und dennoch hatten viele von ihnen immer noch sexuelle Fantasien darüber. Auch wenn nicht ganz klar ist, warum Frauen Vergewaltigungsfantasien haben, fest steht, dass zu sexueller Domination Elemente von körperlicher Kraft und Regelverstößen gehören, was beides sexy sein kann, besonders, wenn es nur im Geist zum Ausdruck kommt.

Um den Inhalt der Vergewaltigungsfantasien zu untersuchen, ließen Bivona und Critelli ihre Probanden ein Fantasie-Tagebuch führen. Sie fanden heraus, dass bei 42 Prozent der beschriebenen Vergewaltigungsfantasien Aggressivität gegenüber den Probanden im Spiel war. Am verbreitetsten war dabei, dass die Probanden gestoßen werden, ihnen die Kleider vom Leib gerissen werden, sie hin und her geworfen werden, man an ihren Haaren zog. Zusätzlich kamen drei verschiedene Typen von Geschichten vor. Der erste, der als »vollständig erotisch« kategorisiert wurde, machte 45 Prozent der Fantasien aus. Hier war ein typisches Thema das »Jetzt nicht«-Szenario:

Dieser Freund kommt vorbei und drückt mich sofort gegen die Wand, hält meine Hände über meinem Kopf fest und küsst mich leidenschaftlich. Der Typ in meiner Fantasie ist mein aktueller Freund, aber ich habe diesen Traum schon seit letztem Jahr, als wir zwar befreundet waren, aber beide andere Partner hatten. Aber er schaut nicht so freundlich wie sonst; er schaut voller Gier nach mir. Er übernimmt komplett. Ich sage ihm, dass er aufhören soll, dass es falsch ist und wir das nicht machen können. Er sagt, das sei ihm egal; er kann keine Minute mehr warten. Er denkt, dass er mich jetzt auf der Stelle haben muss. Ihm geht es darum, dass er sein eigenes sexuelles Verlangen befriedigt.
Ich denke, dass es falsch ist, aber es fühlt sich so gut an. Während er mit einer Hand immer noch meine Hände über dem Kopf festhält, zieht er mir mit der anderen Hand die Kleider vom Leib – ob sie dabei zerreißen, kümmert ihn nicht. Er zieht sich selbst aus, presst seinen Körper gegen meinen, schiebt seine Zunge in meinen Mund. Er sagt mir, dass er mich unwiderstehlich findet und dass es ihm egal ist, dass wir jeweils andere Partner haben. Ich sage ihm, dass es

falsch ist und dass wir das nicht tun können. Er sagt mir, er wisse, dass ich ihn wolle; das könne er an der Art sehen, wie ich ihn anschaue und ihn berühre, wenn wir zusammen sind. Wir sind beide nackt, und er küsst mich am ganzen Körper. Er will noch immer nur sein Verlangen befriedigen. Ich flehe ihn an aufzuhören, sage ihm, dass es falsch ist und dass wir jeden Moment erwischt werden könnten. Er hebt mich hoch und fickt mich an die Wand gelehnt. Erst tut es weh, aber es fühlt sich so gut an, dass ich mich nicht gegen meine Lust wehren kann. Als wir fertig sind, geht er, weil er weiß, dass mein Freund bald kommt. Er sagt mir, wie sehr er meinen Körper liebt und dass ich ihn befriedige, wie noch keine Frau vor mir, und dass er alles dafür geben würde, um mit mir zusammen zu sein. Ich bin zerrissen zwischen Lust und dem Wissen, dass es moralisch falsch ist.

Diese Art von Szenen wurde immer wieder beschrieben. Wie die Wissenschaftler schreiben, waren die Frauen in diesen Szenarien »erregt bei dem Gedanken der möglichen sexuellen Interaktion«, aber sagten, dass sie dem Sex nicht zustimmten »aus Angst, erwischt zu werden, oder weil sie keinen Sex mit einem verbotenen Partner wollten«.

Aber nicht alle Vergewaltigungsfantasien werden als erregend wahrgenommen. Die Wissenschaftler arbeiteten einen zweiten Typ Vergewaltigungsfantasie heraus, einen aversiven. Von den Fantasien, die für die Studie aufgenommen wurden, waren neun Prozent rein negativ und kamen einem Albtraum nahe. Sie waren eine verwirrende Mischung aus sexuell stimulierenden Bildern und Bildern von Weinen und Verletzlichkeit, und oft waren sie in dunklen Gassen lokalisiert. Sie kamen realen Vergewaltigungsfällen am nächsten, und Frauen, die tatsächlich Erfahrungen mit Vergewaltigungen gemacht hatten, berichteten mit höherer Wahrscheinlichkeit von solchen negativen, traumatischen Fantasien. Der dritte und letzte Typ war mit 46 Prozent eine Mischung aus erotischen und aversiven Gefühlen. Hier handelte die Fantasie beispielsweise von einem Partner, der »zu weit geht«. Der Sex beginnt also einvernehmlich, entwickelt sich dann aber zu einer Vergewaltigung, weil der Partner weitermacht, obwohl der andere das nicht mehr will.

Unsere Fantasien können also ganz schön verwirrend sein. Aber sind sie böse? Christian Joyal und seine Kollegen sprechen sich für eine Destigmatisierung von sexuellen Fantasien aus. Im Jahr 2015 wollten sie mit einer anderen Herangehensweise bestimmen, was eine ungewöhnliche sexuelle Fantasie ist.[13] Sie ließen 1516 Erwachsene die Intensität ihres sexuellen Interesses an verschiedenen Fantasien bewerten. Sie gingen also nicht danach, was als eigenartig wahrgenommen wird, sondern danach, was statistisch gesehen eigenartig ist.

Ausgehend von den Antworten bewerteten sie eine sexuelle Fantasie als »selten«, wenn 2,3 Prozent oder weniger der Probanden ein Interesse an der Fantasie angaben (das Ergebnis ist also zwei Standardabweichungen unter dem Durchschnitt und damit statistisch gesehen selten). Sie fanden heraus, dass nur zwei Fantasien selten waren, sowohl bei Männern als auch bei Frauen: Fantasieren über Sex mit einem Tier und über Sex mit einem Kind unter zwölf Jahren – auf beide dieser wirklich devianten Fantasien kommen wir später noch zurück.

Die Autoren schließen daraus, dass wir vorsichtig damit sein müssen, sexuelle Vorlieben als ungewöhnlich oder gar böse zu bezeichnen: »Der Fokus sollte auf der Wirkung einer sexuellen Fantasie liegen und weniger auf ihrem Inhalt.« Scheinbar normale Fantasien können Anstoß erregen oder schmerzhaft sein, etwa, wenn ein homosexueller Mann heterosexuelle Fantasien hat und davon irritiert ist, während »Menschen mit Fantasien, die als ungewöhnlich gelten, sexuell mindestens so zufrieden sein können wie Menschen ohne solche Fantasien«. Vielleicht sollten wir uns bei der Frage, ob eine Fantasie als böse gesehen werden kann, eher auf die Auswirkung der Fantasie auf das reale Leben konzentrieren als auf die Fantasie selbst.

Was ist also der nächste Schritt, nachdem man Fantasien über etwas gehegt hat? Für viele, Bilder oder Videos anzuschauen, die sich um diese Fantasie drehen. Sehen wir uns einmal die verschiedenen Aspekte von Pornografie an.

Ihr Gehirn beim Pornoschauen

Der Konsum von Pornos ist häufig mit einem starken Schuldgefühl verbunden. Dass viele Menschen Pornos als böse bezeichnen und als Quelle sozialer Missstände sehen, ist dabei nicht hilfreich. Mythen wie der, dass man vom Masturbieren blind wird oder einem andere üble Dinge geschehen, wurden in bestimmten Kreisen lange verbreitet. Aber wenn man über etwas nicht spricht, das viele von uns regelmäßig tun, unterdrückt man ein potenziell wichtiges Gespräch über die Ethik von Pornografie – sowohl, was die Folgen des Konsums von Pornografie, als auch, was die Gegebenheiten der Pornoindustrie angeht.

Ist der Konsum von Pornografie, die einvernehmliche Erwachsene darstellt, ein gesunder Teil ihrer Sexualität? Mit Sicherheit ist es normales Verhalten – in einer Studie von 2007 fand man heraus, dass 66 Prozent der Männer und 41 Prozent der Frauen mindestens einmal im Monat Pornografie konsumieren.[14]

Werfen wir darauf einmal einen genaueren Blick. Zunächst einmal spüre ich ein deutliches Vorurteil in der Forschung, da in vielen Studien offenbar davon ausgegangen wird, dass Pornografie schlecht sein *muss*. Und es gibt Forschungen, die das belegen. Die Forschung von Samuel Perry und seinen Kollegen legt nahe, dass der Konsum von Pornografie das Risiko auf Scheidung verdoppeln kann,[15] und für diejenigen, die sich für Religion interessieren: Der Konsum ist damit verknüpft, wie religiös wir unsere Kinder erziehen.[16]

In einer Forschungszusammenfassung über den Zusammenhang des Konsums von Pornografie und sexueller Aggression (eine Metaanalyse) von 2016 zeichneten Paul Wright und seine Kollegen ebenfalls ein düsteres Bild.[17]

Sie fassten 22 Studien aus sieben verschiedenen Ländern (die USA, Italien, Taiwan, Brasilien, Kanada, Schweden und Norwegen) zusammen. »Ob der Konsum von Pornografie verlässlich mit sexuell aggressivem Verhalten korreliert, wird weiterhin debattiert«, schließen sie, aber die Ergebnisse ihres Überblicks deuten an, dass das Konsumieren von Pornografie international mit sexueller Aggression zumindest *assoziiert* werden kann, und zwar sowohl bei Männern als auch bei Frauen. Das galt für verbale sexuelle Aggression noch mehr als für körperliche. Die Autoren fanden auch heraus, dass es eine Rolle spielte, in welchem Maß Gewalt in den gesehenen Pornos vorkam – je mehr Gewalt im Porno, desto aggressiver. Das heißt nicht, dass der Konsum von Pornografie uns aggressiv *macht*, sondern, dass diejenigen, die viele Gewaltpornos schauen, im Allgemeinen höhere Aggressionswerte haben als die, die das nicht tun.

Es handelt sich eher um eine Korrelation als um einen Kausalzusammenhang.

Aber warum ist das so? Simone Kühn und Jürgen Gallinat machten sich daran, die Gehirnregionen zu bestimmen, die mit Pornografie assoziiert sind, und die möglichen Gründe zu untersuchen, warum es möglicherweise einen Zusammenhang zwischen Aggression und Konsum von Pornografie gibt. In einem 2014 veröffentlichten Aufsatz schreiben sie, dass »der Konsum von Pornografie belohnungsbasiertem Verhalten, zwanghaftem Streben nach immer Neuem und Suchtverhalten gleicht«.[18] Das liegt daran, dass Pornografie mit einer natürlichen Belohnung einhergeht, die im Voraus verschaltete Hirnregionen vor Lust aufleuchten lässt. Menschen sind im Allgemeinen darauf programmiert, dass sie Sex mögen – Sex haben, an Sex denken, Sex anschauen. Wie eine Droge gibt Pornografie uns einen schnellen Kick.

Für jede Art der Belohnung, sei es Essen, Drogen, Liebe oder Pornos, ist es möglich, die Funktionsweise des Lustzentrums unseres Gehirns zu verändern. Wenn wiederholt ein Teil des Gehirns aktiviert wird, kann das dazu führen, dass die Belohnung weniger wirksam wird. Die Autoren schreiben dazu: »Man geht davon aus, dass dadurch Anpassungsprozesse ausgelöst werden, bei denen das Gehirn gekapert wird und so weniger stark auf Pornografie reagiert.« Je mehr Pornos wir schauen, desto weniger wirken sie. Pornografie kann also süchtig machen. Wie bei einer Sucht stellt sich ein Gewöhnungseffekt ein, der bedingt, dass wir mehr – was Intensität oder Häufigkeit angeht – brauchen, um den gewünschten Effekt zu bekommen.

Um die These zu testen, dass Pornografie unser Gehirn durcheinanderbringt, untersuchten Kühn und Gallinat 64 gesunde Männer mit einem Durchschnittsalter von 30 in einem

MRT-Scanner. Die Forscher achteten besonders auf die Hirn-regionen, die mit Sucht assoziiert werden. Sie fanden heraus, dass es einen Zusammenhang gab zwischen der Stundenzahl der wöchentlich geschauten Pornos und der Größe des rech-ten Striatums. Laut den Autoren ergibt das durchaus Sinn, da »das Striatum wohl bei der Gewohnheitsbildung beteiligt ist, wenn Drogenkonsum sich zu zwanghaftem Verhalten verän-dert«. Während der Konsum von Pornografie zunahm, wurde der rechte Striatum (genauer gesagt der Nucleus caudatus) klei-ner. Die Autoren fanden auch heraus, dass wenn im Scanner pornografische Bilder gezeigt wurden, diejenigen, die öfter Por-nos schauten, häufig eine geringere Reaktion im linken Stria-tum (dem Putamen) zeigten.

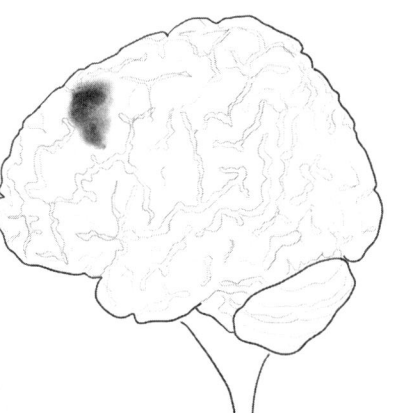

Pornohirn: Bild des rechten Striatums im linken dorsolateralen präfronta-len Kortex. Die Funktionalität dieser Hirnregion korreliert mit der Menge an Pornos, die wöchentlich konsumiert wurden.

Warum ist das so? Wie die Autoren feststellen: »Die häufige Aktivierung des Gehirns durch den Konsum von Pornografie könnte zu einem Gewohnheitseffekt und der Herabregulation [verminderte Reaktion] der zugrunde liegenden Gehirnstruktur führen ... einem höheren Bedarf für externe Stimulation des Belohnungssystems und einer Tendenz, neuartiges und extremeres sexuelles Material zu suchen.« Das könnte bedeuten, dass wir extremere Pornos brauchen, um richtig angetörnt zu werden, und uns immer mehr solcher Pornografie annähern, deren Produktion und Konsum illegal ist.

Aber dieses Argument des rutschigen Abhangs stimmt nicht ganz. Genau wie der regelmäßige Konsum von Alkohol nicht bedeutet, dass man heroinabhängig wird, bedeutet auch der regelmäßige Konsum von einvernehmlicher Pornografie nicht, dass man ein Anhänger von Gewaltpornografie wird. Sicher, einige von uns könnten diese Entwicklung durchmachen, aber die meisten nicht. In ihrer Untersuchungsgruppe ermittelten Kühn und Gallinat eine durchschnittliche Wochenzeit des Pornokonsums von vier Stunden. Das wirft noch die Frage auf, wie viele Stunden eigentlich zu viele sind? Vier? Zehn? Zwanzig? Wann fängt es an wehzutun? An welchem Punkt regulieren wir unser Gehirn herunter? Das lässt sich kaum beantworten, und wahrscheinlich würde eine Antwort uns ohnehin nicht alles verraten.

Die Autoren stellen daher eine alternative Erklärung für ihre Ergebnisse vor: »Der Zusammenhang der Porno-Zeit und dem Striatum könnte ebenso gut eine Voraussetzung statt einer Folge des häufigen Pornokonsums sein.« Das ist wichtig, da »Individuen mit einem geringeren Volumen des Striatums mehr externe Stimulation benötigen könnten, um Lust zu erleben, und daher den Konsum von Pornografie als lohnender erfahren könnten«. Aha. Vielleicht ist das der Schlüssel. Manche von uns reagieren von vorneherein stärker auf Pornos. Statt dass also Pornografie unser Gehirn verändert, scheint es mindestens genauso wahrscheinlich, dass unser Gehirn unseren Pornokonsum verändert. Ob Pornografie unser Gehirn verändert oder unser Gehirn verändert, wie wir Pornografie konsumieren, oder beides, »Pornografie ist nicht mehr nur eine Frage eines kleinen Teils der Bevölkerung, sondern ein Massenphänomen, das unsere Gesellschaft beeinflusst«. Dennoch sind gute Erklärungen dafür Mangelware.

Derzeit stehen wir erst am Anfang eines Verständnisses, welchen Einfluss der Konsum von Pornografie auf Menschen hat. Wir wissen, dass es einen Zusammenhang gibt zwischen dem, was wir online anschauen, und dem, was wir im realen Leben tun. Doch dieser Zusammenhang ist schwach und komplex. Viele von uns schauen sich als Pornos viel problematischere Sexszenen an, als wir jemals im wirklichen Leben erleben möchten. Und andere machen bereitwillig bei abscheulichen sexuellen Handlungen mit, verurteilen jedoch Pornografie.

Allerdings wissen wir sehr wohl einiges darüber, warum wir Pornos anschauen. Viele von uns schauen Pornofilme nicht nur aus sexuellen Gründen, sondern auch, um sich etwas abzuschauen und einfach aus Neugierde. Wir wissen auch, dass der Konsum von Pornografie uns zwar unrealistische sexuelle Erwartungen bescheren kann (unter anderem eine Unsicherheit über das Aussehen unserer Genitalien)[19], doch auf viele Menschen hat er offenbar positive Auswirkungen. In einer Studie von 2017 fanden Cassandra Hesse und Cory Pedersen heraus, dass »entgegen aller Erwartungen, die Häufigkeit von Kontakt [mit sexuell explizitem Material] nicht zur mangelnden Kenntnis von sexueller Anatomie, Physiologie und Verhalten beiträgt. Vielmehr war das Gegenteil der Fall.«[20] Sie kamen zu der Erkenntnis, dass ihre Probanden im Allgemeinen das Gefühl hatten, von ihrem Pornokonsum zu profitieren, da dadurch ein komplexer und oft einschüchternder Teil des Erwachsenenlebens entmystifiziert wurde.

Bisher haben wir uns in diesem Kapitel ganz auf die Konsumenten von Pornografie konzentriert, nicht auf die Produzenten. Die Produktion pornografischen Materials wirft viel mehr ethische Fragen auf. Woher wissen wir, ob eine Person, die beim Sex gefilmt wurde, damit einverstanden war? Wie können wir sichergehen, dass beim Filmen keinerlei Zwang ausgeübt wurde? Sollte es verpflichtende Gesundheitsprüfungen geben und sollten die Pornodarsteller Kondome benutzen müssen? Fragen über Fragen. Aber weil die Pornoindustrie die Identität der Beteiligten häufig im Dunkeln lässt, gibt es über die Herstellung von Pornos relativ wenig Forschung. Dementsprechend sind diese Fragen hauptsächlich eine intellektuelle Übung.

Sollten wir also Pornografie verbieten – oder sie dankend annehmen? Laut Hesse und Pedersen sollten wir sie als Bildungsgelegenheit nutzen. »Diese Ergebnisse zeigen, wie wichtig es ist, eine Komponente [mit sexuell explizitem Material] in die bereits existierenden Programme der Sexualerziehung aufzunehmen … und die Programme mehr auf Handlungen und Verhalten auszurichten, das typisch für Geschlechtsverkehr ist, damit die Menschen sich bewusst sind, wie Geschlechtsverkehr funktioniert, und zudem mehr Selbstvertrauen haben, wenn es darum geht, den eigenen Körper sowie den des Partners sexuell zu erkunden.«

Als Gesellschaft müssen wir aufhören, uns dafür zu schämen, pornografisches Material einvernehmlicher Erwachsener anzuschauen. Stattdessen sollten wir es zum Anlass nehmen, über die realen Gegebenheiten von Sexualität zu sprechen, auch darüber, welche verschiedenen Perversionen wir haben können und was wir tun können, wenn wir herausfinden, dass wir von illegalem Material erregt werden.

Pornografie kann also Wege eröffnen, neue Aspekte unserer Sexualität zu entdecken und zu diskutieren.

Coming-out

Im Jahr 2017 stellten lesbische, schwule, bisexuelle und transgender (LGBT) Beziehungen noch in 74 Ländern einen Straftatbestand dar, unter anderem in Saudi-Arabien, Pakistan und einigen afrikanischen Ländern.[21] In diesen Ländern werden gleichgeschlechtliche Beziehungen durch Gesetze gegen Analsex, nicht regenerative und »widernatürliche« Sexualpraktiken kriminalisiert. Wie stark diese Länder Homosexualität stigmatisieren, wird klar, wenn man sich bewusst macht, dass die entsprechenden Sexualpraktiken ebenso geahndet werden wie Sex mit *Tieren*. In acht dieser Länder steht auf homosexuellen Sex die Todesstrafe. Einvernehmlicher Sex mit einem erwachsenen Partner desselben Geschlechts wird also den schlimmsten Verbrechen gleichgestellt und mit einer der härtesten Strafen geahndet.

Bei homosexuellen Handlungen zweier einvernehmlicher Erwachsener im Privaten verhängen einige dieser Länder keine Strafen. Aber allein die Tatsache, dass sie es könnten, sagt schon viel aus. Durch die Anwendung ihrer Gesetze schreien diese Länder offenbar in die Welt hinaus, dass homosexuelle Handlungen böse sind.

Viele Anti-LGBT-Länder leugnen schlicht, dass innerhalb ihrer Grenzen Homosexuelle leben. Auf die Frage nach der Teilnahme homosexueller Athleten bei den Olympischen Winterspielen 2014 in Russland antwortete der Bürgermeister von Sotschi, dass Homosexuelle teilnehmen dürfen, solange sie »nicht anderen ihre Gewohnheiten aufzwingen«.[22] Er sagte auch zur allgemeinen Belustigung: »Homosexuelle? Haben wir hier in Sotschi nicht.« Die Existenz mehrerer homosexueller Bars und Klubs in Sotschi zeigte jedoch ein anderes Bild.

Ob Länder sie akzeptieren oder nicht, Schätzungen und Bevölkerungsstatistiken zeigen, dass die Zahl der Personen, die sich als lesbisch, schwul oder bisexuell bezeichnen, irgendwo zwischen 1,2 Prozent und 5,6 Prozent der Bevölkerung liegt. Zudem sind 0,3 Prozent nach eigenen Angaben Transgender.[23] Auch wenn das nicht oft Gegenstand wissenschaftlicher Untersuchungen ist, ein weiterer Teil der Bevölkerung bezeichnet sich als inter-, pan- oder asexuell oder als zugehörig zu einer der vielen anderen Kategorien von Sexualität (manchmal zusammengefasst unter QIPA+). Nur weil sie nicht sichtbar oder akzeptiert sind, bedeutet es nicht, dass es sie nicht gibt.

Macht es Sie wütend, dass LGBTQIPA+-Menschen wie Kriminelle behandelt werden? Oder, schlimmer noch, als nicht existent? Sind Sie intolerant gegenüber der Intoleranz anderer Menschen, weil *wir* nicht so sind? Es ist einfach, diejenigen zu diffamieren, die andere diffamieren. Ich bin beispielsweise intolerant gegenüber homophoben Menschen. Aber es ist auch wichtig, Fragen, die uns am Herzen liegen, mit denen zu diskutieren, die anderer Meinung sind. Selbst wenn am Ende nur das gegenseitige Verständnis etwas vergrößert wird, können solche Diskussionen dazu beitragen, Menschen ein Gesicht zu geben und ihre Stigmatisierung aufzuheben. Insbesondere Minderheiten und unterprivilegierte Gruppen können davon profitieren, wenn sich mehr Stimmen in die Diskussion einmischen und jemand Partei für sie ergreift.

Ich wäre mir außerdem nicht so sicher, dass wir *wirklich* so anders sind. Katy Perrys »I Kissed a Girl« öffentlich zu schmettern, das gelegentliche Coming-out einer berühmten Persönlichkeit zu akzeptieren oder sogar gleichgeschlechtliche Ehen zu legalisieren reicht, wie sich herausstellt, nicht aus, um für Personen, die sich als LGBTQIPA+ verstehen, eine wertschätzende Umgebung zu schaffen.

Aengus Carroll, einer der Autoren eines breit angelegten Berichts von 2017 über die internationale Gesetzgebung zu sexueller Orientierung und über Homophobie sagt, es gibt »kein Land weltweit, in dem LGBT-Menschen sicher vor Diskriminierung, Stigmatisierung oder Gewalt sind«.[24] Warum ist das so? Er führt aus, dass »legislative Veränderungen zwar langsam in Gang kommen, gesellschaftliche Einstellungen aber, insbesondere solche, die sich auf Tabus beziehen, sich schmerzlich langsam verändern«.

Stimmen gegen Homosexualität berufen sich unter anderem darauf, Homosexualität sei eine deviante Entscheidung, die Menschen träfen. Zur angeblichen Lebensweise, die diese devianten Menschen gewählt haben, gehöre es, egoistische sexuelle Raubtiere zu sein, die die heilige Institution der Ehe und die Zukunft der Menschheit bedrohen. Aber es ist keine Entscheidung. Eine große Studie mit 409 homosexuellen Zwillingspaaren wurde 2015 veröffentlicht. Die Autoren, Alan Sanders und Kollegen, fanden die bislang stärksten Beweise dafür, dass Homosexualität genetisch angelegt ist – dass Menschen schwul oder lesbisch geboren werden.[25] Einer der Probanden, Chad Zawitz, fasste zusammen, was diese Ergebnisse bedeuten:

»Die Ergebnisse sind vielleicht eine Bestätigung für homosexuelle Männer, die sich dieselben Fragen gestellt haben
wie ich. Sie stärken vielleicht das Selbstbewusstsein der
vielen Männer, die sich fragten ›Warum ich?‹ oder sich
geächtet, mit Vorurteilen konfrontiert, gedemütigt, ausgeschlossen, verteufelt oder schlimmer fühlten. Sie könnten
vielleicht die Meinung derer ändern, die glauben, Homosexualität sei eine ›Entscheidung‹ und nicht etwas Vorbe-
stimmtes.

… Andererseits könnten manche die Ergebnisse dazu verwenden, eine Überzeugung zu rechtfertigen, Homosexualität sei die Folge eines ›kaputten‹ oder ›abweichenden‹ Gens,
das man reparieren müsse. Man stelle sich vor, Eltern fordern einen Gentest für ihr ungeborenes Kind an, oder noch
schlimmer, eine Regierung ordnet verpflichtende Tests bei
allen ungeborenen Kindern an und reinigt den Genpool
dann durch Zwangsabtreibungen. Es gibt genügend Hass
auf der Welt, als dass diese Vorstellung völlig aus der Luft
gegriffen wäre.

Dennoch bin ich nach wie vor voller Hoffnung, dass unsere
Welt sich weiterhin in eine mit mehr Sicherheit und Akzeptanz für jeden entwickelt. Zwar bewegen sich einige Länder
im Rückwärtsgang, doch insgesamt öffnet sich die Erd-
gemeinschaft der Homosexualität. Diese Offenheit kombi-
niert mit wissenschaftlichen Fakten wird kommenden
Generationen ein besseres Verständnis menschlicher Sexualität verschaffen.«[26]

Dieses Thema ist definitiv komplex. Nicht nur für Menschen,
die homosexuell, sondern auch für solche, die homophob sind.
Bei einem Experiment im Jahr 1966 ließen die Wissenschaftler

Henry Adams und Kollegen 64 Männer einen Fragebogen ausfüllen, um zu messen, wie homophob sie waren.[27] Anschließend
schlossen sie die Männer mit unterschiedlich stark ausgeprägter Homophobie an einen Erektometer an, der den Umfang des
Penis misst und als Indikator sexueller Erregung dient. Im Prinzip wird dabei gemessen, wie hart der Penis des Mannes wird.
Den Männern werden dann sexuell eindeutige heterosexuelle,
schwule oder lesbische Videos gezeigt.

Die Wissenschaftler fanden heraus, dass »nur die homophoben Männer bei schwulen Reizen eine erhöhte Erektion auf-
wiesen«. Daraus folgerten sie, dass »Homophobie offenbar mit
homosexueller Erregung in Zusammenhang steht, dessen sich
die homophobe Person entweder nicht bewusst ist oder die sie
leugnet«. Das könnte ihre Ablehnung homosexueller Personen
zumindest zum Teil erklären, da sie möglicherweise Angst
haben, von den schwulen Männern verdorben oder verführt zu
werden. Manchmal fürchten wir Dinge, die unserer Religion
oder Kultur widersprechen, oder einfach Dinge, die wir noch
nicht richtig bei uns selbst erkundet haben.

Wenn wir sie aber erkundet haben und zu dem Schluss gekommen sind, dass wir nicht heteronormativ sind, fällt uns das
vielleicht schwer zu akzeptieren.

In den letzten zehn Jahren als Dozentin habe ich viele Mo-
mente sexueller Erleuchtung bei Studenten im Seminarraum
miterlebt. Zu solchen Momenten kommt es normalerweise,
wenn das Thema Sexualität und sexuelle Devianz zum ersten
Mal aufkommt. In einer Art von Gespräch, das die meisten
Menschen, wie ich fürchte, nie haben werden.

Ich habe erlebt, wie ein Student die Bezeichnung polyamor
lernte und sich sofort damit identifizierte. Ich hatte Studenten,
die sich zum ersten Mal als homosexuell erkannten. Ein Stu-

dent hatte sein Coming-out als Asexueller, eine andere Studentin als bi-curious (bi-neugierig), obwohl das im Widerspruch zu ihrer Religion stand. Unsere Sexualität ist wichtig für uns, aber sofern wir uns nicht in einer offenen, diskussionsbereiten Umgebung befinden, haben manche von uns Schwierigkeiten damit, nicht heterosexuelle Neigungen zu offenbaren.

Im Jahr 1994 entwickelte der Psychiater Glenn Wagner eine Methode zur Messung internalisierter Homophobie, mit der gezeigt werden konnte, wie stark Homosexuelle ihre eigene Sexualität akzeptieren.[28] Dazu sollten unter anderem Aussagen gewichtet werden wie »Ich wünschte, ich wäre heterosexuell«, »Wenn ich viel über meine Homosexualität nachdenke, fühle ich mich niedergeschlagen« und »Wenn es eine Pille gäbe, die meine sexuelle Orientierung ändern könnte, würde ich sie nehmen«. Eine hohe Punktzahl bei dieser Art von Aussagen zeigt eine mangelhafte Akzeptanz der eigenen Sexualität und steht in Zusammenhang mit einer schlechteren psychischen Gesundheit.

Andere Formen dieser Art Untersuchungen wurden auch in jüngerer Zeit durchgeführt. So ergab beispielsweise eine Studie von 2017 von Konstantin Tskhay und Nicholas Rule, dass Männer mit hohen Werten internalisierter Homophobie ihre sexuelle Orientierung mit geringerer Wahrscheinlichkeit anderen mitteilten und mit höherer Wahrscheinlichkeit stereotyp maskulin aussahen.[29] Das legte die Vermutung nahe, dass sie absichtlich Dinge verbargen, die sie schwul wirken ließen, weil ein schwules Aussehen in der breiteren Gesellschaft negativ gesehen werden könnte. Wenn sie sich als Hetero präsentieren, werden sie als Schwule unsichtbar – und genau das ist ihre Absicht. Sie wollen nicht, dass wir ihre Sexualität hinterfragen. Sie wollen, dass wir sagen: »Er sieht männlich aus, natürlich ist er hetero.« Diese Erfahrung gilt wahrscheinlich auch für manche Lesben, die sich sehr feminin präsentieren, oder für alle, die hetero-normativ aussehen, es aber nicht sind.

Selbst in einer Gesellschaft, die von sich behauptet, dass sie »nichts gegen« LGBTQIPA+-Menschen hat, ist ein Coming-out schwer. Ich setze mich sehr für die LGBTQIPA+-Community ein, fühle mich aber meist unbehaglich, wenn es darum geht, über meine eigene Sexualität zu sprechen. Da ich mich völlig hetero-normativ präsentiere, wird meine Sexualität auch nie hinterfragt. Sie sieht feminin aus, natürlich ist sie hetero.

Ich gehöre zu einer Gruppe von Menschen, die von der hetero-sexuellen Community fetischisiert wird, sich aber auch nicht ganz zur Queer-Community zugehörig fühlt. In meiner eigenen Erfahrung und laut den Wissenschaftlern Milaine Alarie und Stéphanie Gaudet bekommen Menschen meiner Gruppe häufig zu hören, es sei »nur eine Phase«, ich sei »gierig«, oder gar, ich würde »das nur machen, um die Aufmerksamkeit von Männern« auf mich zu ziehen.[30] Ich gehöre zu einer meist unsichtbaren Gruppe, die von Heterosexuellen negativer bewertet wird als Homosexuelle und die von Homosexuellen negativer bewertet wird als Heterosexuelle.[31]

Und wissen Sie was? Zum Teufel mit der Unsichtbarkeit.

Ich bin bisexuell.

Jahrzehntelang war ich Teil des Problems der Bi-Erasure (dt. Ausradierung von Bisexualität). Bi-Erasure ist die Ablehnung von Bisexualität als einer wirklichen Form von Sexualität. Laut Alarie und Gaudet wird »Bisexualität als eine legitime, lebenslange Identität und Lebensweise oft vergessen oder als Möglichkeit geleugnet«. Die Wissenschaftler fanden antibisexuelle Ressentiments und Gedanken selbst bei jungen Menschen, die Homosexualität akzeptierten.

In ihrer Studie zum Diskurs über Bisexualität bei jungen Erwachsenen stellten sie fest, dass »Probanden Bisexualität in die Unsichtbarkeit drängten und so unabsichtlich sexuelle Binarität bekräftigten«. Sie erklären, dass, genau wie uns im Allgemeinen von der Gesellschaft beigebracht wird, dass wir entweder ein Mann oder eine Frau sind, wir auch lernen, dass wir entweder homosexuell oder heterosexuell sind. Eine Kombipackung ist nicht vorgesehen.

Bisexualität geht für andere mit einer Art integrierter Unfairness einher. Meistens können wir sexuelle Chamäleons sein und können uns gewissermaßen aussuchen, welches Geschlecht wir zum Ausgehen anvisieren. Im Vergleich dazu lässt sich Homosexualität schwerer verbergen – was besonders schlimm in den Teilen der Welt ist, in denen Homosexualität mit harten legalen oder gesellschaftlichen Strafen belegt wird. Aber diese Möglichkeit, unsichtbar zu sein, hat die bedauerliche Nebenwirkung, dass sie uns auch unsichtbar *macht*.

All diese Studenten und ihre Outings, die ich oben erwähnt hatte? Die sexuellen Erleuchtungen? Zu diesen Coming-outs kam es nicht nur aufgrund der akademischen Diskussion. Die Studenten öffneten sich insbesondere, nachdem ich meine eigene Sexualität offenbarte. Ich bin die erste »offen« bisexuelle Person, die die meisten meiner Studenten je getroffen haben. Und umgekehrt sehe ich, wie sich bei meinen LGBTQIPA+-Studenten eine Stärke entwickelt, ein Gemeinschaftsgefühl und Gefühl der Sicherheit, der Wunsch, die eigene Geschichte zu erzählen. Manche zum ersten Mal. Das ist einfach wunderbar.

Nicht, dass jedes Coming-out sich gut anfühlt. Jeder, der schon einmal offen eine sexuelle Vorliebe oder Orientierung mitgeteilt hat, die nicht dem Mainstream entspricht, kann darüber Geschichten erzählen. Geschichten über die Abscheu, die manche Menschen nicht einmal versuchen zu verbergen. Eine wissenschaftliche Arbeit aus dem Jahr 2014 zeigt, dass selbst der Gedanke daran, mit einer homosexuellen Person Kontakt zu haben, bei den Probanden den Wunsch auslöst, sich zu waschen.[32]

Darauf basierend kommen dann Empfehlungen, »es für sich zu behalten«. Viele halten plötzlich einen größeren räumlichen Abstand ein, für den Fall, dass die kürzlich offenbarte Neigung sich so äußert, dass man sie plötzlich sexuell unwiderstehlich findet. Die Kehrseite der Abscheu ist oft nicht viel besser. Die Annahme der Promiskuität ist schon ein alter Hut, wie auch die Annahme, dass man, wenn man sexuell deviant ist, auch auf anderen Gebieten deviant sein muss.

Wenn wir das verändern wollen, müssen wir miteinander reden. Je mehr Menschen aus einer Gruppe wir kennenlernen und mögen, so die Kontakttheorie, desto wahrscheinlicher sehen wir diese als Menschen und nicht nur als Angehörige einer Gruppe, die wir nicht verstehen. Wenn sich unsere Diskussionskultur und Einstellung so verändern, kann sich das auch auf andere Teile unseres Lebens auswirken. Laut einer anderen Studie hatte die Diskussion über die Unterstützung von gleichen Rechten für Homosexuelle weitreichende Auswirkungen. Die Autoren fanden heraus, dass »Kontakt zu Minderheiten in Kombination mit Diskussionen über sie betreffende Sachverhalte eine ganze Welle von Meinungsänderungen auslösen kann«.[33]

Was wir nicht kennen, macht uns Angst. Seien Sie mutig. Nur mit Transparenz können wir den kulturellen Wandel bewirken, den wir brauchen.

Lassen wir die Regenbogenfahne im Wind flattern.

Komm, wir gehen in den Zoo

Gut, nun werden wir über Verhaltensweisen sprechen, die die meisten von uns für höchst abartig halten. Sexualpraktiken, die in den meisten Teilen der Welt illegal sind. Hier geht es schnell zur Sache. Sind Sie bereit?

Lassen Sie mich Ihnen zunächst einige Menschen vorstellen, die Tiere – vielleicht ein bisschen zu sehr – lieben: Zoophile. Zoophile sind Menschen, die sich sexuell zu Tieren hingezogen fühlen. Im Jahr 2003 veröffentlichten Colin Williams und Martin Weinberg eine der sehr wenigen Studien zu diesem Thema.[34] Sie wollten wissen, warum Menschen sich dazu entschließen, sexuelle Beziehungen mit Tieren zu haben. Zum besseren Verständnis der Welt von Zoophilen erhoben sie viele Monate Daten mittels einer Online-Befragung. Sie erhielten erstaunlich viele Antworten – 120 Menschen, die sich selbst als zoophil bezeichnen. Das ist eine Menge, wenn man bedenkt, wie selten diese sexuelle Vorliebe ist (wenn auch niemand genau weiß, wie selten).

Trotz Tierschutzbedenken seitens Gruppierungen für Tierrechte und der Illegalität dieser Praktiken halten die meisten Zoophile ihre Handlungen offenbar nicht für schädlich für die Tiere oder sich selbst. Laut der Forschung von Williams und Weinberg ist Zoophilie mehr als nur Sex mit Tieren. Auch das Wohlergehen und die Lust der Tiere stehen dabei im Fokus. Für manche ist es regelrecht eine zwischenartliche Liebe.

Das wurde von einem Zoophilen erläutert, den sie interviewten, dem 19-jährigen Jason, der auf einer Pferdefarm arbeitete und sagte: »Ich praktiziere *Bestiality*, weil es nicht möglich ist, Sex mit einem Tier zu haben, ohne *Bestiality* zu praktizieren. Doch meine Beziehung zu Tieren ist geprägt von Liebe, und Sex ist wie bei Menschen eine Ausweitung dieser Liebe. Ich habe keinen Sex mit einem Pferd, wenn dieses nicht zustimmt.«

Rechtlich kann ein Tier natürlich nicht zustimmen. Aber der Gedanke, dass Tiere mit anderen Tierarten Sex haben, ist nicht aus der Luft gegriffen. Hunde beispielsweise, die nicht sterilisiert wurden, rammeln häufig Menschen – wenn auch normalerweise ohne Erfolg. Zoophile argumentieren, dass es einfach nur der nächste Schritt ist, Tieren zu ermöglichen, wirklich mit einem Sex zu haben. Aber die Gegner dieser Vorstellung haben die besseren Argumente. Wenn ein Mensch, der rechtlich gesehen nicht zustimmen kann – ein Kind zum Beispiel –, einem das Bein rammelt, wäre es verwerflich, das als sexuelle Avance zu interpretieren, um dann tatsächlich mit ihm Sex zu haben. Tiere sind jedoch keine Menschen und haben, oder brauchen möglicherweise, nicht denselben Schutz.

Überschreite ich gerade die Grenzen ihrer Komfortzone? Wunderbar. Dann machen wir weiter.

Sicherlich fragen Sie sich gerade, was ein Tier sexyer macht als ein anderes? Laut dieser Studie ähneln die Gründe denen, warum wir andere Exemplare unserer eigenen Spezies attraktiv finden. Probanden gaben an, dass sie die Stärke, Grazie, Haltung, Geschmeidigkeit und Verspieltheit eines bestimmten Tieres anzog. Und entgegen aller Bestiality-Stereotype haben Zoophile nicht in erster Linie mit Schafen Sex. In dieser Studie hatten Zoophile am meisten romantische Kontakte zu pferdeartigen Tieren (29 Prozent) – also zu Pferden, Maultieren, Eseln – oder zu Hunden (63 Prozent), aber viele gaben auch andere Tierarten wie Katzen, Rinder, Ziegen, Schafe, Hühner oder Delfine an.

Jetzt fragen Sie sich sicher, *wer diese Menschen eigentlich sind*?

Beginnen wir damit, wer sie nicht sind. Die meisten halten sich nicht für unattraktiv, sie haben keinen Mangel an Möglichkeiten zu Sex mit Menschen und sie sind nicht einfach betrunken oder high. Als Williams und Weinberg an einem Treffen für Zoophile teilnahmen, fiel ihnen sofort auf, wie normal diese waren. »Diese Männer passten nicht in die Vorstellung, dass Zoophile kranke oder gefährliche Menschen oder ungebildete Bauerntrampel ohne soziale Fertigkeiten sind. Eigentlich erinnerte das Treffen stark an das einer Studentenvereinigung, mit dem Unterschied, dass die Zoophilen weniger rau waren.«

In dieser Befragungsgruppe waren die Zoophilen beinahe ausschließlich Männer und in einem Alter von 18 bis 70. Die meisten (64 Prozent) waren alleinstehend, doch viele waren verheiratet. Der Großteil von ihnen hatte einen College-Abschluss. Viele hatten einen religiösen Hintergrund. Und, vielleicht am überraschendsten, die meisten *lebten nicht auf einem Bauernhof*. Nur ein Drittel der Probanden lebte im ländlichen Raum – die anderen beiden Drittel lebten in kleineren bis großen Städten.

Wenn das scheinbar normale, gebildete Menschen sind, warum haben sie dann Sex mit Tieren? Laut Williams und Weinberg ging es ihnen nicht nur um Sex – für knapp die Hälfte (49 Prozent) war Zuneigung der Hauptgrund. Dieses Gefühl wurde von dem 36-jährigen Ron zusammengefasst: »Menschen gebrauchen Sex, um zu manipulieren und Kontrolle auszuüben. Menschen tun sich schwer damit, zu akzeptieren, wer man ist … sie wollen einen verändern. Tiere beurteilen einen nicht [;] sie lieben und genießen die Lust beim Sex ohne jedes Taktieren.« Viele Zoophile behaupten, sie können eine Beziehung zu ihrem Tier aufbauen, die sowohl aufregend als auch emotional tief ist. Die Wissenschaftler sagen dazu: »Bei diesen

Arten von Belohnung fällt auf, dass sie sich offenbar nicht von denen unterscheiden, die für Menschen im Allgemeinen attraktiv sind.« Aus psychologischer Sicht scheint es für manche einfach eine andere Art der emotionalen Bindung zu anderen Kreaturen zu sein, wenn sie eine sexuelle Beziehung zu einem Tier haben.

Es wirft die Frage auf, warum uns Zoophilie so beschäftigt. Es kann nicht nur um Tierrechte gehen. Wir sind in vielen Bereichen grausam zu Tieren, ohne dass es zu solchen Reaktionen kommt, insbesondere bei der Massentierhaltung oder bei der Vielzahl von unerwünschten Tieren, die im Tierheim landen. Vielleicht hat es etwas damit zu tun, dass wir uns Krankheiten einfangen können bei Sexualkontakten mit Tieren, sogenannte zoonotische Krankheiten.[35] Richtig, wir können uns parasitische Würmer oder Tollwut oder Leptospirose holen, aber – mal ehrlich – bei Sex mit Menschen können wir uns wesentlich Schlimmeres einfangen.

Woran also liegt es? Ich glaube, es ist der »Igitt«-Faktor. Uns gefällt der Gedanke nicht, dass eine Person Sex mit einem Tier hat, weil Tiere dreckig sind. Außerdem werden die meisten von uns nicht von Tieren sexuell erregt und können daher nicht verstehen, dass das bei manchen doch der Fall ist. Wenn wir von der sehr beschränkten Forschung über dieses Thema ausgehen, scheinen diejenigen, die Zoophilie betreiben, nicht besonders abnormal zu sein. Es gibt kein offensichtliches psychisches Merkmal dafür, dass jemand sich sexuell zu Tieren hingezogen fühlt.

Tatsächlich können wir bei den meisten Dingen, die uns sexuell nicht erregen, die Menschen nicht verstehen, die davon sexuell erregt werden. Es ist leicht, Menschen, die in einer anderen sexuellen Welt leben als wir, als Freaks, unmoralisch oder abartig abzustempeln. Vielleicht noch schlimmer ist, dass manche sich selbst so sehen. Aber ist es böse? Ich denke nicht.

Wir haben lediglich an der Oberfläche der wunderbaren Welt der Sexualität gekratzt. Es gäbe noch so viel mehr, über das wir in diesem Kapitel hätten sprechen können, unter anderem über Seitensprünge, Sexpuppen oder Sexroboter, Inzest oder Rache-Pornos, Menschen, die nur von animierter Pornografie oder von leblosen Objekten erregt werden, solchen, die nur von alten Menschen angetörnt werden oder von Bodybuilderinnen, Menschen, die sich als Tiere oder als erwachsene Babys verkleiden, solche die einen Ganzkörperanzug aus Latex tragen oder sich zum Lustgewinn schneiden, solche, die Nazi-Uniformen tragen oder sich als Sklaven verkleiden, die sich an anderen reiben oder nur von amputierten Menschen erregt werden ... Die Sexualität des Menschen ist so unglaublich vielfältig.

Es ist, so meine ich, an der Zeit, dass wir aufhören, mit anderen und mit uns selbst so hart ins Gericht zu gehen, wegen etwas, das einvernehmlich zwischen zwei Erwachsenen im Bett geschieht.

Manchmal jedoch geschieht Sex nicht im Einvernehmen zwischen Erwachsenen. Manchmal nicht einmal zwischen Erwachsenen. Im nächsten Kapitel wollen wir versuchen, eine Gruppe von Menschen zu verstehen, die etwas tun, das viele als das Böse in Reinform betrachten. Etwas, das wir für unentschuldbar, fürchterlich, *undenkbar* halten – und das es doch in jeder Gesellschaft überall auf der Welt gibt. Als Nächstes versuchen wir, in die Köpfe von Pädophilen zu gelangen.

Kapitel 6

SCHÜTZT UNSERE KINDER: PÄDOHEBEPHILE VERSTEHEN

Über Verstehen, Verhindern und Humanisieren

Betrachten Sie dieses Kapitel als eines über ein ernsthaftes Thema, mit dem sich viele Menschen nicht auseinandersetzen wollen. Ein Thema, das so kompliziert und emotionsgeladen ist, dass es ein eigenes Kapitel benötigt. Selbst unter Kriminellen gilt die Pädophilie als Inbegriff des Bösen. Menschen mit dieser Neigung haben es als Gefängnisinsassen nicht leicht.

Wir werden also über Menschen sprechen, die sich sexuell zu Kindern hingezogen fühlen, und konzentrieren uns auf die Frage, warum, statt auf die mindestens ebenso wichtige Frage, welche Auswirkungen der sexuelle Missbrauch auf die Opfer hat. Falls Sie daran interessiert sind, diese Auswirkungen zu verstehen, empfehle ich Ihnen zum Beispiel den Artikel »I still feel like I am not normal« von Angie Kennedy und Kristen Prock aus dem Jahr 2016,[1] der die Selbstvorwürfe, die Scham und das verinnerlichte Stigma beschreibt, unter denen Frauen, die als Kinder sexuell missbraucht wurden, oft leiden. 2017 veröffentlichten auch Tamara Blakemore u. a. eine ausgezeichnete Studie zu den fatalen Auswirkungen des sexuellen Missbrauchs von Kindern in religiösen und pädagogischen Settings, beim Sport, zu Hause oder in Pflegefamilien.[2]

Besser tot?

In unserer heutigen Gesellschaft herrscht eine regelrechte Panik in Bezug auf die Pädophilie.[3] Wir stigmatisieren und ächten diejenigen, die wir für Pädophile halten.

Es ist nicht ungewöhnlich, sondern eher die Regel, dass Menschen Pädophilen unverblümt ein schreckliches Schicksal an den Hals wünschen – dass sie für immer weggesperrt, kastriert, ja sogar getötet werden sollen. Zu dieser sozialen Ächtung führten Sara Jahnke und Kollegen eine Studie mit deutsch- und englischsprachigen Stichproben durch, die sie 2015 veröffentlichten.[4] Sie stellten den Teilnehmern eine Reihe von Fragen im Zusammenhang mit dem Stigma, das gewissen Gruppen anhaftet, und verglichen die Antworten auf Fragen zu Pädophilen mit »identischen Items, die sich entweder auf Menschen, die Alkoholmissbrauch betrieben, auf sexuelle Sadisten oder auf Menschen mit antisozialen Neigungen bezogen«. Die Forscher stellten fest, dass »fast alle Reaktionen gegenüber Menschen mit Pädophilie negativer waren als die gegenüber Menschen aus anderen Gruppen«.

Beunruhigenderweise stimmten 14 Prozent der deutschsprachigen und 28 Prozent der englischsprachigen Probanden der Aussage zu, dass »Menschen mit Pädophilie besser tot sein sollten, selbst wenn sie nie Straftaten begangen hätten«. Laut der Forscher »weisen diese Ergebnisse stark darauf hin, dass Menschen mit Pädophilie eine stigmatisierte Gruppe bilden, die Gefahr läuft, das Ziel heftiger Diskriminierung zu sein«. Sie betonten, dass dies indirekt negative Auswirkungen auf die Bemühungen hat, Kindesmissbrauch zu verhindern.

Denn wenn wir Pädophile ausgrenzen, statt sie zu behandeln, sie stigmatisieren, statt sie zu verstehen, setzen wir Kinder dadurch größerer Gefahr aus, als wenn wir uns offen mit der Veranlagung auseinandersetzen. Pädophilen den Tod zu wünschen, heißt, sie zu entmenschlichen sowie einer kritischen Diskussion über die Behandlung von Sexualstraftätern, die Kinder missbrauchen, und über die Verhinderung dieser Art des sexuellen Missbrauchs auszuweichen. Dies ist besonders problematisch angesichts der Tatsache, dass sechs Prozent der Männer und zwei Prozent der Frauen, die 2014 an einer Umfrage teilnahmen, »darauf hinwiesen, dass eine gewisse Wahrscheinlichkeit bestehe, dass sie Sex mit einem Kind haben würden, falls garantiert wäre, dass sie nicht erwischt oder bestraft würden«.[5]

Der Versuch, Pädophilie zu verstehen, bedeutet nicht, die Realitäten des sexuellen Missbrauchs von Kindern auszublenden oder zu verharmlosen. Wir können vielmehr darauf hinarbeiten, in einer Welt zu leben, in der wir uns in einer besseren Position befinden, mit der Realität des Problems umzugehen: Pädophilie hat es immer gegeben und wird es immer geben. Sie leichtfertig als verdammenswerte Anomalie abzutun, ist verständlich, hilft jedoch niemandem.

Lassen Sie uns, um die Pädophilie verstehen zu können, einige der Grundlagen diskutieren. Erstens müssen wir aufpassen, eine sexuelle Präferenz nicht mit sexuellem Missbrauch zu verwechseln.

Ein Mensch wird als pädophil diagnostiziert, wenn er sich von Kindern sexuell angezogen fühlt, auch wenn er keinen unsittlichen Kontakt mit Kindern hat. Pädophilie ist eine Paraphilie (sexuelle Abweichung), nicht etwas, was man sich ausgesucht hat. Pädophile wachen nicht eines Morgens auf und entscheiden, dass sie sich fortan von Kindern sexuell angezogen fühlen, so wie andere Männer nicht entscheiden, sich sexuell zu erwachsenen Frauen hingezogen zu fühlen – *sie tun dies ein-*

fach. Auf die biologischen Wurzeln der sexuellen Präferenz für Kinder werde ich an späterer Stelle dieses Kapitels eingehen. Auch die Frage, ob die Betroffenen je ihr Bedürfnis auf kriminelle Weise ausgelebt haben, ist ein zwar verwandtes, aber gesondertes Thema.

Zweitens sprechen die Menschen über einen Pädophilen oft als jemanden, der unanständige Fantasien über, unsittliche Fotos von oder sittenwidrigen Kontakt mit einer Person hat, die noch nicht das Schutzalter erreicht hat (normalerweise 16 oder 18 Jahre). Hier sind jedoch sowohl sozial als auch psychologisch innerhalb der Zeitspanne bis zum Erreichen dieses Alters wichtige Unterscheidungen zu treffen.

Pädophilie bezeichnet per Definition das vorrangige oder ausschließliche Interesse an Kindern, die noch nicht die Pubertät erreicht haben.[6] In diesem Kapitel ist es nicht als Beleidigung gemeint, jemanden einen »Pädophilen« zu nennen; es ist einfach eine Beschreibung seiner sexuellen Präferenz. Darüber hinaus gibt es noch zwei *Para*philie-Kategorien, die ein sexuelles Interesse an jenen erfassen, die (in den meisten Ländern) als minderjährig gelten: *Hebe*phile sind in erster Linie oder ausschließlich an Kindern interessiert, die die Pubertät erreicht haben, also gewöhnlich zwischen elf und 14 Jahre alt sind, *Ephebo*phile vorrangig oder ausschließlich an Jungen zwischen 15 und 19 Jahren. Im Gegensatz dazu wird das sexuelle Interesse junger Menschen an Erwachsenen, also jenen, deren körperliche Entwicklung abgeschlossen ist, *Teleio*philie genannt.

Eine Studie, die die Merkmale von Hebephilen (11–14) und Teleiophilen (Erwachsene) verglich, kam zu dem Schluss, dass »der Hebephile weder dem Pädophilen noch dem Teleiophilen ähnlicher ist. Er ist vielmehr eine Mischung aus beiden.«[7]

Im Unterschied zur Pädophilie und Hebephilie wird die sexuelle Präferenz für Jugendliche (die Ephebophilie genannte Zuneigung zu Jungen und die Parthenophilie genannte Zuneigung zu Mädchen) von der Gesellschaft oft akzeptiert, ja sogar gefördert. Ein 15-jähriges Model zu sexualisieren oder einem 18-jährigen Pornostar zuzuschauen, ist ziemlich normal. Das Alter, bei dem die einzelnen Länder die Grenze ziehen, variiert, aber die meisten Menschen würden wohl akzeptieren, dass es moralisch kaum einen Unterschied macht, ob man sich zu jemandem, der 15 Jahre und 364 Tage oder zu jemandem, der 16 Jahre alt ist, hingezogen fühlt. Wir scheinen widersprüchliche Ansichten zu haben, denn einerseits sexualisieren wir freimütig Teenager wegen ihrer körperlichen Reife, wollen sie aber andererseits wegen ihrer mangelnden geistigen Reife beschützen. Doch eines ist sicher: Die Gesellschaft nimmt im Allgemeinen jene, die sich von Teenagern sexuell angezogen fühlen, anders wahr als diejenigen, die eine sexuelle Präferenz für Kinder haben.

Laut einer Untersuchung von Michael Bailey u. a. aus dem Jahr 2016[8] haben die meisten Männer mit einem sexuellen Interesse an Mädchen im Teenageralter ein ähnliches Interesse an erwachsenen Frauen und fühlen sich oft von vorpubertären Kindern nicht angezogen.

Laut der klinischen Literatur ist diese intuitive Differenzierung angemessen. Von den drei Diagnosen sind die Pädophilie und die Hebephilie die kritischsten. Ian McPhail und seine Forscherkollegen, die die Diagnose der Pädophilie untersuchen, erklärten 2017 Pädohebephilie zu einem neuen Oberbegriff, der sowohl Pädophilie als auch Hebephilie umfasst.[9] In Bezug auf das Risiko schreiben die Autoren, dass »Theorien zu Sexualstraftaten pädohebephile Interessen als Hauptrisikofaktor für Sexualvergehen an Kindern einschließen«. Wegen dieses Unterschieds und weil die Pädohebephilie oft als verheerendere Diagnose betrachtet wird, werde ich mich in diesem Kapitel auf diese Neigung konzentrieren. Das Wort Pädohebephile wird sich dabei durchgängig auf Menschen beziehen, die sowohl Interesse an präpubertierenden als auch pubertierenden Kindern haben.

Wie viele Pädohebephile gibt es? Dies zu schätzen, ist eine schwierige Aufgabe, da viele Menschen nicht akzeptieren oder zugeben wollen, dass sie ein sexuelles Interesse an Kindern haben. Laut eines 2015 veröffentlichten Berichts der UK National Crime Agency hat einer von 35 erwachsenen Männern ein sexuelles Interesse an Kindern,[10] also knapp unter drei Prozent.

Das heißt, dass es in Großbritannien nach Schätzungen der National Crime Agency rund 750 000 Männer mit einem sexuellen Interesse an Kindern gibt, von denen 250 000 pädohebephile Neigungen haben. Statistisch gesehen ist es daher sehr wahrscheinlich, dass Sie irgendwann im vergangenen Jahr mit jemandem interagiert haben, der sich von Kindern sexuell angezogen fühlt. Phil Gormley, der stellvertretende Leiter der National Crime Agency Großbritanniens, unterstrich diesen Punkt in einem Interview: »Wenn diese Zahlen korrekt sind, sieht die Realität so aus, dass wir alle nicht weit entfernt von einem leben.«[11] Dieses Zitat hilft zwar, die Verbreitung pädohebephiler Neigungen zu illustrieren, lässt es aber ein wenig so klingen, als würden Monster um die Ecke wohnen – eine Geisteshaltung, vor der wir uns in Acht nehmen müssen.

Wie sieht es in anderen Teilen der Welt aus? Michael Seto, ein kanadischer Forscher, der untersucht hat, wie viele Männer auf der Welt auf Kinder bezogene sexuelle Gedanken oder Fantasien haben, stellte fest, dass zwei Prozent der (männlichen) Allgemeinbevölkerung pädohebephile Neigungen zeigen.[12] Er betone jedoch auch, dass diese Zahl darauf zurückzuführen ist, dass sie die Hebephilie, also die sexuelle Präferenz für Elf- bis Vierzehnjährige, mit einschließt. Ginge es allein um die Pädophilie, läge die Prävalenz »wahrscheinlich weit unter einem Prozent«. Welche Statistik man auch akzeptiert, es gibt *viele* Männer mit einem sexuellen Interesse an Kindern.

Weit weniger erforscht ist die Tatsache, dass es auch Frauen und Menschen mit einer nicht binären Geschlechtsidentität gibt, die pädohebephile Interessen haben, wobei ihre Zahl jedoch weitaus geringer zu sein scheint als bei den Männern.[13] Dennoch gibt es zahlreiche Frauen, die Kinder missbrauchen, obwohl wir nicht wissen, wie viele die Kriterien für Pädohebephilie erfüllen würden, und obwohl viele nie überführt werden. Basierend auf einer 2015 durchgeführten Untersuchung »praktisch jeden schwerwiegenden Falls von sexuellem Kindesmissbrauch, der Kinderschutzdiensten in den Vereinigten Staaten in 2010 gemeldet wurde«, stellte der Forscher David McLeod fest, dass es in 20,9 Prozent aller Fälle eine Haupttäterin gab, was auch immer »Haupttäterin« im jeweiligen konkreten Fall bedeutete.[14] Dieses erstaunliche Ergebnis stellt die öffentliche Wahrnehmung, dass nur Männer Pädophile sind, nicht auf den Kopf, aber infrage.

In dieser Untersuchung handelte es sich bei den Täterinnen in erster Linie um die biologische Mutter des Opfers und in 68 Prozent der Fälle waren auch die Opfer weiblich. Außerdem stellte McLeod fest, dass über die Hälfte der Opfer unter zehn (im Durchschnitt 9,43) Jahre alt war. Das ist jünger als der Durchschnitt der Opfer von männlichen Tätern. Laut McLeod sind Frauen in der wissenschaftlichen Literatur vor allem aufgrund gesellschaftlicher Konventionen, sie nicht als Täterinnen sehen zu wollen, unterrepräsentiert. Als Folge bleiben sie oft unentdeckt und entgehen einer Strafverfolgung sowie Interventionen wie Tracking, Registrierung oder gerichtlich angeordneten Therapien. Die Gesellschaft und die Forschung müssen mehr Anstrengungen unternehmen, um Frauen, die Sexualstraftaten an Kindern begehen, zu verstehen.

Bemerkenswert ist auch, dass viele Männer und Frauen mit pädohebephilen Interessen mit altersgerechten Partnern verheiratet sind und sexuelle Beziehungen mit ihnen haben. Tatsächlich können Paraphilien – aus einer umfassenderen Perspektive betrachtet und vielleicht entgegen dem, was man vermuten würde – auch mit nicht paraphilen sexuellen Wünschen vereinbar sein.

2016 befragten Michael Bailey und seine Kollegen[15] 1189 Männer, die sie von Websites für Erwachsene rekrutiert hatten, die sich von Kindern angezogen fühlen. Sie wollten sehen, ob die Männer sich ausschließlich von Kindern angezogen fühlten, und stellten fest, dass 13,6 Prozent derjenigen, die sich zu Mädchen, und fünf Prozent derjenigen, die sich zu Jungen hingezogen fühlten, auch eine sexuelle Präferenz für Erwachsene hatten. Generell stellten die Forscher fest, dass viele Männer, die sich in erster Linie von Kindern angezogen fühlten, ein sexuelles Interesse an Menschen verschiedenen Alters hatten, doch mit abnehmender Intensität, je weiter sich die Zielperson vom bevorzugten Alter entfernte. So könnte sich ein Mann vielleicht am meisten von einem 12-jährigen Mädchen angezogen fühlen, weniger von einem 16-jährigen Mädchen und nur ein wenig von einer 22-jährigen Frau. Dies beweist, dass ein sexuelles Interesse an Kindern ein sexuelles Interesse an Erwachsenen nicht unbedingt ausschließt.

Ein anderer üblicher Irrglaube ist, dass jemand, der ein sexuelles Interesse an Kindern hat, seinen Trieb nicht kontrollieren kann. Diese Argumentation hat Schwachstellen. Dass jemand rechtlich und sozial inakzeptable Bedürfnisse hat, heißt nicht, dass er sich nicht zurückhalten kann. Wenn man unserem Rechtssystem glauben kann, dann haben Menschen, unabhängig von ihren Neigungen, die Fähigkeit, zu entscheiden, in Übereinstimmung mit sozialen und rechtlichen Normen zu handeln.

Glücklicherweise werden laut der National Crime Agency zwei Drittel aller pädophilen Männer ihre Neigungen wahrscheinlich nie ausleben.[16] Diese werden als nicht übergriffige Pädophile bezeichnet. »Nicht übergriffige Pädophile«, so schreiben James Cantor und Ian McPhail 2016, »sind eine spezifische Population von Individuen, die sexuelles Interesse an Kindern haben, aber trotz allgemeiner Fehlannahmen weder sexuellen Kontakt mit einem Kind gehabt noch auf illegale Missbrauchsdarstellungen von Kindern zugegriffen haben.«[17]

Wie schwierig muss es sein, mit einer Last zu leben, unter der man stillschweigend leidet, weil man weiß, dass es zu sozialer Isolation und zusätzlichem Leid führen könnte, wenn man jemandem davon erzählt?

Im Kampf gegen die Mythen

Leider kontrollieren jedoch nicht alle Pädohebephilen ihre Triebe. Werden diese ausgelebt, können sie enormes Leid verursachen. Die Beziehung zwischen einem paraphilen Interesse an Kindern und dem sexuellen Missbrauch von Kindern ist jedoch kompliziert und Diskussionen über dieses heikle Thema sind oft mit Missverständnissen befrachtet.[18] Um das Problem von Sexualvergehen an Kindern besser diskutieren zu können, müssen wir zunächst ein paar Dinge verstehen.

1. Nicht alle Sexualstraftäter, die Kinder missbrauchen, sind pädohebephil, und nicht alle Pädohebephilen missbrauchen Kinder.

Als Gesellschaft müssen wir aufhören, die Begriffe Sexualstraftäter und Pädophiler (oder sogar Pädohebephiler) so zu benutzen, als handele es sich um Synonyme. Wenn wir dies tun, gehen wichtige Nuancen verloren. Außerdem fördert dies die Ausgrenzung von Sexualstraftätern, was die Entwicklung von Strategien zur Verhinderung von Straftaten oder Rückfällen viel schwieriger macht. Es ignoriert auch Diskussionen über die Vielzahl von Gründen, aus denen Kinder sexuell missbraucht werden. Einfach gesagt: Jemand, der pädohebephil ist, vergeht sich vielleicht nie sexuell an einem Kind, und jemand, der Kinder sexuell missbraucht, ist vielleicht gar kein Pädohebephiler.

Sich von Kindern sexuell angezogen zu fühlen, ist zwar ein Risikofaktor für sexuellen Missbrauch von Kindern, doch ein noch größerer Risikofaktor ist die Weltanschauung eines Menschen. Vor allem zwei kognitive Verzerrungen sind ein Prädikator dafür, dass jemand sich sexuell an einem Kind vergeht.

Laut einer 2005 von Ruth Mann u. a. durchgeführten Studie zu Sexualstraftätern, die Kinder missbrauchen, ist die erste Überzeugung die, dass »Sex mit Kindern harmlos ist«, und die zweite, dass »Kinder Erwachsene aktiv dazu provozieren, Sex mit ihnen zu haben«. Diese Überzeugungen werden benutzt, um den sexuellen Missbrauch von Kindern zu rechtfertigen, und sind anzutreffen bei jenen, die ein primäres sexuelles Interesse an Kindern haben, oder bei sogenannten »opportunistischen Tätern«. Opportunistische Täter sind Individuen, die sich sexuell von Erwachsenen angezogen fühlen, doch den leichten Zugang zu oder die Verletzlichkeit von Kindern ausnutzen, um

Sexualstraftaten zu begehen, innerhalb der Familie, der Kirche oder anderen geordneten Umfeldern.

Dies bringt mich zum nächsten Punkt.

2. Sexualstraftäter, die Kinder missbrauchen, sind normalerweise keine Fremden.

In einer Zusammenfassung der Fehlannahmen zu Sexualstraftätern, die Kinder missbrauchen, schreibt Kelly Richards: »Obwohl Eltern oft fürchten, dass Fremde ihre Kinder missbrauchen werden, ist gut dokumentiert, dass die meisten Sexualstraftäter ihren Opfern bekannt sind.«

Analysen der verfügbaren Literatur lassen darauf schließen, dass weltweit 18 bis 20 Prozent der Frauen und sieben bis acht Prozent der Männer angeben, vor dem 18. Lebensjahr missbraucht worden zu sein.[19/20] Und laut einer von der NSPCC (National Society for the Prevention of Cruelty to Children)[21] in Großbritannien durchgeführten Befragung von Kindern ist dort eins von 20 Kindern sexuell missbraucht worden. Erwachsene, die das Kind kannte, einschließlich Verwandten, Nachbarn oder Freunden der Familie, waren die häufigsten Täter. Bei Tätern, die sowohl Jungen als auch Mädchen missbrauchten, handelte es sich in der Regel um einen männlichen Verwandten des Opfers, jedoch nicht um dessen Vater.

3. Die meisten Sexualstraftäter, die Kinder missbrauchen, sind selbst nicht missbraucht worden.

Der Glaube an einen Kreislauf des sexuellen Missbrauchs von Kindern wird praktisch als Dogma akzeptiert. Die Annahme ist, dass diejenigen, die als Kind sexuell missbraucht wurden, entweder die Vorstellung internalisiert haben, dass ein sexueller Kontakt zwischen Kindern und Erwachsenen akzeptabel ist, oder auf eine Weise psychisch geschädigt sind, die gute Entscheidungen verhindert.

Es gibt jedoch nur wenige empirische Beweise, die diese Behauptung stützen.[22] Die Mehrzahl derjenigen, die als Kind missbraucht wurden, wird später nicht selbst zum Täter (dies gilt vor allem für Täterinnen), und die Mehrzahl derjenigen, die Kinder missbrauchen, wurde selbst nicht sexuell missbraucht. Gleichwohl haben Menschen, die als Kind sexuellen Missbrauch, körperlichen Missbrauch oder Vernachlässigung erlebt haben, ein *erhöhtes Risiko*, kriminell zu werden und Verbrechen zu begehen, einschließlich des sexuellen Missbrauchs.[23/24] Es ist nützlich, in diesem Kontext die Verbindung zwischen Zum-Opfer-Werden und Zum-Täter-Werden zu verstehen, aber wir dürfen sie nicht überbewerten.

4. Viele, die sich online Kinderpornos ansehen, missbrauchen Kinder offline nie sexuell.

Eine relevante strafbare Handlung, die wir noch nicht besprochen haben, ist der Konsum von Kinderpornografie. Da es unglaublich schwierig ist, jemanden einer solchen Handlung zu überführen, lässt sich oft nicht sagen, auf wie viele Bilder ein Straftäter vor oder nach einer Verurteilung zugegriffen hat. Das macht es, zusätzlich zu dem zurückhaltenden Meldeverhalten der Opfer, schwer, den Zusammenhang zwischen dem Konsum von Kinderpornografie und dem sexuellen Missbrauch von Kindern zu untersuchen. Was wissen wir dennoch über diesen Zusammenhang?

2015 veröffentlichte Kelly Babchishin[25] eine Metaanalyse

über die Charakteristika von Sexualstraftätern, die Kinder online und offline missbrauchen. Etwa einer von acht verurteilten Kinderpornografie-Nutzern hat bereits eine erfasste Kontaktstraftat begangen, und danach gefragt, gibt etwa einer von zweien an, eine solche Tat begangen zu haben. Eine Kontaktstraftat beinhaltet das Treffen mit einem Kind und jede Art von sexuellem oder sexualisiertem Verhalten. Was die Rückfallhäufigkeit angeht, ist sie bei Kinderpornografiedelikten geringer als bei Sexualstraftaten. Die größte Wahrscheinlichkeit, wieder rückfällig zu werden, bestand bei denen, die wegen *beidem* verurteilt worden waren: Konsum von Kinderpornografie und Kontaktstraftaten.

Insgesamt zeigten die Ergebnisse, dass »sich Täter, die ihr rechtswidriges Verhalten auf Online-Kinderpornografie beschränkten, von gemischten Tätern [Tätern, die sowohl Kinderpornografie konsumiert als auch Kontaktstraftaten begangen hatten] und Offline-Straftätern, die Kinder missbraucht hatten, unterschieden«. Diejenigen, die des Konsums von Kinderpornografie überführt worden waren, aber keine Kontaktstraftaten begangen hatten, empfanden eher Mitgefühl mit den Opfern und verstanden eher, welches Leid sie im Fall einer Kontaktstraftat verursachen würden. Laut der Autoren ist Opferempathie ein bekanntes Hemmnis für sexuellen Missbrauch.

Das ist wichtig. Obwohl der Konsum von Kinderpornografie ein starkes Indiz dafür ist, dass jemand pädohebephil ist[26] (ja, ein noch stärkeres Anzeichen für die Pädohebephilie als dafür, dass jemand Kinder sexuell missbraucht), sind Menschen mit einer großen Opferempathie oft in der Lage, Kontaktstraftaten zu vermeiden. Es scheint, dass die Fähigkeit zur Verhaltensinhibition und zur Empathie mit potenziellen Opfern der wichtigste

Faktor ist, der Pädohebephile davon abhält, zu Sexualstraftätern zu werden.

Aber wodurch wird jemand überhaupt zum Pädohebephilen? Entscheidet er sich, so zu sein?

So geboren

Schon 1886 sagte der deutsche Psychiater Richard von Krafft-Ebing, der den Begriff »Pädophilie« prägte, dass es sich hierbei um eine neurologische Störung handele. [27] Seit damals ist unsere Fähigkeit, dies zu untermauern, signifikant gewachsen. Laut James Cantor, der seit Jahren in die Gehirne von Pädophilen schaut, »ist Pädophilie etwas, womit wir im Grunde genommen geboren werden, was sich im Lauf der Zeit nicht zu verändern scheint und so elementar für unser Sein ist wie jede andere sexuelle Orientierung«. [28]

Der Ansatz von Cantor u.a. ist humanisierend. Er spricht das Individuum von der Schuld an seinen pädohebephilen Triebimpulsen (im Gegensatz zum Ausleben dieser Impulse) frei und macht die Biologie verantwortlich. Cantors Forschung zeigt, dass mit der Pädohebephilie, zumindest im Durchschnitt, körperliche Merkmale verbunden sind. Zu diesen gehören:

- Körpergröße. [29] Pädophebephile sind rund zwei Zentimeter kleiner als Nichtpädohebephile.
- Händigkeit. [30] Bei Pädohebephilen ist die Wahrscheinlichkeit, dass sie Linkshänder sind, dreimal so hoch.
- IQ. [31] Pädohebephile haben im Allgemeinen einen niedrigeren IQ.
- Verdrahtung des Gehirns. [32] Pädohebephile haben im Allge-

meinen weniger graue Substanz und andere Gehirnverbindungen als Nichtpädohebephile.

Was haben all diese Merkmale gemein? Man glaubt, dass sie weitgehend schon vor der Geburt festgelegt sind.[33] Auch die sexuelle Orientierung von Pädohebephilen ist, wie man annimmt, bereits vor der Geburt bestimmt. »Es ist, als triggere bei diesen Menschen der Anblick eines Kindes die sexuellen Instinkte statt des Beschützerinstinkts«, erklärt Cantor.

Dies lässt sich nicht nur bei Pädohebephilen erkennen, sondern wird auch deutlich, wenn wir Sexualstraftäter, die Kinder missbrauchen, mit anderen Arten von Sexualstraftätern vergleichen. 2014 stellten Christian Joyal[34] u. a. im Rahmen einer Metaanalyse fest, dass »Sexualstraftäter, die Kinder missbrauchen, im Durchschnitt mehr neuropsychologische Defizite zeigen als Sexualstraftäter, die Erwachsene / Gleichaltrige missbrauchen«. Das bedeutet, dass die Gehirne von Sexualstraftätern, die sich an Kindern vergehen, anders funktionieren als die Gehirne von anderen Sexualstraftätern. Die Forscher stellten auch fest, dass der IQ von Sexualstraftätern, die Kinder missbrauchten, im Allgemeinen geringer war als der IQ von anderen Sexualstraftätern. Genauer noch: Je intelligenter ein Sexualstraftäter, der Kinder missbrauchte, war, desto älter waren seine Opfer. Das heißt, dass diejenigen, die sehr junge Kinder missbrauchten, in der Regel den niedrigsten IQ hatten.

Das soll nicht heißen, dass die Umwelt irrelevant ist. Sexueller Missbrauch von Kindern durch Pädohebephile wird mit vielen sozialen Faktoren in Verbindung gebracht,[35] einschließlich geringer Sozialkompetenz, Isolation, geringen Selbstwertgefühls, Angst vor Zurückweisung, mangelnden Durchsetzungsvermögens, Gefühlen der Unzulänglichkeit und eines Mangels an sexuellem Wissen. Die meisten dieser Merkmale und Gefühle hängen eng mit der Erziehung und anderen Umweltfaktoren zusammen.

Doch es scheint, dass die Umwelt in der Veranlagung/Umwelt-Debatte möglicherweise nur für das *Ausleben* der Pädohebephilie (den sexuellen Missbrauch von Kindern) relevant ist. Mit anderen Worten: Die Erziehung hat vielleicht einen Einfluss darauf, inwieweit jemand seine Triebe kontrollieren kann, hat aber möglicherweise wenig damit zu tun, ob sich jemand von Kindern sexuell angezogen fühlt. Wie Cantor sagt: »Selbst bei Pädophilen, die nie eine Straftat begehen, erfordert die Neigung eine lebenslange Unterdrückung und Kontrolle.«[36] Diese Fähigkeit, zu unterdrücken und zu kontrollieren, ist wahrscheinlich zumindest teilweise das Ergebnis eines besser funktionierenden Gehirns, einer guten Erziehung und sozialer Unterstützung später im Leben.

Die bislang relativ begrenzte Forschung in diesem Bereich deutet darauf hin, dass Pädohebephilie etwas ist, womit ein Individuum geboren wird, und dass das Verlangen wahrscheinlich nicht geheilt werden kann. Das bedeutet auch, dass die Paraphilie, sich sexuell von einem Kind angezogen zu fühlen (im Gegensatz zum Ausleben der Triebe), wahrscheinlich nicht durch Erziehung und Sozialisierung verhindert werden kann. Welche Folgen hat dies für die Behandlung?

Ein Plädoyer für Menschlichkeit

Die Psychologin Jenny Houtepen, die gern wissen wollte, wie es sein muss, pädophil zu sein, fragte Pädophile nach ihrem Leben und veröffentlichte 2016 ihre Ergebnisse.[37] Houtepen fand heraus, dass viele der von ihr Interviewten »in der frühen Pubertät Schwierigkeiten hatten, sich ihre pädophilen Interessen einzugestehen, und als Folge unter psychischen Problemen litten«. Sie stellte auch fest, dass »viele während der Adoleszenz, als sie noch ihre Gefühle entdeckten, Sexualvergehen begingen«, was laut der Autorin wahrscheinlich teilweise daran lag, dass Risikofaktoren nicht früh genug erkannt wurden und es keine angemessene Intervention gab.

Sie zeichnet ein trostloses Bild der Pädohebephilen, die sie interviewte, und schreibt abschließend, dass wir etwas tun müssen, um Menschen in dieser Situation zu helfen. Wir müssen ihnen helfen, weil sie menschliche Wesen sind, die leiden, und wir müssen ihnen helfen, weil sie Gefahr laufen, anderen großes Leid zuzufügen. Houtepens Botschaft ist, dass »das Risiko, straffällig zu werden, durch eine größere Offenheit gegenüber der Pädophilie und durch die soziale Unterstützung und Kontrolle der Pädophilen verringert werden kann«. Wenn die Neigungen von Pädohebephilen angeboren sind und außerhalb ihrer Kontrolle liegen, können wir sie dann wirklich als böse bezeichnen? Und wie können wir Menschen mit dieser sexuellen Präferenz helfen?

Es gibt eine Reihe von Initiativen, um die Wahrscheinlichkeit zu verringern, dass Pädohebephile zu Straftätern werden, u. a. Hotlines und Psychotherapie. Beides zielt in der Regel darauf ab, den Betroffenen dabei zu helfen, ihre Neigung in den Griff zu bekommen, und nicht darauf, sie zu heilen.

Da wir immer mehr erkennen, dass wir sowohl Menschen mit diesen Neigungen als auch die Opfer dazu ermutigen müssen, ihr Schweigen zu brechen, wenn wir den sexuellen Missbrauch von Kindern verhindern wollen, nimmt die Zahl anonymer Hotlines und anderer Anlaufstellen für Pädohebephile zu. Ihnen aus dem Weg zu gehen und sie zu ächten, ist kein Mittel, um sie daran zu hindern, ihre Triebe auszuleben, und könnte sogar kontraproduktiv sein. Initiativen wie »Stop it now« in Großbritannien, »Virtuous Pedophiles« in den USA und »Präventionsprojekt Dunkelfeld« in Deutschland sind mit dem Ziel gegründet worden, ein Behandlungsangebot und psychische Unterstützung zu bieten, um die Betroffenen davon abzuhalten, ihren Trieben nachzugehen.

Auch wenn die meisten Therapien für Pädohebephile erst stattfinden, nachdem ein Verbrechen begangen wurde, gibt es doch Initiativen, um das Problem präventiv anzugehen. Einige wenige Kliniken beginnen, denjenigen Unterstützung zu bieten, die sexuelle Fantasien in Bezug auf Kinder haben und fürchten, sie könnten sie ausleben, die aber noch nie einer Tat überführt wurden. In vielen Ländern ist dies jedoch schwierig, weil die Betroffenen, obwohl sie vielleicht gern Hilfe hätten, Angst davor haben, dass ihre Ärzte oder Therapeuten die Polizei informieren. Zudem besteht die realistische Angst, dass eine strikte Schweigepflicht in manchen Fällen dazu führen könnte, dass Schaden nicht verhindert wird. Einige Therapeuten argumentieren jedoch, dass es die Garantie einer strikten Schweigepflicht geben *muss*, wenn dieses System funktionieren soll.

Dieser Ansatz ist allerdings sehr umstritten. Denn sollte jemand einem Arzt erzählen, dass er derzeit ein Kind missbraucht, würden sowohl die Polizei als auch die Allgemeinheit zu Recht das Gefühl haben, dies wissen zu müssen. Vom Standpunkt der Schadensreduzierung aus gesehen ist es aber wahrscheinlich besser, dass Pädohebephile mit jemandem über ihre Triebe oder Taten sprechen können, statt völlig isoliert zu sein. Nur auf diese Weise können sie Hilfe erhalten, ihre Triebe in den Griff zu bekommen, und verhindern, dass sie sie ausleben.

Während Hotlines für Pädohebephile oft Anonymität am Telefon versprechen, geht das Präventionsprojekt Dunkelfeld noch einen Schritt weiter. Es ist (soweit ich weiß) das einzige Projekt weltweit, das denen, die das Therapieangebot nutzen, völlige Anonymität gewährt.[38] Petya Schuhmann, eine Psychologin, die für dieses Projekt arbeitet, ermutigt einige der anonymen Anrufer, die angebotenen Therapiesitzungen zu besuchen. 2015 wurde sie über ihre Erfahrungen mit der Arbeit mit Pädohebephilen interviewt. Sie betont, dass diejenigen, die sich an solche Projekte wenden, mutig sind und sagen, dass es sie erleichtert, endlich jemanden zum Reden zu haben. Zu erkennen, dass man pädohebephil ist, kann schon an sich eine traumatische Erfahrung sein.

Schuhmann glaubt, dass Pädohebephilie einer »Krankheit ähnelt«, und erklärt, dass das Ziel des Programms darin besteht, den Betroffenen dazu zu verhelfen, »verantwortungsvoll mit ihrem sexuellen Verlangen zu leben«,[39] und nicht darin, die zugrunde liegende Paraphilie zu heilen. Die angebotene Psychotherapie soll den Menschen helfen, ihre Triebe kontrollieren zu lernen und mögliche Fehlüberzeugungen (wie die, dass Kinder sexuell an ihnen interessiert sind oder Sex haben wollen) aufzugeben. Man geht davon aus, dass das Risiko, straffällig zu werden, durch eine Verringerung dieser Überzeugungen reduziert wird. Hotlines und Therapien sind zwar vielversprechend, was die Verringerung von Sexualstraftaten an Kindern angeht, doch die langfristigen Ergebnisse sind weitgehend unbekannt.

Ich betrachte sie aber zumindest insofern als positiv, als sie der Entmenschlichung von Pädohebephilen entgegenwirken und sie dazu ermutigen, sich mit ihren Trieben auseinanderzusetzen, statt sie zu verdrängen, zu ignorieren oder auszuleben.

Wie ein unter dem Namen Max bekannter Pädohebephiler, der an der Dunkelfeld-Therapie teilnahm, in einem Interview mit der BBC sagte:[40] »Ich habe keine fettigen Haare, keine Brille mit dicken Gläsern und trage keine zerschlissene Kleidung … So etwas wie den typischen Pädophilen, den die Leute sich vorstellen, gibt es nicht. Wir sind alle anders und völlig normale Menschen. Das Einzige, was wir gemein haben, ist, dass wir uns von Kindern sexuell angezogen fühlen … Ich lerne, die sexuelle Seite meiner Gefühle zu kontrollieren.«

Es gibt noch eine andere Möglichkeit, mit der Pädohebephilie umzugehen, die aber, und zwar sehr zu Recht, umstritten ist: die Kastration. Die physische Kastration beinhaltet die chirurgische Entfernung der Hoden. Sie ist in Deutschland und der Tschechischen Republik nach wie vor erlaubt, wurde jedoch vom Europäischen Komitee zur Verhütung von Folter und unmenschlicher oder erniedrigender Behandlung oder Strafe[41] scharf kritisiert und stößt allgemein seit den 1940er-Jahren, in denen die chemische Kastration eingeführt wurde, auf Ablehnung.

Die chemische Kastration, eine Behandlungsart, die normalerweise bei jenen angewendet wird, die bereits eine Straftat begangen haben, erfordert die regelmäßige Injektion von Antiandrogenen. Diese Arzneistoffe hemmen vorübergehend den Sexualtrieb und machen es fast unmöglich, eine Erektion zu bekommen. In einigen Ländern ist die chemische Kastration optional, in anderen (wie Polen, Indonesien, der Tschechischen Republik, Australien, Korea und Teilen der USA) kann sie für überführte Sexualstraftäter angeordnet werden. Vor allem die zwangsweise Gabe der Medikamente wird aus humanitären Gründen weithin kritisiert. Außerdem sollten Ärzte »es vermeiden, zu Akteuren sozialer Kontrolle zu werden«,[42] wie Don Grublin und Anthony Beech schreiben.

Doch funktioniert die Kastration überhaupt? Forschungen sowohl zur physischen als auch chemischen Kastration zeigen einige vielversprechende Ergebnisse. Ärzte in Deutschland und der Tschechischen Republik sagen, dass diejenigen, die sich freiwillig für eine Entfernung ihrer Hoden entscheiden (physische Kastration), positive Ergebnisse sehen und es einfacher finden, ihren Trieb zu kontrollieren.[43] Befürworter der chemischen Kastration sagen ebenfalls, dass sie positive Ergebnisse sehen,[44] doch Forscher wie Alexandra Lewis raten uns, Vorsicht gegenüber solchen Ergebnissen walten zu lassen. Ihre Analyse der Literatur über die chemische Kastration von Sexualstraftätern aus dem Jahr 2017 ergab, dass insgesamt zwar ein Nutzen gesehen wurde, da das Verlangen und das Ausleben des sexuellen Verlangens abnahmen, die Qualität der Forschung aber nicht gut genug ist, um gesicherte Schlussfolgerungen ziehen zu können.[45]

Laut dem Arzt Fred Berlin können einige Menschen mit Pädohebephilie von einer chemischen Kastration profitieren. Allerdings »zeigen derzeitige Forschungsergebnisse, dass dies nur der Fall ist, wenn das Medikament freiwillig eingenommen wird«, warnt Berlin. Zudem, so erinnert er uns, »gibt es derzeit noch keine Medikamente, die die sexuelle Orientierung ändern können; eine pharmakologische Behandlung kann nur die Intensität der inakzeptablen sexuellen Triebe verringern. Pädophilie kann nicht durch Strafen oder Gesetze abgeschafft werden. Sie ist ebenso sehr ein Problem der öffentlichen Gesundheit wie eine Angelegenheit der Strafjustiz.«[46] Paraphilien sind im Gehirn angesiedelt, nicht in Genitalien. Eine medizinische Intervention heilt die Pädohebephilie nicht, sie kann nur die Intensität pädohebephiler Neigungen verringern.

Eine andere umstrittene Methode der Schadensreduzierung ist die Verwendung einer Art Ersatz für reale Kinder. Was, wenn ein Mensch mit pädohebephilen Neigungen seinen Trieb befriedigen könnte, ohne je einem Kind Schaden zufügen zu müssen?

Es gibt ein paar Methoden, die dies ermöglichen könnten, bei vielen Leuten jedoch ein tiefes Unbehagen erzeugen. Zum einen ist da die Produktion von Pornografie mit Erwachsenen, die so zurechtgemacht werden, als seien sie Kinder oder Teenager. Dann gibt es Methoden, die Menschen vollkommen ausschließen. Hier geht es z. B. um sexualisierte computergenerierte Kinder oder Hentai (pornografische Anime aus Japan) und realistische Kindersexpuppen. In nicht allzu ferner Zukunft soll es auch Kindersexroboter geben.

Im Moment beschränken oder verbieten Vorschriften zu obszönen Bildern in den meisten Ländern den Vertrieb all dieser Materialien. 2017 versuchte ein Brite, eine Kindersexpuppe zu importieren, und ein Richter entschied in einem Schiedsspruch, dass Kindersexpuppen obszöne Artikel seien,[47] die nicht importiert werden dürften.

»Unechte Kinder« haben das Potenzial, als Ersatz für echte Kinder zu dienen, den Schaden für die Gesellschaft zu verringern und es Pädophilen zu ermöglichen, ein sinnvolleres und ethischeres Leben zu führen. Aber sie haben auch das Potenzial, den Neigungen derjenigen, die zu einem solchen Ersatz greifen, den Anstrich des Normalen zu verleihen und zu größerem Fehlverhalten zu führen. Dies würde mit dem übereinstimmen, was wir über Pornografie im Allgemeinen wissen. Eine Kindersexpuppe zu haben, ähnelt zumindest in mancher Hinsicht dem Anschauen von Kinderpornografie. Und die bisherige Forschung hat Kinderpornografie als Risikofaktor für Kontaktstraftaten an Kindern identifiziert. Kindersexpuppen könnten Pädohebephile also durchaus enthemmen und die Wahrscheinlichkeit erhöhen, dass sie straffällig werden. Ein drittes mögliches Ergebnis ist, dass diese Materialien überhaupt keinen Unterschied bewirken. Basierend auf dem, was wir bislang wissen, könnten all diese Alternativen gleichermaßen zutreffen. Das macht es schwierig, angemessene Behandlungsentscheidungen zu treffen, und bedeutet, dass ein dringender Forschungsbedarf zu diesen Themen besteht.

Ob psychologische Behandlungen, Kastration, Hentai oder Kindersexpuppen, unser Fokus sollte auf der Suche nach realistischen Möglichkeiten der Schadensreduzierung und nicht auf einer Bestrafung liegen. Während neue Technologien und Behandlungsmethoden auftauchen, muss die ethische Diskussion darüber fortgeführt werden, was wir als Gesellschaft tun, um mit den Realitäten der Pädohebephilie fertigzuwerden.

Wir dürfen uns bei dem Prozess, neu auszuhandeln, wie wir – als Individuen und als Gesellschaft – mit jenen umgehen, die ein sexuelles Interesse an Kindern haben, nicht von unseren Ängsten leiten lassen. Pädohebephile sind ein fester Bestandteil menschlicher Gesellschaften und ein größerer Teil, als wir glauben möchten. Zugespitzt gesagt sind sie unsere Freunde und Kollegen, Nachbarn und Neffen, Väter und Söhne (und gelegentlich Mütter, Töchter und Tanten). Wenn wir uns dies eingestehen, können wir sicherstellen, dass unser Fokus auf die Schadensreduzierung gerichtet bleibt – den Versuch, dafür zu sorgen, dass so wenige Erwachsene wie möglich zu Tätern werden.

Pädohebephile sind keine Monster, sondern menschliche

Wesen, auch wenn viele von uns in ihren Taten das reine Böse sehen. Sie wurden mit einer inakzeptablen sexuellen Neigung geboren und haben sich nicht für diese entschieden. Dies ist ein Aufruf, Überzeugungen, Vorgehensweisen und Therapien, die anderes nahelegen, ein Ende zu setzen.

Bis jetzt haben wir uns weitgehend auf die Individuen innerhalb der Gesellschaft konzentriert, die als böse gelten. Es ist Zeit, dass wir unsere eklektische Untersuchung auf die Systeme ausdehnen, die es leichter, ja sogar wahrscheinlich machen, dass wir schreckliche, böse Dinge tun. Wir wenden unsere Aufmerksamkeit nun den korrumpierenden Einflüssen des Geldes und den moralischen Verrenkungen zu, die einige von uns täglich bei der Arbeit vornehmen.

Kapitel 7

SCHLANGEN IN ANZÜGEN: DIE PSYCHOLOGIE DES BÖSEN IN DER ARBEITSWELT

Über Paradoxe, Sklaverei und
moralische Blindheit

Geld verändert unsere Beziehung zur Moral. Die bloße Existenz von Geld fungiert zusammen mit komplexen Geschäfts- und Vertriebswegen als Puffer zwischen uns und dem Ursprung unserer Produkte. Das kann dazu führen, dass wir uns auf zutiefst unethische Weise verhalten.

Ich kann es Ihnen beweisen. Ich werde Ihnen drei Dinge nennen, und Sie müssen entscheiden, ob Sie sie für böse halten. 1. Prostitution. 2. Kinderarbeit. 3. Tierquälerei. Und wie sieht es mit Folgendem aus? 1. Pornografie. 2. Ramschware. 3. Massentierhaltung.

In vielen Ländern, in denen die Prostitution illegal ist, ist die Pornografie es nicht. Das ist meiner Meinung nach ausgesprochen heuchlerisch. Soweit ich es beurteilen kann, ist Pornografie häufig der Prostitution ähnlich, nur mit einer Kamera dabei. Wenn wir jemanden dafür bezahlen, Sex mit uns (oder jemand anderem) zu haben, handelt es sich um Prostitution, und die ist in den meisten Ländern illegal. Doch wenn wir jemanden dafür bezahlen, Sex zu haben, und *wir filmen das Ganze*, dann ist es Pornografie, und die ist in vielen Ländern legal. Wenn überhaupt, ist die Pornografie *problematischer*.

Darüber hinaus lassen wir oft eine entsetzliche Behandlung von Arbeitnehmern zu, um Dinge ein bisschen billiger und ein bisschen komfortabler für uns zu machen, und unterstützen indirekt sogar Kinderarbeit. Wir erleben einige der verheerenden Folgen unserer Konsumkultur, wenn Fabriken, in denen Telefone hergestellt werden, Fangnetze gegen Selbstmord installieren müssen oder Textilfabriken einstürzen und Hunderte von Menschen töten, weil keine ordnungsgemäßen Sicherheitsvorkehrungen getroffen wurden. Doch indem wir diesen Vorgängen einen anderen Anstrich geben und alles mit einem Preisschild versehen, sorgen wir dafür, dass sie weitaus weniger anrüchig erscheinen. Wir bekommen sie nicht direkt mit, sodass es sich anfühlt, als hätten sie nichts mit uns zu tun. Alles, was wir sehen können, ist der Preis.

Der Verzehr von Fleisch ist ein weiteres umstrittenes Thema in unserer Gesellschaft. Wir benutzen, ohne darüber nachzudenken, Begriffe wie »militanter Vegetarier« und bezeichnen Veganer als Langweiler, Humusfresser, Hippies. Doch obwohl viele von uns bereitwillig Menschen verächtlich machen, die freiwillig auf Fleisch verzichten, halten wir gleichzeitig Tierquälerei für unmoralisch.

Die Tierhaltung ist eine der größten Quellen des Leids auf der Welt. Jedes Jahr werden schätzungsweise 70 Milliarden[1] Tiere zur Nahrungsmittelproduktion aufgezogen, die Mehrzahl in Massentierhaltungsbetrieben. Unter schrecklichen Bedingungen gehalten, leiden Hühner, Kühe, Schweine und viele andere Tiere, die wir essen, große Schmerzen. Und auch wenn Fische keinen Schmerz empfinden können, zumindest nicht auf die Weise, wie wir Menschen es uns vorstellen, können sie depressiv werden. Die Depression von Fischen ist der von Menschen so ähnlich, dass Wissenschaftler an ihnen die Wirkungen von Antidepressiva testen.[2] Ja richtig, wenn Sie Zuchtfische essen, könnte es sein, dass Sie einen traurigen Fisch auf dem Gewissen haben. Abgesehen vom Leid der Tiere hat diese Industrie auch gewaltige Auswirkungen auf die Umwelt. Nutztiere tragen Blähung für Blähung zum Klimawandel bei.

Doch obwohl wir dies wissen, fahren wir fröhlich damit fort, in Fisch und Fleisch zu schwelgen.

Was stimmt mit uns nicht?

Paradox

Laut den Psychologen Brock Bastian und Steve Loughnan (2016)[3], die zu diesem Thema in Australien forschen, können wir lernen, andere mit moralischen Grundprinzipien im Widerstreit stehende Formen des Verhaltens zu verstehen, wenn wir verstehen, warum wir Fleisch essen.

Das, was sie das »Fleisch-Paradox« nennen, ist der »psychische Konflikt zwischen der Präferenz der Menschen für Fleisch und ihrer moralischen Reaktion auf das Leiden der Tiere«. Den Forschern zufolge »ist es unvereinbar mit unserem Bild von uns selbst als moralische Person, anderen Schaden zuzufügen. Von daher führt der Fleischkonsum zu negativen Auswirkungen für Fleischesser, weil sie mit einer unvorteilhaften Sichtweise von sich selbst konfrontiert werden. Wie kann ich ein guter Mensch sein und gleichzeitig Fleisch essen?«

Dieser moralische Konflikt gefährdet nicht nur unsere Freude daran, Fleisch zu essen, sondern auch unsere Identität. Um die zu schützen, bilden wir Gewohnheiten und Sozialstrukturen heraus, die dafür sorgen, dass wir uns besser fühlen: Wir verknüpfen den Konsum von Fleisch mit sozialen Bräuchen, definieren Feiertage als eine Zeit, um mit Freunden und der Familie zu schlemmen, ob beim Fondue oder am Grill. Wir sagen, dass es hilft, uns als *echte* Männer zu definieren, oder dass wir Superprädatoren und von daher dazu *bestimmt* sind, Fleisch zu essen. Und obwohl Produkte aus der Massentierhaltung mit allen möglichen negativen gesundheitlichen Folgen in Verbindung gebracht werden, machen einige Leute *Tss!,* wenn wir sagen, dass wir Vegetarier werden möchten *(woher willst du genügend Protein bekommen?),* und Freunde beginnen, »zu vergessen«, uns zu Dinnerpartys einzuladen. Ich meine, *was in aller Welt können sie essen, wenn nicht tote Tiere?* Wie *machen* sie das bloß?

Zu heucheln fühlt sich weniger schlecht, weniger bedrohlich an, wenn eine ganze Gruppe es tut. Wenn wir alle etwas Schlechtes tun, kann es doch nicht so schlecht sein, oder? Laut Bastian und Loughnan »wird weiter Fleisch gegessen, weil es für den Esser von Vorteil ist« und »die Menschen versuchen, diese eigennützigen Verhaltensweisen zu rechtfertigen, um ihre eigenen Interessen zu schützen«. Wir tun es, obwohl die Auswirkungen des Konsums der riesigen Fleischmengen, die viele von uns essen, für uns, die Umwelt und die Tiere schlecht sind. Wir tun es aus Eigeninteresse. Wir tun es, weil wir es im Augenblick genießen und weil es einfach ist, die langfristigen negativen Folgen abzutun. Und wir erzählen uns selbst Geschichten, erfinden eloquente Ausreden, warum der Fleischkonsum schon okay ist, weil wir sonst das Gefühl haben, dass wir schlechte Menschen sind.

Wenn wir das eine sagen, aber das andere tun oder widersprüchliche Überzeugungen haben, sprechen Psychologen von kognitiver Dissonanz. Der Begriff wurde von Leon Festinger geprägt, der ihn erstmals 1957 verwendete.[4] Das klassische

Experiment zur kognitiven Dissonanz wurde 1959 von Festinger und James Carlsmith veröffentlicht.[5] Die Forscher fragten: »Was geschieht mit der persönlichen Meinung einer Person, wenn sie gezwungen ist, etwas zu tun oder zu sagen, was zu dieser Meinung im Widerspruch steht?« In ihrem Experiment ließen sie 71 Männer zwei Aufgaben ausführen. Zuerst sollten die Probanden mit einer Hand zwölf runde Holzspulen auf ein Tablett legen, das Tablett wieder leeren und den Vorgang wiederholen, und das eine halbe Stunde lang.

Dann erhielten sie ein Brett mit 48 quadratischen Holzhaken und wurden gebeten, jeden von diesen im Uhrzeigersinn um 90 Grad zu drehen, dann um weitere 90 Grad usw. und diesen Vorgang ebenfalls eine halbe Stunde lang zu wiederholen. Ein Forscher beobachtete sie dabei und machte sich Notizen. Die Aufgaben waren gewollt langweilig. Sehr, sehr langweilig.

Die Probanden dachten, dass ihre Leistung gemessen würde, doch in Wirklichkeit interessierte die Forscher das, was als Nächstes kam. Nachdem die Probanden die beiden langweiligen Aufgaben erfüllt hatten, wurden sie zurück in den Warteraum geführt. Zwei Drittel von ihnen erklärte man, dass die Person, die dort sitze, der nächste Teilnehmer sei. Ein Drittel brachte man einfach ohne diese Erklärung dorthin.

Die beiden informierten Drittel wurden vom Forscher gefragt, ob sie diesen Teilnehmer anlügen würden. Man werde sie für ihre Lüge auch bezahlen. Einer Hälfte von ihnen bot man für die Lüge einen Dollar, der anderen Hälfte 20 Dollar (was in den 1950er-Jahren eine Menge war). Stimmten die Probanden zu, reichte der Forscher ihnen einen Zettel mit Aussagen und wies sie an, diese zu verwenden: »Es war sehr unterhaltsam; ich hatte viel Spaß; ich habe es genossen; es war sehr interessant; es war faszinierend; es war aufregend.«

Den Forschern ging es hierbei um Folgendes: Sie wollten wissen, welchen Einfluss Lügen und Entlohnung dafür auf die Beurteilung der Aufgabe haben würden. Würden die Teilnehmer dadurch, dass sie jemand anderem erzählten, die Aufgabe habe Spaß gemacht, schließlich tatsächlich glauben, sie hätten die langweilige Aufgabe genossen? Und welchen Einfluss würde das Geld auf die Einschätzungen haben?

Wer beurteilte Ihrer Meinung nach das Experiment am positivsten? Die Teilnehmer der Kontrollgruppe, die man nicht darum gebeten hatte, zu lügen, beurteilten die Aufgabe als langweilig und sagten, dass sie so etwas nie wieder tun würden. Auch die Probanden, denen man 20 Dollar bezahlt hatte, bewerteten die Aufgabe negativ. Diejenigen jedoch, die nur einen Dollar erhalten hatten, gaben ein viel positiveres Urteil ab als die beiden anderen Gruppen und sagten, dass sie auch in Zukunft bei ähnlichen Experimenten mitmachen würden.

Was war passiert? Einen Dollar zu bekommen, wurde von den Teilnehmern offensichtlich nicht als ausreichender Anreiz zum Lügen gesehen. Dementsprechend empfanden sie kognitive Dissonanz. *Warum habe ich gesagt, es habe Spaß gemacht, wenn es gar nicht so war? Sicherlich nicht für einen erbärmlichen Dollar?* Da die Probanden ihr Verhalten nicht mehr ändern und ihre Teilnahme am Experiment nicht rückgängig machen konnten, hatten sie nur die Option, ihre Überzeugung zu ändern – *es muss tatsächlich Spaß gemacht haben*. Dies brauchte die Gruppe, die 20 Dollar erhalten hatte, nicht zu tun, da sie ihr Verhalten als Ergebnis des beträchtlichen finanziellen Anreizes erklären konnte. Dies war das erste von vielen Experimenten, die zeigten, dass wir unsere Überzeugungen oft in Einklang mit unserem Verhalten bringen und dass Geld unsere Art, dies zu tun, beeinflussen kann.

1962[6] formalisierte Festinger seine Ideen noch weiter. Obwohl wir glauben, dass wir im Allgemeinen in unserem Verhalten, unseren Überzeugungen und Einstellungen beständig sind, werden wir manchmal abtrünnig, erklärte er. Diese Inkonsistenz nannte er Dissonanz, während er die Konsistenz als Konsonanz bezeichnete. Festinger fasste seine Theorie der kognitiven Dissonanz wie folgt zusammen:

1. Die Existenz von Dissonanz, die psychologisch unangenehm ist, wird die Person motivieren zu versuchen, die Dissonanz zu reduzieren und Konsonanz herzustellen.
2. Wenn Dissonanz besteht, wird die Person, zusätzlich zu dem Versuch, sie zu reduzieren, aktiv Situationen und Informationen vermeiden, die möglicherweise die Dissonanz erhöhen könnten.[7]

Und so wie der Hunger uns motiviert, nach Nahrung zu suchen, um den Hunger zu verringern, motiviert die kognitive Dissonanz uns, nach Situationen zu suchen, die Dissonanz verringern, so Festinger. Im Fall des Fleischessens gibt es zwei Möglichkeiten, dies zu tun. Wir können unser Verhalten ändern oder wir ändern unsere Überzeugung. Wir können aufhören, Fleisch zu essen, oder aber uns Gründe dafür ausdenken, dass es in Ordnung ist, Fleisch zu essen.

Neben unseren eigenen Versuchen, den Konsum von Fleisch zu rechtfertigen, legen sich die Konzerne mächtig ins Zeug, um uns die Sache zu erleichtern. Sie wollen nicht, dass wir zu viel darüber nachdenken; wir sollen nur unser Geld rausrücken. Laut Forschungen von Liz Grauerholz[8] (2007) zu Bildern von Tieren in der Populärkultur besteht eine Art, den Fleischkonsum akzeptabel zu machen, darin, ihn von dem Tier, von dem das Fleisch stammt, loszulösen. Grauerholz sagt, dass wir dies tun, indem wir »Tiere, die geliebt werden, in Fleisch verwandeln, das gegessen wird, sodass die Konzepte ›Tiere‹ und ›Fleisch‹ verschieden zu sein und in keinem Zusammenhang zu stehen scheinen«. Wir nennen es »Schinken« statt Schwein und »Wildbret« statt gejagtes wildes Tier. Wir verpacken unsere toten Tiere hübsch – und distanzieren uns physisch, verbal und gedanklich von dem wahren Ursprung unserer Nahrung.

Bei ihrer Untersuchung kommerzieller Darstellungen von Fleisch stellte Grauerholz fest, dass es zwei unterschiedliche Arten gibt. Die erste ist die, Fleisch als gesäubert, mit Frischhaltefolie umwickelt und in Stücke geschnitten zu zeigen – sodass man sich kaum noch vorstellen kann, dass es von einem Tier stammt.

Bei der zweiten Art geht es um die »Verniedlichung« – darum, die Tiere putziger darzustellen, als sie es eigentlich sind. Zu dieser Strategie greift man vor allem in Teilen Asiens wie z. B. in Japan. Hier nutzt die Werbung das, was der Verhaltensforscher Konrad Lorenz als *Kindchenschema* bezeichnete – denken Sie an große Augen, ein rundliches Gesicht und eine kleine Nase, wie wir sie in Kinderbüchern erwarten. Hierdurch sollen wir den Eindruck gewinnen, dass das Fleisch von glücklichen, imaginären Tieren stammt. Beide Darstellungen lenken von der Grausamkeit gegenüber Tieren ab.

Dies ist nicht nur relevant für den Verzehr von Fleisch. Wenn wir Tiere oder Menschen zu Objekten machen und damit das Unbehagen vermeiden, das durch das Wissen entsteht, dass die Herstellung von Konsumgütern mit Leid einhergeht, fällt es uns leichter, grausam zu sein. Dieselben Prozesse, die wir im Zusammenhang mit Fleisch beobachten, sehen wir auch im Zusammenhang mit allen möglichen anderen moralisch inakzeptablen, aber verbreiteten menschlichen Verhaltensweisen, die wir an den Tag legen, wenn es um Geld geht.

Wir wissen, dass Armut großes Leid erzeugt, doch statt unseren Reichtum zu teilen, kaufen wir noch ein Paar teure Schuhe. Wir lehnen Kinderarbeit oder die Vorstellung, dass Erwachsene unter grausamen Bedingungen arbeiten, grundsätzlich ab, kaufen aber weiterhin in Discountläden ein. Wir verschließen die Augen, um unsere Identität zu schützen und die Illusion aufrechtzuerhalten, dass wir konsequente und moralisch handelnde Menschen sind.

Mit diesem unablässigen Versuch, die kognitive Dissonanz zu verringern, tragen wir möglicherweise zur Verbreitung moralisch fragwürdiger Verhaltensweisen bei. Wir gestalten unsere Gesellschaften so, dass unser Unbehagen auf ein Minimum reduziert wird und wir nicht ständig an unsere Widersprüche erinnert werden. Und »durch den Prozess der Dissonanzreduktion kann die offensichtliche Unsittlichkeit bestimmter Verhaltensweisen scheinbar verschwinden«,[9] wie Bastian und Loughnan schreiben.

Heuchelei kann in bestimmten sozialen und kulturellen Umgebungen gedeihen. Soziale Normen können unsere moralischen Konflikte verschleiern, indem sie sich fest etablieren und veränderungsresistent werden.

Ein besonders fruchtbarer Boden hierfür sind Unternehmen. Doch bevor wir über die Menschen sprechen, die unmoralische Entscheidungen in Unternehmen treffen, möchte ich zuerst über Transaktionen sprechen. Was dürfen wir und was dürfen wir nicht gegen Geld tauschen? Und warum beschließen Menschen überhaupt, verbotene Transaktionen vorzunehmen?

Undenkbar

Wie viel Geld würde ich Ihnen bieten müssen, um eine Stunde Ihrer Zeit zu kaufen? Wie viel für ein Jahr? Dies sind ziemlich normale Transaktionen. Zeit wird oft gegen Geld getauscht – wir nennen es Arbeit. Ähnlich ist die Frage danach, wie viel ich bezahlen muss, um Ihr Haus, Ihre Kleidungsstücke oder Ihren Laptop zu kaufen, immer noch relativ normal. Wir tauschen diese Dinge oft gegen Geld und sie haben einen (meist) ermittelbaren Wert.

Es gibt jedoch Dinge im Leben, die nicht auf diese Weise quantifiziert werden können. Wie viel würde es mich kosten, Sie nackt auf einer Kuh reiten zu lassen, während Sie für das nationale Fernsehen gefilmt werden? Wie viel müsste ich für den liebevoll gehüteten Teddybären aus Ihrer Kindheit bezahlen? Wie viel, um Ihr Baby oder Ihren Ehemann zu kaufen? Ihre linke Niere? Wie viel für Ihre Freiheit? Es kommt uns zutiefst unangebracht vor, all dem einen Geldwert beizumessen. Ja allein die Vorstellung, diese Dinge zu verkaufen, beschwört Bilder vom Verkauf der Seele an den Teufel herauf. Aber ist es böse, derlei Transaktionen vorzunehmen?

1997 studierten Alan Fiske und Philip Tetlock[10] unsere Reaktionen auf diese Art von Situationen. Laut der Forscher »verstoßen Tabu-Tauschgeschäfte gegen unsere tief verwurzelten normativen Intuitionen hinsichtlich der Integrität, ja Unverletzlichkeit bestimmter Beziehungen und der moralisch-politischen Werte, die diesen Beziehungen zugrunde liegen«. Dies bedeutet, dass es ungehörig ist, Werte, die als »heilig« gelten und von daher von enormer Bedeutung sind und einen scheinbar grenzenlosen Schutz genießen, gegen »profane« Werte wie Geld zu tauschen.

Es gibt gewisse Dinge, die man unserer Meinung nach mit Geld nicht kaufen kann oder zumindest *nicht* kaufen *sollte*. Um in die Debatte einzusteigen, möchte ich mit Ihnen einen schnellen Test durchführen (eine verkürzte Version des Originals) und Ihre Einstellung dazu erforschen, was Menschen zu kaufen und zu verkaufen erlaubt sein sollte. Die folgende Anweisung stammt aus einem im Jahr 2000 von Tetlock u. a.[11] veröffentlichten Aufsatz:

»Stellen Sie sich vor, Sie wären befugt, die Zulässigkeit und Sittlichkeit jeder der unten aufgeführten Transaktionen zu beurteilen. Würden Sie es den Menschen erlauben, bestimmte Arten von Geschäften abzuschließen? Heißen Sie diese Geschäfte moralisch gut oder missbilligen Sie sie? Und welche emotionalen Reaktionen lösen diese Vorschläge, wenn überhaupt, bei Ihnen aus?«

1. Jemanden dafür bezahlen, dass er mein Haus putzt.
2. Einen Arzt dafür bezahlen, dass er mich und meine Familie medizinisch versorgt.
3. Einen Anwalt dafür bezahlen, dass er mich bei Gericht gegen Strafvorwürfe verteidigt.
4. Dafür bezahlen, Waisenkinder zu adoptieren.
5. Für menschliche Körperteile bezahlen.
6. Für eine Leihmutterschaft bezahlen.
7. Für Wählerstimmen bei Wahlen für mein politisches Amt bezahlen.
8. Für sexuelle Gefälligkeiten bezahlen.
9. Jemanden dafür bezahlen, eine Gefängnisstrafe abzusitzen, zu der ich von einem Gericht verurteilt wurde.
10. Jemanden dafür bezahlen, den Wehrdienst zu leisten, zu dem ich einberufen wurde.

Auf wie viele dieser Vorschläge haben Sie negativ reagiert? Die ersten drei gelten als »Routine«-Trade-offs (die allgemein als akzeptabel betrachtet werden), die anderen sieben oft als Tabu-Trade-offs. Die Teilnehmer der ursprünglichen Studie bewerteten die Tabu-Trade-offs als moralisch weitaus verwerflicher als die anderen – als erschütternder, abstoßend, grausam, verrückt, wütend und traurig machend – und sagten eher, dass sie verboten werden sollten. So etwas auch nur zu *denken*, wurde im Allgemeinen als, nun ja, undenkbar betrachtet.

Diese moralische Entrüstung ist nach Tetlock u. a. die erste Reaktion auf Tabu-Trade-offs. *Wie konntest du das nur sagen? Es ist grotesk, das auch nur vorzuschlagen!* Über Unmoralisches nachzudenken, gibt uns das Gefühl, schmutzig zu sein, sodass wir das Bedürfnis haben, uns moralisch zu reinigen.

Die Forscher stellten fest, dass diejenigen Probanden, die diese Szenarios abscheulich fanden, viel eher den Wunsch verspürten, sich moralisch zu reinigen, indem sie sich z. B. »freiwillig für eine Kampagne zur Verhinderung von Babyauktionen meldeten«. Dieses Beispiel aus der Studie zeigt, dass die Autoren den Probanden die Möglichkeit geben wollten, ihre Bereitschaft zu demonstrieren, direkt gegen Verhaltensweisen zu Feld zu ziehen, die sie moralisch äußerst problematisch einstuften. Denn so etwas Entsetzliches auch nur zu denken, fühlt sich wie ein Verstoß gegen einen Moralkodex an, den wir so schnell wie möglich wieder gutmachen wollen.

Doch es gibt Situationen, in denen wir das Undenkbare mit einem Preisschild versehen *müssen*. Dazu schreibt Tetlock:[12] »Endliche Ressourcen erfordern es manchmal, einer Reihe von Dingen zumindest einen impliziten Geldwert beizumessen … dem menschlichen Leben (welchen Preis hat der Zugang zu medizinischer Versorgung?), der Justiz (welchen Preis der Zugang zu gesetzlicher Vertretung?), dem Erhalt natürlicher Umgebungen (welchen Preis gefährdete Arten?) sowie bürgerlichen Freiheiten und Rechten.«

Es mag Ihnen widerstreben, dies zu akzeptieren, doch alles an Ihnen hat einen Preis. Wenn Menschen verletzt werden, müssen Zivilgerichte (oder Geschworene in Ländern wie den USA) so unterschiedliche Dinge wie »Verletzung von Gefühlen«, »Schmerzen« und »schmerzlichen Verlust« mit einem Preisschild versehen. Wenn Sie aufgrund der Fahrlässigkeit eines anderen sterben, wird die Entschädigung Ihrer Unterhaltsberechtigten basierend auf Ihrem *potenziellen* Einkommen kalkuliert – welches Einkommen Sie zum Todeszeitpunkt hatten, welche Beförderungen möglich gewesen wären, ob Ihr neu gegründetes Unternehmen tatsächlich Geld eingebracht hätte, ob sich Ihre Ausgaben erhöht hätten und in welchem Alter Sie wahrscheinlich gestorben wären. Ihr ganzes Leben kann als ein Haufen von Zahlen in einer Tabelle zusammengefasst werden.

In vielen Teilen der Welt, einschließlich Großbritannien, gibt es offizielle Richtlinien für die Kalkulation der Kosten jedes einzelnen Ihrer Körperteile für den Fall, dass Sie durch die Fahrlässigkeit oder die vorsätzliche Handlung eines anderen einen Verlust erleiden. Auf der Grundlage dieser Richtlinien wird die Entschädigung für »körperliche Leiden, seelische Belastungen und die Beeinträchtigung der Lebensfreude« kalkuliert.[13] Beim Verlust eines Auges erhält das Opfer zwischen 48 000 Pfund und 58 000 Pfund, beim Verlust beider Arme zwischen 210 000 Pfund und 263 000 Pfund, während der Verlust des Zeigefingers nur rund 16 000 Pfund wert ist. Wie ein geschlachtetes Tier, bei dem jeder Teil einen Marktwert hat, hat auch bei Ihnen jeder einzelne Körperteil einen anderen Wert.

In den USA ist das System ein wenig anders. Unberechenbarer, wie der Verhaltensökonom Daniel Kahneman und seine Kollegen sagen würden, da die Entschädigungssummen durch Geschworene festgelegt werden. 1998[14] veröffentlichten sie die Ergebnisse einer Studie zum Ausmaß der moralischen Entrüstung, die Probanden in Bezug auf eine Reihe von Verletzungsfällen empfanden, und zu den Geldsummen, die sie für angemessen hielten. Von einem Auto mit einem defekten Airbag über Arbeitsplätze mit gefährlichen Dämpfen bis hin zum Erschossenwerden von einem betrunkenen Wachmann sollten die Teilnehmer sagen, welche Schadensersatzsumme dem Opfer ihrer Meinung nach zustehe. Die Forscher stellten fest, dass die Probanden sich zwar im Allgemeinen über die moralische Ungeheuerlichkeit des Geschehenen und die Schwere der Strafe einig waren, sich jedoch enorm darin unterschieden, wie viel Geld den Opfern zugesprochen werden sollte. Einige hielten bei einem bestimmten Leiden eine Entschädigung von 100 oder 1000 Dollar für angemessen, andere eine Entschädigung von einer Million Dollar.

Da wir Leiden jedoch nicht ungeschehen machen und einen Arm oder ein Leben nicht ersetzen können, besteht keine Möglichkeit, es bei dem Betroffenen wirklich wiedergutzumachen. Unser Rechtssystem erfordert eine gewisse *Fungibilität*. Fungibilität ist ein Begriff aus der Ökonomie, der besagt, dass zwei Dinge den gleichen Wert haben und dadurch austauschbar oder ersetzbar sind. Doch die Verluste, die hier erlitten werden, sind durch nichts ersetzbar. Dadurch entstehen die großen Diskrepanzen bei dem, was die Menschen für angemessene Entschädigungen halten.

Das wirft die Frage auf, warum Menschen oder Unternehmen andere überhaupt irgendwelchen Gefahren aussetzen? Mit dem, was Baumeister als das »instrumentelle Böse« bezeichnete, haben wir es zu tun, wenn Menschen oder Organisationen Schlechtes für Geld tun. Laut Carole Jurkiewicz, die die Grundlagen des Bösen in Unternehmen erforscht hat, »ging es bei einem der meistdiskutierten Vorkommnisse des instrumentellen Bösen um einen Fort Pinto genannten Kleinwagen«. Sie erklärt, dass der Pinto in den 1970er-Jahren ein beliebtes Auto war, jedoch einen großen Konstruktionsfehler hatte. Die Lage des Benzintanks machte es wahrscheinlich, dass ein Auffahrunfall selbst bei langsamer Geschwindigkeit zur Explosion des Wagens führen würde.

Das Risiko war dem Hersteller, der es nach einer Reihe von Crashtests identifizierte, bekannt, aber das Auto wurde trotzdem auf den Markt gebracht. Seinen Kalkulationen zufolge hätte es zusätzlich elf Dollar pro Auto gekostet, rund 180 Leben pro Jahr zu retten. Ford entschied sich dagegen, weil man berechnete, dass die Kosten, das Problem zu lösen, höher wären als mögliche Verluste durch Zivilklagen und schlechte Publicity. In diese Kalkulation wurden Todesfälle mit eingeschlossen, wobei man davon ausging, dass ein Leben in den USA damals circa 200 000 Dollar wert war. Diejenigen, die diese Entscheidung trafen, wussten, dass Menschen sterben würden, trafen sie aber dennoch.

War dies böse? Meine Antwort lautet ja. Funktioniert das Business nun mal so? Im Business wie im Leben ist Geld eine praktische Art, Wert zu kalkulieren, und es ist viel leichter, über finanzielle Gewinne und Verluste nachzudenken als über psychische Gewinne und Verluste. Dabei werden möglicherweise die Reputationskosten übersehen, da eine öffentliche Verurteilung den Profit ebenfalls stark beeinflussen kann.

Doch zu sagen oder zu denken, dass manche Menschen finanziell betrachtet *mehr wert* sind als andere, macht es leicht, diejenigen, die als wert*los* erachtet werden, zu entmenschlichen oder zu diskriminieren. Indem wir menschliche Wesen mit einem Preisschild versehen, vergessen wir die Vielschichtigkeit der menschlichen Erfahrungen und die strukturellen Ungleichheiten, die manche begünstigen und andere benachteiligen. Wir riskieren es, Menschen ohne Mitgefühl zu behandeln, ohne Menschlichkeit.

Moderne Sklaverei

Soziale Normen werden vielleicht nirgendwo so stark entstellt wie bei Sklaverei, von der Sie vielleicht intuitiv annehmen, sie sei eine überwundene Praxis. Ihrer Freiheit, ihrer Rechte und ihrer Menschlichkeit beraubt, werden Menschen weltweit aber noch immer als Mittel dazu behandelt, Geld zu verdienen, statt als menschliche Wesen. In der Vergangenheit wurde für Sklaven abhängig von z. B. Größe, Kraft und Aussehen ein Wert festgelegt, zu dem sie dann verkauft wurden (was tragischerweise auch heute noch in manchen Regionen der Welt der Fall ist).

Der Soziologe Kevin Bales, der die moderne Sklaverei erforscht, hat herausgefunden, dass der Durchschnittspreis für ein menschliches Wesen heutzutage 90 US-Dollar beträgt,[15] also niedriger ist als je zuvor. Ihm zufolge ist der Preis wahrscheinlich so stark gesunken, weil die globale Bevölkerungsexplosion zu einer Zunahme schutzloser Menschen geführt hat, die ausgebeutet werden können. Der Begriff Sklaverei wird in einem rechtlichen Kontext zwar oft viel weiter gefasst, doch Bales definiert den modernen Sklaven als Menschen, der unter Androhung von Gewalt dazu gezwungen wird, ohne Lohn zu arbeiten, und nicht in der Lage ist, fortzugehen.

Wie viele Sklaven gibt es? Laut der Internationalen Arbeitsorganisation der Vereinten Nationen befinden sich heute weltweit mindestens 21 Millionen Menschen in sklavereiähnlichen Verhältnissen, obwohl die Sklaverei in jedem Land der Welt illegal ist.

Ich habe wirklich Probleme damit, die Sklaverei zu verstehen. Vor allem die sexuelle Sklaverei. Was gibt es Grausameres, als jungen Leuten alles zu nehmen: ihre Freiheit, ihre Gesundheit, ihre Würde, ihr Leben. Es ist nicht schwer, sich vorzustellen, wie schnell jemand entführt und versklavt werden kann. Er muss nur zur falschen Party gehen. Zu einem freundlichen Fremden ins Auto steigen. Oder ungerechtfertigtes Vertrauen in ein Jobangebot haben – was laut Bales der häufigste Grund ist, in die Sklaverei zu geraten.

Es scheint schockierend einfach zu sein, von einem normalen Leben in etwas zu rutschen, was man nicht wirklich als Leben bezeichnen kann. Und was hat der Täter davon? Geld? Ist der monetäre Anreiz wirklich Motiv genug für solche Gräueltaten?

»Menschen versklaven Menschen nicht, um gemein zu ihnen zu sein. Sie tun es um des Profits willen.«[16] Sklaverei ist ein Geschäft. Ein großes Geschäft. Hierzu sagte der Ökonom und Experte für moderne Sklaverei Siddharth Kara 2017 in einem Interview: »Wie sich herausstellt, ist die moderne Sklaverei profitabler, als ich mir hätte vorstellen können.« Kara fasste in einem Zeitraum von 15 Jahren Daten aus 51 Ländern zusammen und führte Interviews mit über 5000 Opfern von Sklaverei. Dabei stellte er Folgendes fest: »Die Profite pro Sklave können von ein paar Tausend Dollar bis zu ein paar Hunderttausend Dollar pro Jahr reichen, wobei die jährlichen aus der Sklaverei erzielten Gesamtprofite auf 150 Milliarden Dollar geschätzt werden.«[17] Er berechnete, dass der Durchschnittsprofit, den ein Opfer pro Jahr erzeugt, 3978 US-Dollar beträgt und dass Opfer von Sexhandel, der fünf Prozent der Sklaverei ausmacht, im Durchschnitt 36 000 US-Dollar erzeugen.

Es wirkt herzlos, darüber zu sprechen, wie profitabel die Sklaverei ist. Doch in diesem Kapitel geht es nun mal ums Geld. Geld ist hier die wichtigste korrumpierende Kraft. Wäre die moderne Sklaverei nicht profitabel, würde sie weitgehend verschwinden.

Wie können Sklavenbesitzer es nur rechtfertigen, Teil dieser Industrie zu sein? Sind sie böse? Laut Roy Baumeister[18] werden gewisse Menschen und Handlungen als das »reine Böse« wahrgenommen, das durch acht Merkmale definiert wird. Kevin Bales hat Baumeisters ursprüngliche Idee weiter ausgeführt und auf die Sklaverei angewendet. »Das reine Böse ist gekennzeichnet ... durch acht Merkmale, von denen die meisten auch in allgemeinen Vorstellungen von der Sklaverei zu finden sind.« Diese Merkmale sind wie folgt zusammengefasst, wobei die Sklavereibeispiele in Klammern von Bales stammen:

1. Die böse *Person fügt* Menschen *absichtlich Schaden zu* (der Sklavenhalter behandelt seine Sklaven regelrecht brutal).

2. Die Triebkraft des Bösen ist *der Wunsch, anderen Schaden zuzufügen, weil es Spaß macht* (der Sklavenhalter hat ein sadistisches Vergnügen daran, Sklaven auszupeitschen).

3. Das *Opfer ist unschuldig und gut* (der Sklave hat nichts getan, um die Sklaverei zu verdienen).

4. *Das Böse ist der andere*, der Feind, der Außenseiter, der nicht zur Gruppe gehört (der Sklavenhalter ist nicht wie wir; er gehört einer Gruppe an, zu der wir nie gehören könnten und wollten).

5. Das Böse ist *seit Menschengedenken* so gewesen (die Sklaverei war schon immer gekennzeichnet durch totale gewaltsame Kontrolle und Missbrauch).
6. Das Böse stellt *die Antithese zu Ordnung, Frieden und Stabilität* dar (Versklavung bedeutet Gewalt, Zerrüttung, die Zerstörung von Familien und einen vollständigen Mangel an Stabilität).
7. Böse Gestalten sind häufig *durch Egotismus gekennzeichnet* (der Sklavenhalter glaubt, dass er den Sklaven überlegen ist).
8. Böse Gestalten können ihre *Gefühle*, insbesondere Wut und Ärger, *nur schwer beherrschen* (die Wut des Sklavenhalters ist Teil des Terrors, dem der Sklave ausgesetzt ist).

Doch die Sache hat einen Haken. Falls Sie beim Lesen gedacht haben, dass es unglaublich schwierig, ja vielleicht sogar unmöglich wäre, alle acht Kriterien zu erfüllen, dann haben Sie recht. Diese acht Faktoren, vor allem die ersten sechs, bilden das, was Baumeister den *Mythos* vom reinen Bösen nennt. Während einige von ihnen einzeln betrachtet als die Merkmale angesehen werden können, mit denen die Gesellschaft das Böse kennzeichnet, bilden sie kein einheitliches Konzept. Es handelt sich bei ihnen um Übertreibungen und grobe Vereinfachungen, die einen Abstand zwischen uns und jenen herstellen wollen, die anderen Schaden zufügen. Doch auch wenn wir Menschen oder Taten vielleicht als das reine Böse betrachten, ist dies laut Baumeister und Bales kein nützliches oder vernünftiges Konzept. Menschen und Verhaltensweisen sind einfach nuancierter.

Dasselbe gilt für die Sklaverei. Bales erklärt, dass das Stereotyp des bösen Sklavenhalters uns vielleicht beruhigt, weil es eine Person darstellt, die sich grundlegend von uns unterscheidet, dass aber »kein Sklavenhalter Menschen versklavt, nur um Böses zu tun, auch wenn jeder vernünftige Mensch den Akt der Versklavung eines Menschen durch einen anderen als böse definiert«. Ich glaube, dass die Versklavung zum Schlimmsten gehört, was man einem anderen menschlichen Wesen antun kann, doch die Sklaverei als böse zu bezeichnen, scheint die Sklavenhalter aus der Verantwortung zu nehmen. Jemanden zu versklaven, ist habgierig. Egoistisch. Schädlich. Doch es ist eher das Ergebnis kaputter Systeme und der kaputten Werte eines Individuums als irgendeiner fundamentalen und unabänderlichen Anomalie des Sklavenhalters.

Laut Bales »müssen wir ihre eigenen Selbstdefinitionen erforschen (aber nicht akzeptieren)« und die Art, wie sie ihr Geschäft rechtfertigen. »Fast alle Sklavenhalter, die ich getroffen und interviewt habe, waren ›Familienväter‹, die sich selbst für Unternehmer hielten«, schreibt er. Bales zufolge ist die Sklavenhaltung einfach ein Faktor von vielen in der ökonomischen Gleichung.

Aber wie machen Sklavenhalter das?

Die kognitive Dissonanz muss enorm sein, wenn man andere versklavt, aber gleichzeitig glaubt, dass man ein guter Mensch ist. Doch statt ihr Verhalten zu ändern, scheinen Sklavenhalter oft ihre Überzeugungen zu ändern.

Bales erklärt, dass sie der Ansicht sind, ihre Rolle sei notwendig, um die Ordnung aufrechtzuerhalten, sie sei gerechtfertigt durch das Handeln oder die Situation der Sklaven oder vorherbestimmt durch die Schicht, in die sie hineingeboren wurden. Sie verstehen sich als jemand, der seinen Opfern etwas nimmt, aber auch etwas zurückgibt – Nahrung, Obdach, grundlegende Dinge. Diese Überzeugungen helfen, Ungleichheiten in der Gesellschaft aufrechtzuerhalten, weil sie beinhalten, dass gewisse Menschen nicht mehr *verdienen*, als man ihnen gibt. *Sie sollten dankbar sein, überhaupt etwas zu bekommen.*

Gleichzeitig führen diese Überzeugungen dazu, dass Sklaven als Untermenschen gesehen und in eine Kategorie von Wesen gesteckt werden, die, ähnlich Tieren oder Kriminellen, keinen gesellschaftlichen Status und keine Menschenrechte verdienen. Bales erklärt, dass es zu den Schlüsselrollen des Sklavenhalters gehört, den Sklaven dazu zu bringen, seine Rolle zu akzeptieren und Sklaverei nicht länger als etwas Böses zu betrachten, sondern als normalen Teil der Ordnung der Dinge. »Wenn das Böse im Auge des Betrachters liegt«, so Bales, »dann wird der Sklave gedrängt, den Standpunkt des Täters oder Sklavenhalters zu übernehmen.« Sobald weder der Sklavenhalter noch der Sklave die Situation als böse erachten, wird sie leicht aufrechterhalten.

Die moderne Sklaverei ist mit nichts zu rechtfertigen, aber wir können Parallelen zu anderen Umfeldern sehen, in denen Menschen um des Geldes willen extrem ausgebeutet werden. Es ist leichter, auf andere zu schauen und über sie zu richten, als üblichere dubiose Geschäftspraktiken zu betrachten, die wir aus unseren eigenen Gemeinschaften kennen. In den meisten Gemeinschaften gibt es Menschen, die überarbeitet und unterbezahlt sind. So schicken wir z. B. Menschen los, um Chemikalien zu gewinnen sowie Öl und Diamanten zu fördern, und setzen sie ohne angemessene Schutzmaßnahmen gefährlichen Arbeitsbedingungen aus. Und es gibt Unternehmen, die das Risiko eingehen, geschlossen zu werden, weil sie Schwarzarbeiter beschäftigen, und sich im Recht fühlen, wenn sie diese schlecht bezahlen. Vielleicht unterscheiden sich unsere Sklavenhalter ja gar nicht so sehr von einigen anderen Geschäftsleuten.

Eine gerechte Welt?

Lassen Sie uns nun von der modernen Sklaverei zu anderen Formen der Ausbeutung zurückkehren und uns der Frage zuwenden: Wie können wir es rechtfertigen, Arbeiter schlecht zu behandeln oder schlecht zu bezahlen? In westlichen Gesellschaften müssen wir uns z. B. fragen, warum wir glauben, dass es in Ordnung ist, Reinigungskräften, Pflegern und Müllmännern einen Bruchteil der Löhne zu zahlen, die andere bekommen. Oft reichen diese Löhne nicht einmal aus, um Grundbedürfnisse wie Nahrung, Obdach usw. abzudecken. Bei diesen Dienstleistungen handelt es sich um wichtige, schmutzige Arbeiten, die die meisten Leute nicht verrichten wollen. Sollte hierfür nicht ein hoher oder zumindest angemessener Lohn bezahlt werden? Oder finden Sie die schlechte Bezahlung in Ordnung, weil die Gesellschaft nun mal so funktioniert oder weil Ihnen, mit Ihrem Universitätsabschluss oder Ihrer Ausbildung oder Ihrer guten Herkunft, mehr *zusteht*?

Wenn Sie sich unsicher sind, ob Sie an eine gerechte Welt glauben, dann lassen Sie mich Ihnen helfen. Stellen Sie sich, um dies zu klären, folgende wichtige Frage: Glauben Sie, dass »die Menschen im Allgemeinen die Belohnungen und Strafen verdienen, die sie in dieser Welt erhalten«?[19] Wenn Sie diese Frage mit Ja beantworten, glauben Sie wahrscheinlich an die »Ergebnis- und Verteilungsgerechtigkeit«.[20] Je überzeugter Sie davon sind, dass Menschen, die gut sind, Gutes verdienen, dass Menschen, die hart arbeiten, Reichtum verdienen, oder dass Menschen, die nicht arbeiten, es verdienen, Hunger zu leiden, desto eher glauben Sie, dass die Welt ein gerechter Ort ist. Es bedeutet auch, dass Sie es nur schwer verarbeiten können, wenn Sie jemandem begegnen, der Hunger leidet, obwohl er hart arbeitet.

Der Psychologe Melvin Lerner gehörte zu den Ersten, die das untersuchten, was als Gerechte-Welt-Glauben bezeichnet wird. Er wollte wissen, warum so viele Menschen gern den Geschädigten selbst die Schuld für ihr Leid in die Schuhe schieben. In einer Reihe von Experimenten, einschließlich eines 1966 zusammen mit Carolyn Simmons veröffentlichten, zeigte er Folgendes auf: »Die Leute passen ihre Wahrnehmung so an, dass sie den Glauben aufrechterhalten können, die Menschen würden das bekommen, was sie verdienen, beziehungsweise verdienen, was sie bekommen.«[21] Wir glauben an eine gerechte Welt, weil wir gern das Gefühl haben, unser Schicksal kontrollieren zu können, und es bedrohlich ist, nicht daran zu glauben. Lerner und Simmons erklären dies so: »Würden die Menschen nicht glauben, dass sie bekommen können, was sie möchten, und meiden können, was sie verabscheuen, indem sie sich angemessen verhalten, wären sie praktisch arbeitsunfähig.«

Wir nutzen Gerechte-Welt-Glauben, um eine Welt verstehen zu können, die voller Ungerechtigkeit ist und gegen die wir, wie wir meinen, nichts ausrichten können. Während der persönliche Glaube an eine gerechte Welt gut für uns sein kann, weil er ermächtigend wirkt und uns das Gefühl gibt, dass wir unser Leben unter Kontrolle haben,[22] können die Folgen des allgemeinen Glaubens an eine gerechte Welt für die Gesellschaft verheerend sein. Dieser Glaube ist mit vielen negativen Einstellungen in Verbindung gebracht worden, u. a. gegenüber den Armen[23] und den Opfern von Verbrechen, einschließlich Vergewaltigung.[24] Wenn Sie glauben, dass die Menschen verdienen, was sie bekommen, oder bekommen, was sie verdienen, beeinflusst dies, wie nicht anders zu erwarten, Ihre Einstellung gegenüber einem betrunkenen Mädchen, das vergewaltigt wurde, oder einem Obdachlosen, der in der U-Bahn bettelt.

Wenn wir auf der Straße einen armen Menschen sehen, gehen viele von uns ihm aus dem Weg, werfen ihm einen bösen Blick zu, sagen ihm sogar, er solle sich »einfach einen Job besorgen«. Dies kann der Wahrnehmung entspringen, dass der Betroffene es verdient, arm zu sein, weil er sich einfach nicht genug angestrengt oder die falschen Entscheidungen getroffen hat. In Wirklichkeit ist es jedoch eine Methode, *uns selbst* zu schützen. Wir denken gern, dass uns Armut nicht treffen kann, weil wir sie nicht verdient haben. Zu ähnlichen Argumenten greifen wir, um uns von denen zu distanzieren, die Opfer von Verbrechen geworden sind. Wir geben dem Opfer die Schuld, weil es sich sicherer anfühlt, zu glauben, dass es sein Schicksal irgendwie verdient hat, als zu glauben, dass wir ebenso gut ein Angriffsziel hätten sein können.

Wir haben gern ein Gefühl von Ordnung und Kontrolle und mögen den Gedanken nicht, dass guten Menschen Schlechtes zustoßen kann. Aber das tut es ständig. Dies zu akzeptieren, kann uns helfen, uns mit Ungleichheiten auseinanderzusetzen und zu versuchen, etwas gegen sie zu unternehmen – z. B. daran zu arbeiten, die Sklaverei abzuschaffen, die extreme Armut zu verringern oder Gewaltverbrechen zu verhindern. Dies sind keine »notwenigen Übel« der Gesellschaft, wie einige von denen, die an eine gerechte Welt glauben, vielleicht annehmen.

Unserem Gerechte-Welt-Glauben widerspricht es auch, zu akzeptieren, dass auch »schlechten« Menschen gute Dinge passieren können – Menschen, die sich nicht an die Regeln halten und andere ausbeuten.

Eines der krassesten Beispiele dafür, um des Profits willen Nutzen aus menschlichem Leid zu ziehen, ist es, lebensrettende Medikamente zu Wucherpreisen zu verkaufen.

Pharma Bro

2015 kaufte Martin Shkreli (auch bekannt als »Pharma Bro«), der CEO von Turing Pharmaceuticals, die Rechte am Aids-Medikament Daraprim und erhöhte den Preis über Nacht um mehr als das 50-Fache pro Tablette, und zwar von 13,50 Dollar auf 750 Dollar.[25] Das schien ein klarer Fall von Profitmacherei zulasten von Patienten zu sein. Seine unverantwortliche Missachtung des Wohlergehens von Patienten brachte Shkreli den Titel »Amerikas meistgehasster Mann« ein.

2017 wurde er wegen Betrugs in mehreren Fällen angeklagt. Wie sich jedoch herausstellte, war es nach so viel Kritik an ihm und seinem Handeln schwierig, neutrale Geschworene zu finden. Hier ist ein Auszug aus dem vielleicht bizarrsten Geschworenen-Auswahlverfahren aller Zeiten, das dazu führte, dass über 200 Geschworene von ihren Pflichten »entbunden« wurden.[26]

DAS GERICHT: Der Zweck der Geschworenenauswahl ist es, Gerechtigkeit und Unparteilichkeit in diesem Fall zu gewährleisten. Wenn Sie glauben, dass Sie nicht fair und unparteiisch sein können, ist es Ihre Pflicht, mir dies zu sagen. Gut. Geschworener Nr. 1.

GESCHWORENER NR. 1: Ich kenne den Angeklagten und ich hasse ihn.

BENJAMIN BRAFMAN (SHKRELIS ANWALT): Ich bedaure.

GESCHWORENER NR. 1: Ich denke, dass er ein gieriger kleiner Mann ist.

DAS GERICHT: Geschworene sind verpflichtet, den Fall allein auf der Basis von Beweisen zu entscheiden. Stimmen Sie zu?

GESCHWORENER NR. 1: Ich weiß nicht, ob ich das kann. Ich würde mich nicht in dieser Jury sehen wollen.

DAS GERICHT: Geschworener Nr. 1 ist entbunden.

…

GESCHWORENER NR. 10: Das Einzige, wobei ich unparteiisch wäre, ist die Frage, in welches Gefängnis der Typ geht.

DAS GERICHT: In Ordnung. Sie sind entbunden. Geschworener Nr. 28, müssen Sie angehört werden?

GESCHWORENER NR. 28: Ich mag diesen Typen überhaupt nicht. Ich kann einfach nicht verstehen, wie er so dumm sein konnte, ein Medikament zu nehmen, das HIV-Infizierte brauchen, und den Preis dann um das 50-Fache zu erhöhen. Ich würde ehrlich gesagt gern, also wirklich gern, hingehen und …

DAS GERICHT: Danke, Sir.

GESCHWORENER NR. 28: Ist er dumm oder gierig? Ich verstehe es nicht.

…

GESCHWORENER NR. 59: Euer Ehren, er ist durch und durch schuldig und ich kann ihn auf keinen Fall ungeschoren davonkommen lassen, weil …

DAS GERICHT: Okay. Ist das Ihre Haltung gegenüber jemandem, der eines Verbrechens angeklagt ist, dessen Schuld aber noch nicht bewiesen ist?

GESCHWORENER NR. 59: Es ist meine Haltung gegenüber seinem ganzen Verhalten, dem, was er Leuten angetan hat.

DAS GERICHT: In Ordnung. Sie sind entbunden, Sir.

GESCHWORENER NR. 59: Und er hat sich gegenüber dem Wu-Tang-Clan respektlos verhalten.

…

GESCHWORENER NR. 77: Nach allem, was ich in den Nachrichten

gesehen, und allem, was ich gelesen habe, glaube ich, dass der Angeklagte das Gesicht der Unternehmensgier in Amerika ist.

BRAFMAN: Einspruch.

GESCHWORENER NR. 77: Sie müssten mich eher überzeugen, dass er unschuldig ist, als dass er schuldig ist.

Der letzte Kommentar von Geschworenem Nr. 59 bezog sich darauf, dass Shkreli die Rechte an einem noch unveröffentlichten Wu-Tang-Album gekauft und die Musik nie für jemand anderen freigegeben hatte, weshalb ein Mitglied des Clans ihn als »Scheißkerl« bezeichnete. Shkreli reagierte mit der Aussage, der Rapper sei alt und irrelevant, drohte, das Album zu löschen,[27] und sagte: »Ohne mich bist du nichts.«

Selbst nachdem man die voreingenommenen Geschworenen herausgefiltert hatte, wurde Shkreli einer Reihe von Anklagen gegen ihn für schuldig befunden. Während und nach dem Prozess wirkte er aalglatt, oberflächlich und anmaßend, postete abscheuliche, Aufmerksamkeit heischende Kommentare in den sozialen Medien und log wiederholt. Selbst seine Aussage, er sei ein Absolvent der Columbia University, war gelogen. Dies kam während des Prozesses ans Licht, als ein Verwaltungsangestellter der Universität berichtete, es gebe keinerlei Nachweis dafür, dass er die Uni je besucht habe.[28] Als Shkreli an jenem Abend wieder zu Hause war, postete er einen Livestream in den sozialen Medien. Darin saß er mit einem Columbia-T-Shirt da, seine Katze auf dem Schoß, und griff seine Kritiker an. Er schien Gefallen daran zu haben, sich mit Leuten anzulegen, ja genoss es vielleicht sogar, als böse wahrgenommen zu werden. Erst als er 2018 wegen Wertpapierbetrug und Verschwörung zu sieben Jahren Gefängnis verurteilt wurde, erlebte die Welt einen Gefühlsausbruch. Der Mann, der sich einst für unantastbar gehalten hatte, weinte im Gerichtssaal.[29]

Wie war er an diesen Punkt gelangt? Es ist leicht, ihn als Psychopathen, als schwarzes Schaf oder als böse abzutun. Tatsächlich wollte ich in diesem Abschnitt eigentlich über das sprechen, was Robert Hare, der Forscher, der die Psychopathie-Checkliste entwickelte, als *Schlangen in Anzügen* bezeichnet hat. Darüber, dass es im unternehmerischen Umfeld hilfreich sein kann, ein gefühlloser und manipulativer Psychopath zu sein, weil es einem erlaubt, Entscheidungen zu treffen, die auf Geld statt auf Empathie basieren.

Doch dann wurde mir klar: Wenn wir schlechtes Geschäftsgebaren als das Ergebnis psychopathischer Führer erklären, unterliegen wir wieder dem Trugschluss, dass das Böse etwas ist, was andere Menschen tun. Dass es das Ergebnis fundamentaler Makel einer Person statt fundamentaler Fehler eines Systems ist, in dem allein das Geld als Maßstab für Erfolg gilt.

Shkreli ist in vielerlei Hinsicht der Inbegriff dessen, was wir uns unter einem schlechten Boss oder CEO vorstellen. Eine schäbige, eigennützige Schlange im Anzug. Doch wir müssen vorsichtig sein. Er ist in einer Welt aufgewachsen, die Geld verherrlicht und oft diejenigen belohnt, die im Business erfolgreich sind, selbst auf Kosten anderer. Viele Industrien erhöhen die Preise für notwendige Güter, behandeln Arbeiter schlecht oder zahlen sich selbst sehr hohe Gehälter, während ihre Belegschaft am Hungertuch nagt. Menschen passen sich leicht an die Systeme an, in denen sie leben, und Shkreli gehört zu denen, die es zu weit treiben und es genießen, dass sie sich auf das Unternehmensspiel verstehen. Damit soll sein Handeln nicht entschuldigt werden, doch wie wir alle ist auch Shkreli ein Produkt seiner Umwelt – was wahrscheinlich verstärkt wird durch die

Merkmale der dunklen Tetrade (Narzissmus, Machiavellismus, Sadismus und Psychopathie), die es ihm sogar noch leichter machen, moralische Prinzipien zu ignorieren und sich völlig auf Geld und Ruhm zu fokussieren.

Dennoch sollten wir diejenigen, die andere entmenschlichen, nicht entmenschlichen.

Vielleicht hat ein System, das den Profit über alles andere stellt, das Potenzial, uns alle zu Monstern zu machen.

Moralische Blindheit

Vieles von dem, was Menschen bei der Arbeit tun, tun sie auch außerhalb der Arbeit. Menschen lügen, um sich vor Dingen zu drücken, die sie nicht tun wollen, betonen ihre guten Eigenschaften, um besser dazustehen, sind gehässig gegenüber Kollegen, weiden sich am Unglück derer, die sie hassen, stehlen aus Eigennutz, missbrauchen Machtpositionen und betrügen, um voranzukommen. Wir haben es hier einfach nur mit Menschen zu tun, die menschliche Dinge tun, und das zufällig bei der Arbeit. In vielerlei Hinsicht sind Unternehmen lediglich Mikrokosmen menschlicher Erfahrungen. Doch wenn wir den Vorhang lüften und die Menschen betrachten, die ein Unternehmen ausmachen, sehen wir ein paar Dinge, die vor allem einen Einfluss auf unser Verhalten bei der Arbeit haben.

Viele von uns gehen nicht nur des Geldes wegen zur Arbeit. Wir wünschen uns normalerweise auch, dass unsere Arbeit erfüllend und sozial ist und dass sie uns Spaß macht. Wir möchten das Gefühl haben, dass wir etwas Sinnvolles mit unserem Leben tun. Und wenn wir unsere Rolle als bedeutsam empfinden, identifizieren wir uns vielleicht irgendwann stark mit ihr.

Nehmen Sie mich zum Beispiel. Ich betreibe nicht nur Wissenschaft. Ich *bin* Wissenschaftlerin.

Was das moralische Verhalten angeht, scheint es eine große Rolle zu spielen, wie sehr wir das Unternehmen, für das wir arbeiten, schätzen und uns mit ihm identifizieren. Wenn wir unglückliche Arbeitnehmer sind, die das Unternehmen oder ihre Rolle darin nicht schätzen, tun wir vielleicht etwas, was für uns von Vorteil, für das Unternehmen jedoch schädlich ist. Das ist unethisches, egoistisches Verhalten.

Wenn wir das Unternehmen und die Menschen, mit denen wir zusammenarbeiten, jedoch schätzen und es Teil unserer Identität ist, Teil einer Organisation zu sein, tun wir vielleicht unmoralische Dinge, die dem Unternehmen zugutekommen. Möglicherweise stehlen wir *für* unseren Arbeitgeber, statt ihn zu bestehlen. Wir lügen *für* unsere Chefs, statt sie zu belügen. Wir vertuschen Fehler *unserer Kollegen* und nicht nur *unsere eigenen*.

Elizabeth Umphress und John Bingham haben dies als unmoralisches pro-organisationales Verhalten bezeichnet. Sie schreiben: »Individuen, die sich stark mit ihrem Arbeitgeber verbunden fühlen und sich mit ihm identifizieren, neigen vielleicht auch am ehesten zu unethischen pro-organisationalen Verhaltensweisen, was nahelegt, dass Angestellte manchmal aus guten Gründen Schlechtes tun.«

Laut Umphress und Bingham steht dies im Einklang mit der Theorie des sozialen Austauschs, die den Austausch von »Gefallen« (Vorleistung und Gegenleistung, Anm. d. Übers.) oder Ressourcen beinhaltet. Die Autoren fassen zusammen: »Obwohl das Erwidern von Gefallen freiwillig ist, handeln sich diejenigen, die diese Gegenleistungen nicht erbringen, möglicherweise Strafen wie Misstrauen, vermindertes Ansehen, Verweigerung künftiger Gefallen sowie andere Sanktionen ein. Im Gegensatz dazu beteiligen sich diejenigen, die Gegenleistungen erbringen, an einem sich ständig fortsetzenden Austausch von Gefallen, einschließlich gegenseitigem Vertrauen, Zustimmung und Respekt.«

Darüber hinaus präsentieren unsere intuitiven Modelle ethischer Entscheidungsfindung Menschen als rationale Akteure, die aufgrund von Charakterfehlern die *Entscheidung* treffen, unmoralisch zu handeln. Manchmal verhalten Menschen sich jedoch unmoralisch, ohne dass es ihnen bewusst ist.

Laut Guido Palazzo u. a. (2012) können wir alle blind sein:[30] »Moralische Blindheit kann als die zeitweise Unfähigkeit eines Entscheidungsträgers gesehen werden, die ethische Dimension einer zu treffenden Entscheidung zu erkennen.« Statt von moralischer Blindheit spricht man auch vom blinden Flecken der Moral.

Von moralischer Blindheit kann jeder betroffen sein, vor allem in Unternehmensumfeldern. Wenn wir Menschen als Profit, Sicherheit als Kosten, Ethikprüfungen als lästige Papierarbeit und das Wohl des Unternehmens als wichtigste Priorität betrachten, können wir leicht den möglichen Schaden vergessen, der aus unserem Handeln erwachsen kann. Als Außenstehende mögen wir uns darüber wundern, was Menschen sich bei ihren gefährlichen Entscheidungen gedacht haben, während sie von den Betroffenen selbst vielleicht gar nicht als gefährlich wahrgenommen wurden. Rückblickend mag es leicht sein, zu wissen, dass schlechte Entscheidungen getroffen wurden, doch oft hielten die Entscheidungsträger sie zum damaligen Zeitpunkt für eine gute Idee.

In den meisten Unternehmen gibt es noch eine andere verderbliche Plage, die enormen Schaden anrichtet. Implizite Vorurteile (auch unbewusste Vorurteile genannt) beinhalten Überzeugungen, über die wir nicht wirklich nachdenken, die anderen jedoch schaden können. Obwohl die meisten Menschen sagen, dass sie nicht rassistisch, sexistisch oder altenfeindlich sind, würden wir dies vielleicht anders sehen, wenn wir ihr Verhalten beobachten.

Forschungen haben gezeigt, dass es schwierig sein kann, uns von unseren impliziten Vorurteilen und Assoziationen zu befreien. Doch wir können uns mit ihnen auseinandersetzen, indem wir uns bewusst machen, dass sie existieren. Sobald wir dies wissen, können wir aktiv Strategien umsetzen, um sie zu bekämpfen.

Kontexte, in denen implizite Vorurteile in letzter Zeit sehr viel Aufmerksamkeit erhalten haben, sind Mobbing und Diskriminierung am Arbeitsplatz. Meiner Ansicht nach handelt es sich hier um besonders interessante Formen des unmoralischen Verhaltens in Unternehmen, da wir ihnen gegenüber oft so blind sind, dass wir glauben, unmöglich Teil des Problems sein zu können.

Weil Mobben etwas ist, was andere Leute tun.

Doch wir alle tragen zur Diskriminierung und zum Mobbing am Arbeitsplatz bei. Jedes Mal, wenn Sie eine Frau in einer Konferenz unterbrechen, einen Menschen, der eine andere Hautfarbe hat, fragen, wo er »*eigentlich* herkommt«, oder sich schockiert zeigen, wenn ein Mann sagt, dass er Fußball nicht mag, scheinen Ihre impliziten Vorurteile durch.

Wir glauben oft nicht, dass wir Mitglieder anderer Gruppen diskriminieren, obwohl unser Verhalten vielleicht darauf hindeutet, dass wir gewisse Überzeugungen oder Klischees billigen. Wenn man diese impliziten Überzeugungen ihren natürlichen Lauf nehmen lässt, kann dies zu einer Kultur führen, die

Menschen auf unfaire Weise benachteiligt und ausschließt. Die meisten von uns würden wahrscheinlich sagen, dass es falsch ist, Menschen allein wegen ihres Geschlechts, ihrer Hautfarbe oder ihrer Religion anders zu behandeln. Doch das tun wir. Und unsere Kultur zahlt einen enormen Preis dafür.

Die Folgen impliziter Überzeugungen hinsichtlich von Gender und Beruf traten 2017 deutlich zutage. Frauen in verschiedenen Bereichen brachten jahrzehntelange sexuelle Belästigungen am Arbeitsplatz über Twitter, die Nachrichten und die Gerichte ans Licht. Kampagnen wie #MeToo hatten das Ziel, das Schweigen über diese Belästigungen zu brechen und eine Debatte in Gang zu setzen. Als dies passierte, gab es viele verängstigte Männer und wütende Frauen sowie viele verängstigte Frauen und wütende Männer. Wir stellten fest, dass es um ein tief greifendes Problem ging.

Mobbing ist so weit verbreitet, dass es ein fundamentaler Bestandteil der Kultur von Unternehmen sein muss, in denen viele von uns arbeiten. Menschen mobben andere nicht, weil sie schlechte Menschen sind, sondern weil unsere Kultur und Gesellschaft dies ermöglichen.

Diese Art des »Bösen« in der Arbeitswelt interessiert mich sehr. Im Rahmen einer Analyse der Literatur zu Mobbing und Diskriminierung am Arbeitsplatz, die ich 2018 zusammen mit Camilla Elphick und Rashid Minhas durchführte, stellten wir fest, dass Mobbing in den meisten Fällen nicht gemeldet wird.[31] Das ist alarmierend. Es bedeutet, dass die meisten Unternehmen keine Ahnung haben, wie verbreitet Mobbing am Arbeitsplatz ist und welche Art von Mobbing stattfindet. Warum melden Menschen es nicht, wenn sie zum Opfer oder zum Zeugen von Mobbing werden? Sie haben Angst, ihren Job zu verlieren, Angst, von anderen in ihren Organisationen schlecht behandelt zu werden, Angst, noch stärker benachteiligt zu werden, als dies bereits der Fall ist. Die Menschen haben so große Angst vor den kulturellen Folgen, die es haben könnte, Mobbingvorfälle bekannt zu machen, dass sie diese in der Regel nicht melden.

Wenn wir eine ethische Arbeitswelt schaffen wollen, müssen wir die Unternehmenskultur ändern. Im Februar 2018 stellten meine Kollegen und ich ein Online-Tool bereit, um das Melden von Diskriminierung zu erleichtern und den Blick auf die Mobbing-Dunkelziffer zu lenken. Dieses Tool heißt Spot (und kann kostenlos unter talktospot.com genutzt werden). Spot ist ein Online-Roboter (ein »Bot«), mit dem Sie chatten können, wenn Sie unangemessenes Verhalten am Arbeitsplatz erleben. Es funktioniert ein bisschen wie Simsen, nur dass man hier nicht einem Freund simst, sondern einem Chatbot, der bestens darauf trainiert ist, Ihnen die richtigen Fragen zu stellen. Und das Schöne ist: Im Unterschied zu einem Freund oder jemandem in der Personalabteilung Ihrer Firma kann er nicht über Sie urteilen oder richten. Er will nur helfen, Ihnen eine Stimme zu verleihen.

Spot hilft Ihnen, ein Protokoll zu erstellen, das Sie aufbewahren können, falls Sie es später jemandem zeigen wollen, oder aber sofort Ihrem Arbeitgeber aushändigen können. Es ermutigt dazu, Arbeitgebern Vorfälle von Mobbing und Diskriminierung zu melden, und verbessert die Genauigkeit von Berichten. Spot hilft auch Organisationen, mit auftauchenden Problemen besser umzugehen, indem es Unterstützung bei Beschwerdeverfahren anbietet. Wir möchten Arbeitnehmern helfen, ihre Stimme zu erheben, und Organisationen ermächtigen, eine bessere Arbeitsplatzkultur zu schaffen.

Menschen dazu zu ermutigen, über die ethischen Folgen von Verhalten seitens des Unternehmens und innerhalb des Unternehmens nachzudenken, ist ein wichtiger Schritt zur Verbesserung der Situation. Wenn wir gesunde, ethische Unternehmen haben wollen, müssen wir miteinander reden, wenn etwas schiefgeht. Wir müssen eine Kultur schaffen, die sicherstellt, dass die Anliegen der Menschen ernst genommen statt ignoriert werden. Wir müssen das Aufdecken und Melden von Diskriminierung und Mobbing als positiv für die Gruppe sehen und dürfen nicht zulassen, dass Menschen, die ihre Stimme erheben, isoliert werden. Denn für unmoralisches Verhalten sind nicht nur wenige schwarze Schafe verantwortlich; sie sind vielmehr das Ergebnis einer aus den Fugen geratenen Unternehmenskultur.

Dies trifft insbesondere auf ein Unternehmensumfeld zu, das uns dazu ermutigt, Menschen als Ware zu betrachten – welche Kosten sie verursachen, welchen Profit sie einbringen, welchen Wert sie haben. Hier müssen wir regelmäßig einen Schritt zurücktreten und uns daran erinnern, dass diese Zahlen Menschen repräsentieren. Wir müssen unsere Unternehmen und uns selbst daran hindern, wie Psychopathen zu handeln, weil wir uns von der Einfachheit, vielschichtige Probleme auf Geld zu reduzieren, haben verführen lassen.

Wir müssen unbedingt die Unternehmenskultur verändern und uns nicht nur fragen, was wir tun oder wie viel Geld wir verdienen können, sondern was wir tun *sollten*.

Es ist an der Zeit, die Art und Weise, wie Unternehmen über Menschen, Tiere und den Planeten sprechen, zu revolutionieren, damit wir keine Unternehmenskannibalen werden.

Der Einfluss einer Kultur auf schlechtes Verhalten kann weit über die Vorstandsetage hinaus spürbar sein. Wir kehren nun zurück zu Hitler, dem vielleicht berüchtigtsten Übeltäter aller Zeiten, um die Gesellschaft zu betrachten, die er zu erschaffen half. Wir werden sehen, wie leicht wir zu unmenschlichem Verhalten verleitet werden können, ein Thema, das immer relevant sein wird. Und wir werden erforschen, welche verheerenden Folgen es haben kann, wenn wir unsere Identität verlieren und es zulassen, dass andere uns ihre »Moral« aufzwingen.

Kapitel 8

UND ICH HABE GESCHWIEGEN: DIE WISSENSCHAFT VON DER KONFORMITÄT

Über Nazis, Vergewaltigungskultur und Terrorismus

Der Irrsinn ist bei einzelnen etwas Seltenes – aber bei Gruppen, Parteien, Völkern, Zeiten die Regel.

Friedrich Nietzsche[1]

Als Hitler an die Macht kam, hatte er viele Anhänger. Zu ihnen zählte Pastor Martin Niemöller,[2] ein bekennender Antisemit. Im Laufe der Zeit erkannte Niemöller jedoch, welchen Schaden Hitler anrichtete, und er wurde 1933 Mitglied einer aus Geistlichen bestehenden, *Pfarrernotbund* genannten Oppositionsgruppe. Hierfür wurde er schließlich verhaftet und landete in zwei verschiedenen Konzentrationslagern, die er, allen Widrigkeiten zum Trotz, überlebte.

Nach dem Krieg sprach Niemöller offen über die Mitschuld der Menschen am Holocaust. In dieser Zeit schrieb er folgendes Gedicht über die Gefahren der politischen Apathie (Niemöller hat nie eine endgültige Version dieses Gedichts niedergeschrieben und je nachdem, zu wem er sprach, andere Gruppen erwähnt. Dies ist eine seiner Versionen).

Als die Nazis die Sozialdemokraten einsperrten, habe ich
  geschwiegen;
ich war ja kein Sozialdemokrat.
Als sie die Gewerkschafter holten, habe ich nicht
  protestiert;
ich war ja kein Gewerkschafter.
Als sie die Juden holten, habe ich geschwiegen;
ich war ja kein Jude.
Als sie mich holten, gab es keinen mehr, der protestierte.[3]

Es ist ein ergreifendes Gedicht, das zeigt, wie gefährlich es ist, die Probleme der Gesellschaft als die Probleme der anderen wahrzunehmen. Es spricht die Mittäterschaft an, die daraus erwächst, nichts zu tun. Und es wirft die Frage auf, warum wir so oft nichts tun, wenn Menschen um uns herum leiden.

Möglicherweise reagieren wir auf hypothetische ethische Dilemmata mit moralischem Eifer. Wir denken vielleicht, dass wir standhalten würden, wenn ein gewalttätiger, fremdenfeindlicher Führer an die Macht käme. Dass wir uns nie an der systematischen Unterdrückung von Juden, Muslimen, Frauen oder anderen Minderheiten beteiligen würden. Dass wir nicht zulassen würden, dass die Geschichte sich wiederholt.

Eine Million Komplizen

Doch sowohl die Geschichte als auch die Wissenschaft stellen dies infrage. 2016 brach die inzwischen 105 Jahre alte ehemalige Sekretärin von Joseph Goebbels nach 66 Jahren ihr Schweigen und sagte: »Ich glaube den Leuten, die heute sagen, dass sie sich gegen die Nazis aufgelehnt hätten, schon, dass sie das aufrichtig meinen, aber glauben Sie mir, die meisten von ihnen hätten es nicht getan.«[4] Joseph Goebbels war im Dritten Reich Hitlers Propagandaminister und trug wesentlich zu den Kriegsanstrengungen der Nazis bei. Er förderte Handlungsweisen, die fast überall als böse betrachtet werden, und als deutlich wurde, dass der Zweite Weltkrieg verloren war, begingen er und seine Frau Selbstmord, nachdem sie ihre sechs Kinder mit Zyanid vergiftet hatten.

Dass ideologiegetriebene Menschen entsetzliche Taten begangen hatten, war eine Sache, doch die Mitwirkung »normaler« Deutscher am Holocaust schien unbegreiflich. In dem Versuch, dies zu verstehen, untersuchten Wissenschaftler, wie es möglich sein konnte, ein ganzes Volk ins Verderben zu stürzen. Der 1961 stattfindende Prozess gegen SS-Obersturmbannführer Adolf Eichmann, einem der Organisatoren der Endlösung, der argumentierte, dass er »lediglich Befehle befolgt« habe, als er Juden in den Tod schickte (so wie es auch andere hochrangige Nazis mehrere Jahre zuvor während der Nürnberger Prozesse getan hatten), inspirierte Stanley Milgram zu seinen berühmten Experimenten (die ich in Kapitel 3 vorgestellt habe). Milgram fragte sich Folgendes: »War es möglich, dass Eichmann und seine Million Komplizen beim Holocaust lediglich Befehle befolgten? Konnten wir sie alle Komplizen nennen?«[5]

Wer waren die »Million Komplizen«? Waren es wirklich *nur* eine Million? Wenn wir die Komplexität von Nazi-Deutschland diskutieren, müssen wir verschiedene Verhaltensweisen analysieren, die nötig waren, um das Begehen solcher Gräueltaten überhaupt zu ermöglichen. Zuschauer bildeten den größten Teil derer, die es zuließen, dass der Holocaust stattfand – diejenigen, die nicht an die Ideologie glaubten und nicht Mitglied der Nazipartei, aber Zeuge der Gräueltaten waren oder von ihnen wussten, ohne einzuschreiten. Diese Zuschauer gab es nicht nur in Deutschland, sondern auf der ganzen Welt.

Dann gab es jene, die auf die Nazi-Rhetorik reinfielen und glaubten, dass sie halfen, die Welt durch ethische »Säuberungen« zu verbessern, und deren Überzeugungen und Handeln im Einklang miteinander standen. Schließlich gab es diejenigen, die nicht an die Nazi-Ideologie glaubten, aber meinten, keine andere Wahl zu haben, als in die Partei einzutreten, oder annahmen, dass ein Parteieintritt ihnen persönliche Vorteile verschaffen würde. Einige dieser Menschen, deren Verhalten im Widerspruch zu ihren Überzeugungen stand, »befolgten Befehle«, andere zu töten, während viele hinter den Kulissen von Nazi-Deutschland als Administratoren oder Propagandaautoren tätig oder an allgemeinen politischen Aktivitäten und nicht an der direkten Ermordung von Menschen beteiligt waren.

Milgram war vor allem an der letzten, größten Gruppe interessiert und wollte wissen, wie »normale Bürger einer anderen Person Schaden zufügen konnten, einfach, weil es ihnen befohlen wurde«.[6] Wie bereits in Kapitel 3 beschrieben, ließ Milgram in seinen Studien seine Probanden einer Person in einem anderen Raum, die sie für einen zweiten Probanden hielten, Elektroschocks verabreichen, wobei die Voltzahl immer weiter erhöht wurde, bis sie glaubten, sie hätten die Person getötet.[7]

Die Milgram-Experimente mögen bereits fester Bestandteil populärer Psychologiebücher sein. Ich habe sie dennoch mit aufgenommen, weil sie die Art, wie Wissenschaftler, und vielleicht die Welt, die Gehorsamsbereitschaft von Menschen betrachten, grundlegend verändert haben. Diese Experimente und spätere Wiederholungen zeigen, welch tief greifenden Einfluss Autoritätspersonen auf uns haben können. Doch an diesen Studien wurde durchaus Kritik geübt. Die einen kritisierten, sie seien zu realistisch, anderen waren sie zu unrealistisch: Einige Teilnehmer waren durch das realistische Setting, das sie glauben ließ, jemanden getötet zu haben, vielleicht traumatisiert. Andere Teilnehmer vermuteten womöglich, dass die Schmerzen nur vorgetäuscht waren, weil es sich um ein Experiment handelte, und gingen weiter, als sie es im realen Leben getan hätten.

Um diesen Fragen nachzugehen, haben Forscher verschiedentlich versucht, die Milgram-Studien teilweise zu wiederholen, und das mit Erfolg – sie erhielten jedes Mal ähnliche Ergebnisse in puncto Gehorsam und Konformität wie in der ursprünglichen Studie.[8/9]

Falls Sie glauben, wir hätten daraus gelernt und könnten uns heute Befehlen besser widersetzen, dann irren Sie sich leider.

Der Neurowissenschaftler Patrick Haggard, der 2015 in Anlehnung an die Milgram-Studien den Unterschied zwischen Befehl und freier Entscheidung testete, stellte fest, dass bei Probanden, die vom Versuchsleiter die Anweisung erhielten, anderen Elektroschocks zu verabreichen, die Wahrscheinlichkeit, dass sie dies tatsächlich taten (und nicht nur vorgaben, zu tun), höher war:[10] »Unsere Ergebnisse legen nahe, dass diejenigen, die Befehlen gehorchen, sich weniger verantwortlich für die Folgen ihres Handelns fühlen: Sie behaupten nicht einfach nur, dass sie sich weniger verantwortlich fühlen. Sie scheinen eine Art von Abstand zum Ergebnis ihres Handelns zu empfinden, wenn sie Anweisungen gehorchen.«[11] Die scheinbar grenzenlose Bereitschaft der Menschen zu Konformität und zum Gehorsam gegenüber Autoritäten hilft, Zerstörungen großen Ausmaßes zu verstehen, sollte sie aber nie entschuldigen.

Wir müssen aufpassen, unsere Moral nicht auszulagern, und wir müssen Autoritäten, die uns anweisen oder dazu ermutigen, Dinge zu tun, die wir für falsch halten, die Stirn bieten. Wenn Sie das nächste Mal angewiesen werden, etwas Ungehöriges zu tun, denken Sie darüber nach, was man Ihnen da aufgetragen hat, und überlegen Sie, ob Sie es für richtig gehalten hätten, wenn man Ihnen nicht befohlen hätte, es zu tun. Und wenn Sie erkennen, dass Sie konform gehen mit einer Kultur, die eine bestimmte Gruppe von Menschen stark benachteiligt, ergreifen Sie das Wort und widerstehen Sie dem Drang, zu tun, was alle anderen tun.

Lassen Sie uns nun noch eine andere Art von Konformität diskutieren. Das Konformgehen mit der systematischen Unterdrückung einer gesamten Gruppe von Menschen. Menschen, die nicht dieselben Rechte, denselben Respekt, denselben Lohn erhalten. Es ist an der Zeit, über die verheerenden Folgen unserer Mitschuld an der Frauenfeindlichkeit zu sprechen.

Vergewaltigungskultur

Die meisten von uns, die sexuelle Gewalt verüben, tun dies nicht, weil sie unter einer der Paraphilien leiden, die wir an früherer Stelle beschrieben haben.

Wir machen keine anzüglichen Kommentare und wir begrapschen oder vergewaltigen nicht andere (und begehen die große Zahl anderer sexueller Übergriffe), weil wir dadurch erregt werden, dass wir dies tun. Nein. Zu sexuellen Übergriffen kommt es zumindest teilweise, weil einige von uns von einem Großteil unserer Gesellschaft geteilte Grundanschauungen haben, die diese Übergriffe als akzeptables, verständliches oder zumindest tolerierbares Verhalten erscheinen lassen. Wir als Gesellschaft halten eine Reihe frauenfeindlicher Werte aufrecht, die so üble Wurzeln haben, dass sie nichts als Schaden anrichten können.

Wir helfen alle mit, Männer zu sexuellen Raubtieren zu machen.

Wir sind alle schuldig, wenn auch einige mehr als andere. Wieso? Es beginnt mit den kleinen Dingen, dem alltäglichen Sexismus, der eine verbreitete Kultur der sexuellen Objektifizierung, der Belästigung und sexuellen Gewalt hervorbringt. Sowohl Frauen als auch Männer legen eine Reihe von Verhaltensweisen an den Tag, die es in Ordnung erscheinen lassen, Frauen schlecht zu behandeln.

Zu diesen Verhaltensweisen gehört es z. B., einer Frau zuerst zu sagen, dass sie attraktiv ist, und erst dann, dass sie interessant oder intelligent ist. Bei der Arbeit über einen Scherz zu lachen, der impliziert, dass Suzie ein Flittchen oder Amanda eine Schlampe ist. Wütend zu werden, weil eine Frau nicht mit uns schlafen will, und ihr zu sagen, dass sie wohl eine von denen ist, die Männer erst anmachen und dann abblitzen lassen. Anzunehmen, dass Frauen keinen Sex wollen und die Männer sie dazu beschwatzen müssen. Wenn wir verärgert sind, dass eine Frau uns in die »Friendzone« steckt. Wenn wir davon ausgehen, dass wir ein Anrecht auf Sex haben, wenn wir ein Geschenk kaufen oder für ein Essen oder einen Drink bezahlen.

Doch wie kann all dies zu Vergewaltigungen führen? Die Gesellschaft lehrt Männer, dass wir Frauen uns ihretwegen schminken. Dass wir uns für sie auf bestimmte Weise kleiden. Dass unsere Körper ihnen gehören.

Solche Überzeugungen, die oft als Vergewaltigungsmythen bezeichnet werden, können die Vorläufer von sexueller Gewalt sein und sind eingehend erforscht worden. 2011 schufen Sarah McMahon und Lawrence Farmer eine Skala zur Erfassung der

Akzeptanz von sowohl unverhohlenen als auch subtilen Vergewaltigungsmythen.[12] Laut den Forschern sind die Hauptkategorien folgende: i) Das Opfer hat es provoziert, ii) der Täter
wollte es nicht, iii) es war keine richtige Vergewaltigung und iv)
das Opfer hat gelogen. Diese Überzeugungen sollen das Verhalten der Vergewaltiger entschuldigen und geben dem Opfer
zumindest eine Teilschuld an der Tat.

Zu den meiner Ansicht nach besten Darstellungen der Verbreitung von Vergewaltigungsmythen in unserer Gesellschaft
gehört eine Studie von Miranda Horvath u.a. aus dem Jahr
2011.[13] Die Autoren wollten herausfinden, ob sogenannte »lads'
mags«, Magazine, die sich speziell an junge heterosexuelle
Männer richten, »extreme sexistische Ansichten normalisieren,
indem sie solche Ansichten in einem Mainstream-Kontext präsentieren«. Als Teil ihrer Forschung gaben sie ihren Probanden
Zitate aus in diesen Männermagazinen veröffentlichten Artikeln, die vielleicht im angloamerikanischen Raum noch eine
Nuance sexistischer sein können, und Zitate aus Interviews mit
verurteilten Vergewaltigern, um zu sehen, ob die Probanden sie
unterscheiden konnten, und um herauszufinden, wie akzeptabel sie die Zitate finden würden.

Hier ein paar der Zitate:

1. »Man will nicht auf frischer Tat ertappt werden ... geh und
   vögel sie auf einer Parkbank durch. Das war immer mein
   Trick.«
2. »Was mich bei Mädchen manchmal zur Weißglut bringt,
   ist, wenn sie einen anmachen und dann abblitzen lassen.
   Sie machen einem Mann was vor und lassen ihn dann nicht
   ran.«
3. »Mädchen fordern es heraus, indem sie Miniröcke oder

Hotpants tragen ... Sie stellen ihren Körper zur Schau ...
Ob es ihnen bewusst ist oder nicht, sie sagen: ›Hey, ich hab
einen wunderschönen Körper, und er gehört dir, wenn du
ihn willst.‹«

4. »Wenn Mascara an ihren Wangen herabläuft, heißt das,
dass sie gerade geweint hat und es wahrscheinlich deine
Schuld war ... aber du kannst die unglückliche Schönheit
mit ein bisschen Sex aufmuntern.«

Erkennen Sie den Unterschied? Die Trefferquoten der Probanden lagen nur leicht über dem Zufall – in 56,1 Prozent der Fälle
errieten sie korrekt, dass die Aussagen aus einem Magazin
stammten, in 55,4 Prozent der Fälle, dass sie von verurteilten
Vergewaltigern stammten. Und hier ist das, was mir an der
Sache am besten (oder am wenigsten) gefiel: Laut der Autoren
»stuften die Probanden die Zitate aus den Magazinen als erniedrigender für Frauen ein als die Zitate von verurteilten Vergewaltigern«. Sie haben richtig gelesen: Im Großen und Ganzen wurden die in Magazinen wiedergegebenen Überzeugungen als schlimmer angesehen als die Überzeugungen von
Vergewaltigern. Dies legt den Autoren zufolge nahe, dass »die
Art, wie solche Inhalte in *lads' mags* dargestellt werden, dafür
sorgen könnte, dass eine solche Ausdrucksweise von jungen
Männern als normal empfunden wird«. Oh, und 1 und 4 stammten aus den Magazinen, 2 und 3 von Vergewaltigern.

Peter Hegarty u.a., die 2018 eine Folgestudie veröffentlichten,[14] stellten fest, dass die Sache ein bisschen komplizierter
war. Die Probanden fanden die sexistischen Zitate nun abstoßend und aggressiv. Die Autoren stellten auch fest, dass es, zumindest in Großbritannien, eine Abkehr von Magazinen gab,
die solche Überzeugungen fördern. Dennoch schreiben sie ab-

schließend, dass die Forschung Auswirkungen über die Magazine hinaus hat und dass sie genutzt werden könnte, um die *lad culture* (die »Kultur der Bros und Aufreißer«, die man in Deutschland vor allem im Rap findet, Stichwort Kollegah), die Gerede über sexuelle Gewalt normal erscheinen lässt, zu verändern.

»Die *lad culture*«, so die Autoren, »ist vielleicht weniger verbreitet auf Supermarktregalen als noch vor wenigen Jahren, bleibt aber weiterhin relevant auf Campussen, on- und offline ... Unsere Ergebnisse sind möglicherweise nützlich bei dem Versuch, das kritische Denken von jungen Männern in Kontexten zu erzeugen, in denen die Gleichbehandlung von Frauen eine soziale Norm ist, der Sexismus jedoch für die sexuelle Sozialisierung von jungen Männern relevant bleibt.«

In vielen Ländern scheint der Sexismus der Vergangenheit anzugehören. Das ist vielleicht einer von vielen Gründen, warum wir zögern, Geschichten über Sexualstraftaten zu akzeptieren.

Weil *wir* so etwas nicht tun. *Wir* sind progressiv. Wir verdammen vielleicht offen Kommentare wie die der Vergewaltiger oder der Männermagazine oder der Bushidos und Farid Bangs da draußen, doch wenn in einer Unterhaltung die Sprache auf sexuelle Belästigungen oder auf sexuelle Gewalt kommt, ist oft zu hören, dass a) das Opfer lügt, b) es übertreibt, c) es mit seinen Anschuldigungen das Leben des Täters ruiniert (»Wie konnte sie ihm das nur antun?«). Vergewaltigungsmythen sind leider immer noch nicht ausgestorben.

Billigen wir möglicherweise Vergewaltigungsmythen, weil die Schuldzuweisung an das Opfer mit unserem Gerechte-Welt-Glauben im Einklang steht? Mit anderen Worten, mit dem Glauben, dass dies uns oder unseren Frauen oder Töchtern

nicht passieren wird. Dass sexuelle Gewalt Schlampen wider-
fährt, die sich betrinken und in finsteren Seitengässchen her-
umhängen. Dass uns, wenn wir uns nicht in solchen Gassen
aufhalten, uns konservativ kleiden und nicht betrinken, nichts
geschehen wird.

Wie verbreitet ist sexuelle Gewalt also wirklich? Die offiziel-
len Verbrechensstatistiken helfen uns hier nicht weiter, denn
die meisten Verbrechen werden nie gemeldet, selbst wenn es
um die extremsten Formen sexueller Gewalt, einschließlich der
Vergewaltigung, geht.

Die Schwelle, sexuelle Übergriffe anzuzeigen, ist für die
meisten Menschen extrem hoch, und wo genau sie liegt, unterscheidet sich von Person zu Person. Einige sind vielleicht bereit,
eine Aussage zu machen, nachdem sie begrapscht wurden,
andere erst, nachdem sie wiederholt vergewaltigt wurden.
Selbst wenn der persönliche Schwellenwert erreicht ist, werden
die Opfer oft von der Angst vor negativen Folgen für sich selbst
oder den Täter, von Selbstvorwürfen und kulturellen Faktoren
davon abgehalten, Anzeige zu erstatten. Selbst die Definition
von sexueller Gewalt ist schwierig.

Folglich lässt sich die Frage nach der Anzahl von Opfern
sexuellen Missbrauchs im Grunde genommen nicht beantworten, doch man geht davon aus, dass die Dunkelziffer sehr hoch
ist. Verkompliziert wird die Sache noch, weil »die Fokussierung
auf eine Prävalenzzahl impliziert, dass es einen klaren Unterschied gibt zwischen sexueller Nötigung, die oft als traumatisch, verheerend und lebensverändernd angesehen wird, und
anderen Erfahrungen, die oft als trivial oder akzeptabel gelten
und nicht untersucht werden«.[15] Ob jemand einer Frau an den
Hintern gefasst oder sie vergewaltigt hat, fällt tatsächlich im
Allgemeinen in dieselbe Kategorie, nämlich die der sexuellen

Gewalt, obwohl die meisten von uns zustimmen würden (und das Gesetz sagt), dass es sich um unterschiedliche Verbrechen handelt.

Doch in dem Bemühen, zumindest ein Gefühl für das Ausmaß des Problems zu bekommen, verlassen sich Forscher oft auf Selbstberichte und versuchen, mit vereinfachten Zahlen aufzuwarten, über die sich leicht sprechen lässt. So wird z. B. laut einer kritischen Betrachtung der Selbstberichtliteratur, die Charlene Muehlenhard u. a.[16] 2017 vornahmen, rund eine von fünf Frauen während ihrer vier Jahre an amerikanischen Colleges Opfer sexueller Gewalt.

Wir wissen einiges über die sexuelle Gewalt auf Campussen, weil die Forscher einen vergleichsweise leichten Zugang zu der dortigen Population haben. Muehlenhard u. a. zufolge unterscheidet sich diese Rate jedoch nicht von den Raten für Highschool-Schülerinnen oder für Nichtstudentinnen desselben Alters (obwohl andere behauptet haben, dass die Rate bei Frauen, die kein College besuchen, um 25 Prozent höher sei).[17]

Und sexuelle Gewalt ist nicht auf junge Frauen begrenzt. Laut einer Metaanalyse von Yon u. a., die das selbst berichtete Ausmaß des sexuellen Missbrauchs von Frauen weltweit im Alter von 60+ untersuchten, werden im Durchschnitt jedes Jahr 2,2 Prozent der älteren Erwachsenen sexuell genötigt.[18] Egal, wen Sie fragen, Sie werden viele Berichte über ungewollte sexuelle Berührungen oder sogar Vergewaltigungen hören. Es ist eine Epidemie. Und wir suchen immer nach Menschen, denen wir die Schuld dafür geben können, Menschen, zu denen wir nicht gehören.

Davon zeugte im März 2017 auch die Aussage von Richterin Lindsey Kushner, die in England einen Vergewaltiger verurteilte: »Es ist das gute Recht von Mädchen, sich sinnlos zu betrinken. Doch sie sollten sich der Tatsache bewusst sein, dass sich potenzielle Vergewaltiger von Mädchen angezogen fühlen, die getrunken haben.«[19] Auf den ersten Blick scheint diese Aussage wohlwollend zu sein, doch bei genauerem Hinsehen entdecken wir den Schimmer einer Schuldzuweisung an das Opfer. Im Grunde genommen deutet die Richterin an, dass Frauen nicht so oft vergewaltigt werden würden, wenn sie nicht so viel trinken würden.

Sie tat sich auch keinen Gefallen mit folgender Analogie: »Ich sehe es so: Dort draußen sind Einbrecher und niemand sagt, dass Einbrecher okay sind; vielmehr sagen wir: ›Bitte lass deine Hintertür nachts nicht auf, unternimm Schritte, um dich zu schützen.‹« Das zeigt uns, dass selbst Menschen wie Lindsey Kushner, die einen Großteil ihres Berufslebens damit verbringen, Vergewaltigungsopfern zu helfen und Vergewaltiger zu verurteilen, Vergewaltigungsmythen übernehmen. Diese sind so allgegenwärtig, dass sie alle Gesellschaftsschichten durchdringen.

Vergewaltigungsmythen vermitteln uns das Gefühl, alles unter Kontrolle zu haben. Der Gedanke, vergewaltigt zu werden, ist so beängstigend, dass wir an der Illusion festhalten, dies verhindern zu können – selbst wenn es uns langfristig schadet und die Wahrscheinlichkeit verringert, dass wir die wahren Ursachen von Vergewaltigungen untersuchen, weil wir unsere Zeit damit verschwenden, die Länge von Frauenröcken zu beurteilen.

Aber sind diejenigen, die sexuelle Gewalt ausüben, böse? Sie werden zweifellos oft so dargestellt.

Bedauerlicherweise zeigen die Fälle, von denen wir wissen, dass sexuelle Gewalt so stark verbreitet ist, dass unsere Bevölkerung dramatisch schrumpfen würde, wenn wir alle Täter auf eine einsame Insel schicken würden. Diejenigen, die sexuelle Gewalt verüben, sind meistens ganz normale Menschen – sie sind unsere Brüder, Väter, Söhne, Freunde und Partner. Doch ihr Verhalten kann nicht aufgrund der Verbreitung von Vergewaltigungsmythen entschuldigt werden.

Was also können wir tun? Ein Schlüssel dazu, Vergewaltigungen zu verhindern, ist meiner Meinung nach eine bessere sexuelle Sozialisation. Wir müssen Sexismus, Vergewaltigungsmythen und schlechtes Verhalten jedes Mal, wenn sie uns auffallen, benennen. Glücklicherweise scheinen wir aufgrund von Initiativen wie #MeToo die Frauen dazu zu ermutigen, über sexuelle Belästigung zu sprechen, endlich eine Diskussion über die scheinbar kleinen Dinge zu führen, die zusammengenommen eine Kultur der Gewalt gegen Frauen normalisieren.

Eine Revolution ist im Gange. Und sie ist seit Langem überfällig. Es ist wichtig, dass alle Töchter und Söhne, Schwestern und Brüder, Mütter und Väter hier an einem Strang ziehen. Wir müssen die Frauen der Welt – möglicherweise zum ersten Mal in der Menschheitsgeschichte – als fähige, komplexe, vollständig entwickelte menschliche Wesen behandeln, die Männern nicht unterlegen sind.

Der Fall Kitty Genovese

Lassen Sie uns einen Moment lang den Gedanken betrachten, dass wir nicht nur durch aktives Handeln, sondern auch durch Unterlassen Schlechtes tun können. Stellen Sie sich vor, Sie würden jemanden oben auf einer Brücke sehen, der kurz davor ist, zu springen. Oder jemanden, der am Rand eines Wolkenkratzers steht. Vor einen Zug läuft. Was würden Sie tun? Ich wette, Sie denken, dass Sie helfen würden. Versuchen würden, dem Betroffenen die Sache auszureden. Die Art, wie wir auf öffentliche Gewaltakte, ob real oder angedroht, reagieren, verrät uns eine Menge über Menschlichkeit.

2015 zeigte die Anthropologin Frances Larson in einem Vortrag[20] die Entwicklung öffentlicher Gewaltakte auf, wobei sie sich vor allem auf heute Gott sei Dank vergleichsweise seltene öffentliche Enthauptungen konzentrierte. Sie berichtete, dass von der Regierung – oder in jüngster Zeit auch von Terrororganisationen – angeordnete Enthauptungen seit jeher ein öffentliches Spektakel sind. Und obwohl es so scheinen mag, dass die Zuschauer eine passive Rolle spielen, wenn sie ein solches Ereignis beobachten, ist es falsch, wenn sie denken, sie seien von der Verantwortung befreit. Wir meinen vielleicht, wir seien unbeteiligt, doch so wie ein Theaterstück die beabsichtigte Wirkung nur erzielen kann, wenn ein Publikum vorhanden ist, brauchen öffentliche Gewaltakte Zuschauer.

Der Kriminologe John Horgan, der seit Jahrzehnten über den Terrorismus forscht, äußerte sich zu den Enthauptungen des IS folgendermaßen: »Es ist psychologische Kriegsführung … Reine psychologische Kriegsführung. Sie wollen uns nicht einfach nur Angst machen oder dazu bringen, überzureagieren, sie wollen immer in unserem Bewusstsein sein, damit wir glauben, dass es nichts gibt, was sie nicht tun werden.«[21]

Es ist eine Kette abnehmender Verantwortung, doch alle Glieder sind erforderlich. Nehmen wir einmal an, ein Terrorist tut etwas Abscheuliches und filmt es mit der Absicht, Aufmerksamkeit zu erregen. Er spielt der Presse ein Video davon zu und diese veröffentlicht es. Wir als Zuschauer klicken dann auf den Link und sehen uns die Botschaft an. Wenn ein bestimmtes Video sich besonders schnell verbreitet, dann erfährt derjenige, der es aufgenommen hat, dass dies am besten funktioniert. Genau dies erregt unsere Aufmerksamkeit, sodass er, um sie zu gewinnen, mehr davon produzieren sollte. Selbst wenn es die Entführung von Flugzeugen, das Steuern von Lastern in eine Menschenmenge oder die grauenvolle Demonstration von Gewalt in Konfliktzonen bedeutet.

Sind Sie böse, weil Sie sich online so etwas ansehen? Vermutlich nicht. Aber Sie helfen Terroristen, das zu erreichen, was viele von ihnen wollen, nämlich ihre politische Botschaft zu verbreiten. Ich möchte Sie bitten, Medienberichte über Terrorismus bewusster zu konsumieren und die Auswirkungen zu erkennen, die es im wirklichen Leben haben könnte, wenn durch Ihr Zutun die Anzahl der Aufrufe eines bestimmten Videos gesteigert wird. Nicht den Versuch zu unternehmen, eine abscheuliche Tat etwas weniger wahrscheinlich zu machen, ist vielleicht nicht so schlimm, wie sie selbst zu begehen, aber schlimm genug.

Unmittelbar hiermit verbunden ist der »Bystander-Effekt«, ein Forschungsbereich, der als Reaktion auf den Fall von Kitty Genovese (1964) entstand. Genovese wurde vor ihrem Wohnhaus in New York erstochen; der Angriff dauerte eine halbe Stunde. Die Presse berichtete ausführlich und behauptete, dass bis zu 38 Zeugen den Angriff gesehen oder gehört hätten, jedoch niemand die Polizei gerufen oder versucht habe, ihr zu helfen. Dies führte zur Suche nach einer Erklärung für das, was als »Genovese-Syndrom« oder Bystander-Effekt bekannt wurde.[22] Der darüber berichtenden *New York Times* warf man später vor, die Anzahl der Zeugen und deren Wahrnehmungen stark übertrieben zu haben.[23] Doch der Fall führte zu einer interessanten Frage: Wie ist es möglich, dass »gute« Menschen manchmal nichts tun, um solch grausame Taten zu verhindern?

Die Sozialpsychologen John Darley und Bibb Latané schrieben in ihrem ersten Forschungspapier zu diesem Thema: »Priester, Professoren und Nachrichtenkommentatoren haben nach Gründen für diese offensichtlich gewissenlose und unmenschliche, fehlende Intervention gesucht. Ihre Schlussfolgerungen reichten von ›moralischem Verfall‹ über ›eine durch die städtische Umgebung erzeugte Dehumanisierung‹ bis hin zu ›Entfremdung‹, ›Anomie‹ und ›existenzieller Verzweiflung‹.« Darley und Latané stimmten diesen Interpretationen jedoch nicht zu und argumentierten, dass »andere Faktoren als Apathie und Gleichgültigkeit eine Rolle spielten«.[24]

Stellen Sie sich vor, Sie hätten am folgenden bahnbrechenden Experiment der Autoren teilgenommen. Sie wissen nichts über die Art der Studie und finden sich nach Ihrer Ankunft in einem langen Gang mit Türen zu mehreren kleinen Kabinen wieder. Ein Versuchsleiter begrüßt Sie, bringt Sie in eine der Kabinen und fordert Sie auf, sich an einen Tisch zu setzen. Er gibt Ihnen Kopfhörer und ein Mikrofon und sagt, dass Sie auf seine Anweisungen hören sollen.

Durch die Kopfhörer hören Sie den Versuchsleiter dann erklären, dass er daran interessiert sei, etwas über die persönlichen Probleme von Universitätsstudenten zu erfahren. Um Ihre Anonymität zu wahren, würden Sie, wie er klarstellt, mit den anderen Studenten nur über die Sprechanlage kommunizieren. Der Versuchsleiter werde sich die Bänder mit Ihren Beiträgen später anhören, und da er selbst nicht an der Diskussion teilnehme, sollten die Probanden abwechselnd ihre Probleme darlegen, wofür sie jeweils zwei Minuten Zeit hätten. Während dieser Zeit dürften die anderen nicht reden.

Sie hören, wie die anderen Teilnehmer von ihren Schwierigkeiten berichten, sich in New York einzuleben. Dann erzählen

Sie von Ihren Schwierigkeiten. Schließlich ist der erste Teilnehmer wieder an der Reihe. Er macht ein paar Bemerkungen, wird aber lauter und spricht abgehackter. Sie hören:

»Ich-äh-ähm-ich denke ich-ich brauche-ähm-wenn-wenn-ähm-ähm-könnte jemand-äh-äh-äh-äh-äh-äh-äh-mir ein bisschen-ähm-helfen hier weil-ähm-ich-ähm-ich-äh-äh-gerade e-e-einechtesProblem-äh-h-h-habeundich-äh-wenn jemand mir helfen könnte, wäre das-wäre das-ähm-ähm w-w-wirklich gut … weil-äh-äh-weil ich-äh-ich-uh-ich-einen von diesen-äh-An-äh-äh-Dingern habe und-und-und-ich wirklich-äh-Hilfe gebrauchen könnte, wenn also jemand-äh-mir ein bisschen h-helfen-uh-äh-äh-äh-w-würde, k-könnte-jemand-ähm-ähm-helfen-ähm-uh-uh-uh (röchelt) … ich werde sterben-ähm-ähm.ich werde … sterben-ähm-Hilfe-ähm-ähm-Anfall-äh (Röcheln, dann Stille).«

Er ist an der Reihe zu sprechen, sodass Sie die anderen Versuchsteilnehmer nicht fragen können, ob sie vielleicht schon etwas unternommen haben. Sie sind alleine, und jemand kontrolliert, ohne dass Sie es wissen, wie lange es dauert, bis Sie die Kabine verlassen, um Hilfe zu holen. Von denjenigen, die man glauben ließ, dass nur sie selbst und die Person, die den Anfall hatte, an dem Experiment teilnahmen, holten 85 Prozent Hilfe, wobei die Durchschnittszeit 52 Sekunden betrug. Von denjenigen, die dachten, es gäbe noch einen zusätzlichen Teilnehmer, holten 62 Prozent vor dem Ende des Anfalls Hilfe. Sie brauchten hierzu im Schnitt 93 Sekunden. Von denen, die glaubten, dass es insgesamt sechs Teilnehmer gab, holten 31 Prozent Hilfe, bevor es zu spät war, und sie brauchten dazu im Schnitt 166 Sekunden.

Diese Situation war unglaublich realistisch. (Können Sie sich die ethischen Fragen vorstellen, die hierfür geklärt werden mussten?) Laut den Forschern »hielten die Probanden, ob sie eingriffen oder nicht, den Anfall für echt und schwer«. Dennoch meldete eine Reihe von Teilnehmern ihn nicht. Und der Grund war nicht Apathie – »im Gegenteil, sie schienen emotional aufgewühlter zu sein als die Probanden, die den Notfall meldeten«. Vielmehr war ihre Tatenlosigkeit, so die Forscher, eher auf eine Art Entscheidungsparalyse angesichts zweier schlechter Optionen zurückzuführen – potenziell überzureagieren und das Experiment zu ruinieren oder sich schuldig zu fühlen, weil sie nicht reagierten.

Einige Jahre später (1970) stellten Latané und Darley ein fünfstufiges psychologisches Modell vor, mit dessen Hilfe sich dieses Phänomen besser erklären ließ.[25] Um einzugreifen, so die Autoren, muss ein Zuschauer 1) die kritische Situation erkennen, 2) glauben, dass es sich um einen Notfall handelt, 3) ein Gefühl der persönlichen Verantwortung haben, 4) glauben, dass er die Fähigkeit hat, mit der Situation fertigzuwerden, und 5) die Entscheidung treffen, zu helfen.

Es ist nicht ein Mangel an Mitgefühl, der uns davon abhält, einzugreifen. Es ist eine Kombination aus drei psychologischen Prozessen: Der erste ist eine Diffusion der Verantwortung – d. h. der Glaube, dass jeder in der Gruppe helfen kann, sodass wir uns fragen, warum wir es tun sollten. Der zweite ist die Beurteilungserwartung, die Angst, von anderen beurteilt zu werden, wenn wir in der Öffentlichkeit agieren, die Angst vor Beschämung (vor allem in einem Land wie Großbritannien!). Der dritte ist pluralistische Ignoranz, die Neigung, sich bei der Einschätzung der Ernsthaftigkeit einer Situation auf die Reaktionen von anderen zu verlassen – wenn niemand hilft, ist wahrscheinlich keine Hilfe nötig. Und je mehr Zuschauer es gibt, desto unwahrscheinlicher ist es im Allgemeinen, dass wir der Person helfen, die unserer Hilfe bedarf.

2011 unternahmen Peter Fischer u. a. eine Metaanalyse der in diesem Bereich in den letzten 50 Jahren durchgeführten Studien. Diese schloss die Daten von über 7700 Probanden mit ein, die an modifizierten Versionen des ursprünglichen Experiments teilgenommen hatten – von denen einige im Labor, andere außerhalb des Labors stattfanden.[26] 50 Jahre später werden wir immer noch von der Zahl der Zuschauer beeinflusst. Je mehr Menschen sich in der Nähe eines Tatorts befinden, die auch nicht helfen, desto eher ignorieren wir Not leidende Opfer.

Die Forscher stellten jedoch auch fest, dass die Wahrscheinlichkeit sehr groß war, dass Menschen in für Leib und Leben gefährlichen Notsituationen halfen, in denen die Täter noch anwesend waren, selbst wenn es viele Zuschauer gab. »Obwohl die derzeitige Metaanalyse zeigt, dass die Gegenwart von Zuschauern Hilfsreaktionen verringert, ist das Bild nicht so düster wie normalerweise angenommen«, so die Autoren. »Die Erkenntnis, dass die Hemmung der Zuschauer vor allem in gefährlichen Notfällen weniger ausgeprägt ist, gibt Anlass zu der Hoffnung, dass wir Hilfe erhalten, wenn Hilfe wirklich gebraucht wird, selbst wenn es mehr als einen Zeugen unserer misslichen Lage gibt.«

Wie im Kitty-Genovese-Fall haben Zuschauer viele verständliche Beweggründe, sich nicht einzuschalten. Aber Nichtstun kann fast so schlimm sein, wie etwas Gefährliches zu tun. Sollten Sie je Zeuge davon werden, dass sich etwas abspielt, was gefährlich ist oder potenziell zum Notfall werden kann, dann handeln Sie. Greifen Sie ein oder melden Sie die Sache zumindest. Gehen Sie nicht davon aus, dass andere es für Sie tun, denn möglicherweise denken die anderen dasselbe von Ihnen, mit vielleicht fatalen Folgen. In manchen Ländern kann es ein Verbrechen sein, ein Verbrechen nicht zu melden. Ich glaube, dass der Gedanke hinter Gesetzen zur Berichterstattungspflicht in die richtige Richtung geht – wenn man weiß, dass ein Verbrechen verübt wird, ist man nicht aus dem Schneider, nur weil man nicht derjenige ist, der es begeht.

Lassen Sie uns den Fokus nun auf die Täter statt auf die Zuschauer richten. Wie kommt jemand dazu, einen der gewalttätigsten und öffentlichsten aller Angriffe zu verüben?

Die falsche Frage

Dies ist eine Frage, die jedes Mal wieder zur Sprache kommt, wenn im Fernsehen von einem weiteren Terroranschlag die Rede ist. Warum wird jemand zum Terroristen?

Das Wort Terrorist hat eine sehr interessante Geschichte. Es wurde zuerst Ende des 18. Jahrhunderts in Frankreich verwendet, als »Terrorismus« die politisch motivierte Gewalt der Jakobiner gegen ihr eigenes Volk beschrieb.[27] Dies änderte sich im Europa des 19. Jahrhunderts, als mit diesem Wort nicht länger die gewaltsame Einschüchterung der Menschen *durch* ihre Regierungen, sondern die *gegen* Regierungen gerichtete Gewalt beschrieben wurde. Terrorismus erhielt also die Bedeutung, die wir heute kennen.

Terrorismus beinhaltet die Verbreitung von Terror und das Ausüben von Gewalt als politische Waffe zur Einschüchterung und Unterdrückung. Und während Terroristen gemäß vieler Definitionen, einschließlich der Definition des US-Außenministeriums, nur »subnationale Gruppen und geheime Agenten«[28] sind, erheben viele Menschen Einwände gegen diese Einschränkung und betonen, dass es wichtig ist, auch Staaten als Agenten des Terrorismus sehen zu können.

Und zumindest eines ist klar: Menschen werden nicht zu Terroristen, weil sie einfach gemeingefährliche Psychopathen sind. Außerdem scheint es keine bestimmte Persönlichkeitskonstellation zu geben, die einen anfälliger dafür macht, zum Terroristen zu werden. Hierzu schrieb Andrew Silke 2003 in seinem Buch *Terrorists, Victims and Society*: »Die besten empirischen Arbeiten legen ganz einfach nicht den Schluss nahe und haben ihn nie nahegelegt, dass Terroristen eine bestimmte Persönlichkeit besitzen oder dass ihre Psychologie auf irgendeine Weise von der ›normaler‹ Leute abweicht.«[29]

Dem schlossen sich 2017 Armando Piccinni u. a. an, die feststellten: »Die landläufige Meinung, dass Terroristen geisteskrank oder psychopatisch sein müssen, ist immer noch weitverbreitet; es gibt jedoch keinerlei Beweise dafür, dass terroristisches Verhalten entweder durch frühere oder aktuelle psychische Störungen oder eine Psychopathie verursacht wird … Außerdem erklären die meisten dieser Theorien nicht, warum sich selbst dann, wenn sehr viele Menschen denselben sozialen Faktoren ausgesetzt sind oder dieselben psychologischen Merkmale aufweisen, nur eine winzige Minderheit einer Terrorgruppe anschließt.«[30] Terroristen mögen als böse bezeichnet werden, doch die Autorin und Philosophin Alison Jaggar, die versucht hat, eine bessere Definition des Terrorismus zu finden, behauptet, dass sie sich selbst wahrscheinlich folgendermaßen sehen: als »Krieger, die mit den einzigen Mitteln, die ihnen zur Verfügung stehen, für ein hehres Ziel kämpfen«.[31]

Doch wer ist Teil dieser »winzigen Minderheit« derer, die zu Terroristen werden? Menschen wie Amir. Wir wissen nicht sehr viel über Amir, doch er scheint ein ziemlich normaler Teenager gewesen zu sein. Er wuchs in der Türkei auf, wo er nach der Highschool zum College ging, das Studium jedoch hinschmiss. Von seinen Eltern gedrängt, eine Frau und einen Job zu finden und sein Leben in Ordnung zu bringen, schien sich eine einfache Lösung aufzutun. Die Terrormiliz ISIS bot 50 Dollar pro Monat samt einem Haus und einer Frau. Amir ging nach Syrien und schloss sich der Gruppe an.

Als er 2015[32] mit NBC sprach, fragte ein Interviewer ihn: »Wie konnten Sie sich einer Organisation wie dieser anschließen?« Amir brach in Tränen aus und erklärte: »Mein Leben war hart und niemand mochte mich … Ich hatte nicht viele Freunde. Ich war viel im Internet und habe Spiele gespielt.« Er behauptete, dass ISIS ihm eine Atempause von alldem geboten habe. Man habe ihm auch Videos gezeigt, die »es fantastisch aussehen ließen«, was den Reiz noch verstärkte. Doch als es dann ernst wurde und er in den Kampf ziehen und Gegner töten musste, ergab er sich nach nur drei Tagen. Er fühlte sich nicht in der Lage, jemanden umzubringen, und ISIS konnte ihm nicht geben, wonach er suchte, was immer es auch sein mochte – wozu wahrscheinlich ein Zugehörigkeitsgefühl, Freunde, ein höherer Zweck, finanzielle Stabilität und Liebe gehörten.

Den meisten von uns sind Einsamkeit, das Spielen von Online-Spielen oder nörgelnde Eltern nicht fremd. Dennoch werden wir keine ISIS-Kämpfer. Was also ist anders an Amir?

Wie sich herausstellt, haben wir keine Ahnung. Obwohl wir so viel über Terrorismus reden, wissen wir tatsächlich sehr wenig darüber, warum Menschen Terroristen werden.

Diese Erklärung ist zutiefst unbefriedigend, weshalb wir sie wahrscheinlich so gut wie nie hören. Hierzu äußerte sich der Terrorismusexperte John Horgan folgendermaßen: »Konfrontiert mit einer scheinbar endlosen Serie von Terroranschlägen und einer gleichermaßen invasiven Medienberichterstattung, könnte der erfahrene Experte geneigt sein, eine andere, vielleicht ehrlichere Antwort zu bieten: ›Tatsächlich wissen wir nicht wirklich, warum Menschen Terroristen werden‹, oder: ›Nein, die Psychologie kann nicht *vorhersagen,* wer anfällig dafür ist, Terrorist zu werden.‹«[33] Doch das wird uns nach einem Terroranschlag nicht das Gefühl geben, informierter zu sein, und es wird uns auch nicht mehr Trost bieten. Nach einem Anschlag möchten wir, dass uns jemand Hinweise darauf gibt, wonach wir bei Individuen suchen sollen, um die Kontrolle über das Angstgefühl zu gewinnen, das aus der Erkenntnis erwächst, dass ein solcher Anschlag überall passieren und jeden treffen kann.

Unsere Regierungen vermitteln uns jedoch gern die Illusion, alles unter Kontrolle zu haben, und geben uns nutzlose Ratschläge. 2018 bescherte uns das Ministerium für Innere Sicherheit der Vereinigten Staaten den (geschützten) Slogan »*If you see something, say something* (Wenn Sie etwas sehen, sagen Sie etwas)«,[34] und zwar, wie es erklärte, wenn »Sie etwas sehen, von dem Sie wissen, dass es nicht da sein sollte – oder jemandes Verhalten nicht in Ordnung zu sein scheint«. Es klingt ein wenig nach einer Kampagne für Menschen, die plötzlich ihr Augenlicht wiedergewinnen: »Ich sehe was! Ich sehe was!«

Einen anderen Ansatz verfolgte 2018 die London Metropolitan Police. Ihr zufolge geben vor allem das Herstellen von Bomben und das Planen von Anschlägen Hinweise auf mögliche terroristische Aktivitäten.[35] Deswegen will die Behörde Folgendes wissen: »Haben Sie mitbekommen, dass jemand aus keinem klar erkennbaren Grund große oder ungewöhnliche Mengen an Chemikalien gekauft hat?« oder »Kennen Sie jemanden, der reist, sich aber nur vage dazu äußert, wohin?« oder mein persönlicher Favorit: »Haben Sie jemanden gesehen, der aus keinem erkennbaren Grund mehrere Handys hat?«

Vermutlich sind diese Fragen so vage, weil Antiterroreinheiten und die Polizei wirklich wenig Ahnung haben, wonach die Öffentlichkeit suchen sollte. Außerdem ist es vor allem in so großen Städten wie London, in denen viele seltsame Menschen ständig seltsame Dinge tun, sehr schwierig, »verdächtiges Verhalten« auch nur zu definieren.

Von daher überrascht es nicht, dass es für die Wirksamkeit vieler Anti-Terror-Maßnahmen kaum Beweise gibt. 2006 kritisierten Cynthia Lum u. a. die Literatur zur Terrorismusbekämpfung.[36] »Wir stellten nicht nur das fast vollständige Fehlen von Evaluationsforschung zu Anti-Terror-Maßnahmen fest, sondern auch, dass einige Maßnahmen den Evaluationen zufolge, die wir finden konnten, offenbar nicht die gewünschten Resultate erzielten oder manchmal die Wahrscheinlichkeit terroristischer Akte erhöhten.«

Diese Besorgnis brachte 2014 auch die US-amerikanische Expertin für »Counterterrorism« Rebecca Freese[37] in einem Aufsatz zur Terrorismusbekämpfung zum Ausdruck, in dem sie behauptete, dass wir noch immer weitgehend »blind fliegen«, weil die Terrorismusbekämpfungsforschung »sowohl an einem Mangel ausreichender Genauigkeit als auch dem fehlenden Einfluss auf die Politikgestaltung leidet«. Wir müssen aufpassen, dass unsere Reaktion auf Bedrohungen nicht unser Risiko erhöht, angegriffen zu werden.

Das Fehlen einer Beweisgrundlage liegt zum Teil auch daran, dass Terrorakte glücklicherweise im Vergleich zu anderen Verbrechen so selten vorkommen, dass sie sich nur schwer erforschen und vorhersagen lassen. Außerdem können Terroristen aus allen Gesellschaftsschichten stammen, wie John Horgan schreibt: »Für jeden entrechteten, wütenden jungen Muslim, der sich dem sogenannten ›Islamischen Staat‹ anschließt, können wir Beispiele wohlsituierter, gut integrierter junger Männer und Frauen finden, die ihr derzeitiges Leben, ihre Jobs, Partner oder Gatten zurücklassen. Manchmal schließen sich ganze Familien *en masse* an. Für jeden religiösen Menschen, der sich anschließt, finden wir andere, die in puncto Religion und religiöse Praktiken völlig unerfahren sind, und wiederum andere, die vor Kurzem konvertiert sind.«[38] Dies trifft nicht nur auf den IS, sondern auf viele Terrororganisationen zu, und selbst die Psychogramme sogenannter »Einsamer-Wolf-Terroristen« sind sehr unterschiedlich.

Angesichts der großen Vielfalt und des relativen Mangels an Daten ist die Frage, wer zum Terroristen wird, wohl der falsche Ansatz.

Obwohl wir nicht sagen können, wer zum Terroristen werden wird, wissen die Wissenschaftler doch einiges über den Prozess der Radikalisierung. Zu den Gruppen, die heute am stärksten mit Radikalisierung und Terrorismus in Verbindung gebracht werden, gehören die Dschihadisten. Laut der BBC »betrachten Dschihadisten den gewaltsamen Kampf als notwendig, um Hindernisse zu beseitigen, die der Wiederherstellung der Herrschaft Gottes auf Erden im Wege stehen, und um die muslimische Gemeinschaft bzw. *umma* gegen Ungläubige und Apostaten zu verteidigen«.[39] Zu den Hindernissen, die beseitigt werden müssen, zählen westliche Ideologien und Lebensstile.

Nachdem sie die Literatur geprüft und ihr Augenmerk auf den dschihadistischen Terrorismus gerichtet hatten, entwickelten Clark McCauley und Sophia Moskalenko 2017 das Zwei-Pyramiden-Modell der Radikalisierung.[40] Den Autoren zufolge gibt es zwei Aspekte der Radikalisierung, die es sehr schwer machen, sie zu verstehen. Erstens verüben die meisten Menschen mit extremistischen Ansichten keine Terrorakte. Zweitens haben einige Terroristen keine radikalen Überzeugungen. Aufgrund der unzureichenden Verbindung zwischen diesen beiden Aspekten trennen die Wissenschaftler in ihrem Modell die »Radikalisierung der Meinung« von der »Radikalisierung des Handelns«.

Die erste ihrer beiden Pyramiden – die Meinungspyramide – sieht folgendermaßen aus. »An der Basis … befinden sich Individuen, denen die politische Zielsetzung gleichgültig ist, auf der nächsten Ebene jene, die an die Sache glauben, aber Gewalt ablehnen (Sympathisanten), auf der nächsthöheren diejenigen, die Gewalt für das Wohl der Sache rechtfertigen.« Mithilfe von Umfragedaten können wir die Pyramide mit Zahlen versehen. McCauley zufolge glauben über die Hälfte der Muslime in den USA und Großbritannien, dass der Krieg gegen den Terror ein Krieg gegen den Islam ist – dies sind Individuen, die mit der Sache sympathisieren können.[41] Doch nur etwa fünf Prozent der Muslime in den USA und Großbritannien halten Selbstmordattentate zur Verteidigung des Islams »oft oder manchmal für gerechtfertigt«. Diese fünf Prozent bilden die Spitze der Meinungspyramide.

Auch unser ehemaliger ISIS-Kämpfer Amir äußerte sich hierzu. Während seine Motivation eher praktischer als ideologischer Natur zu sein schien (endlich *eine Ehefrau!*), sorgte das ISIS-Training für die Normalisierung und Rechtfertigung radikaler Überzeugungen und Verhaltensweisen. »Niemand mag es, wenn jemand ohne Grund getötet wird«, sagte er. Amir zufolge rechtfertigten die ISIS-Führer die Enthauptungen damit, dass sie notwendig seien, um »Angst einzujagen« und sicherzustellen, dass »die Leute vor uns weglaufen«. Das Töten von Homosexuellen, indem man sie von hohen Gebäuden warf, war gerechtfertigt, weil sie »halbe Männer, wie Frauen« waren. Das Töten von Frauen wurde damit gerechtfertigt, dass sie alle »Ehebrecherinnen« waren. Während der Ausbildung radikalisierte ISIS seine Rekruten und lieferte ihnen Rechtfertigungen für extreme Gewalt.

Doch an der Spitze der Meinungspyramide zu stehen, reicht nicht aus, um ein Terrorist zu werden. Dies war wahrscheinlich einer der Gründe, warum Amir am dritten Tag aufgab. Er brachte es einfach nicht fertig, jemanden zu töten. Die Unfähigkeit, mit den psychischen Auswirkungen von Gewalt fertigzuwerden, und damit die Unfähigkeit, Terrorakte zu verüben, gilt als üblicher Motivationsgrund für Fast-Terroristen, sich von ihren Organisationen zu lösen.[42] Um Terrorist zu werden und zu bleiben, muss man auch an der Spitze der Handlungspyramide stehen.

McCauley und Moskalenko erklären die Handlungspyramide so: »Die Basis bilden jene Individuen, die nichts für eine politische Gruppe oder eine politische Sache tun (Inaktive); auf der nächsten Ebene befinden sich diejenigen, die sich legal für die politische Sache einsetzen (Aktivisten); auf der nächsthöheren Ebene jene, die sich illegal für eine politische Sache engagieren (Radikale); und die Spitze der Pyramide bilden jene, die auch Gewalt gegen Zivilisten einsetzen (Terroristen).« Terroristen müssen nicht nur an einer Ideologie festhalten, sie sind auch an ein Verhaltensprotokoll gebunden.

Was fangen wir mit diesen Informationen an? Zum einen hören wir auf, davon auszugehen, dass Individuen einfach dschihadistische Terrorakte begehen, weil sie die *rationale* Entscheidung getroffen haben, Zugang zu einem Leben nach dem

Tod zu gewinnen, in dem bestimmte Belohnungen auf sie warten. Wir verabschieden uns auch von der Annahme, dass Terroristen böse Psychopathen sind, die vor nichts zurückschrecken, um uns Schaden zuzufügen. Stattdessen sollten wir den oft schrittweisen Wandel hin zu radikalen Überzeugungen und der Akzeptanz von Gewalt und Verbrechen untersuchen, denselben Prozess, der auch mit vielen anderen Verbrechensarten assoziiert wird. Ein Prozess, der potenziell jeden von uns zum Terroristen machen könnte.

Lassen Sie uns diesen Gedanken noch weiter erforschen. Was könnte Sie grausam und Terroristen zu Opfern werden lassen?

Der Luzifer-Effekt

Vielen von uns scheint es ziemlich leichtzufallen, das Foltern von tatsächlichen oder potenziellen Terroristen zu rechtfertigen, und das trotz der rechtlichen, ethischen und moralischen Sanktionen gegen das Foltern und laut den Psychologen Laurence Alison und Emily Alison trotz des Mangels an Beweisen für dessen Wirksamkeit.[43] Die Autoren, die sich mit diesen Beweisen auseinandergesetzt haben, kommen zu dem Schluss, dass Folter meistens als Strafe eingesetzt wird und uns normalerweise nicht zu verlässlichen Informationen verhilft. Ihrem Artikel zufolge kommt es »in konfliktreichen, sehr unsicheren Situationen und im Zusammenhang mit der Dehumanisierung des Feindes regelmäßig zu rachemotivierten Verhören«.

Während des »Kriegs gegen den Terror« wurde das ehemalige irakische Gefängnis Abu Ghraib zu einem Militärgefängnis umfunktioniert. 2003 und 2004 kamen Geschichten und

Beweismaterial ans Licht, die zeigten, dass es in diesem Gefängnis Menschenrechtsverletzungen gab – einschließlich Folter, physischem und sexuellem Missbrauch, Vergewaltigungen und Mord. Die Verbrechen wurden von Militärangehörigen verübt und in vielen Fällen dokumentiert. Aus irgendeinem seltsamen Grund hatten die Täter über 1000 Fotos von ihren Gräueltaten gemacht.

Fotos von nackten, mit Kapuze versehenen, schmutzigen Gefangenen, die zu Oralsex mit Mitgefangenen gezwungen, in einer menschlichen Pyramide aufeinandergestapelt oder geschlagen wurden und denen man Substanzen injizierte. Auf einer Reihe von Fotos waren Militärangehörige zu sehen – sie saßen auf Gefangenen, hielten den Daumen hoch oder lächelten. Als diese Fotos bekannt wurden, lautete die große Frage: »Was zum Teufel ist nur passiert?«

Der Sozialpsychologe Philip Zimbardo trat als Zeuge der Verteidigung für einen der Abu-Ghraib-Wärter auf, was ihm nicht nur Zugang zu einem der Täter verschaffte, sondern auch zu über 1000 Fotos, die während der Verbrechen aufgenommen worden waren – »visuellen Illustrationen des Bösen«, wie er sagte.[44] Doch er glaubte nicht, dass es zu diesen Verbrechen gekommen war, weil diese Menschen von Natur aus böse waren – einfach nur ein Haufen »fauler Äpfel«. Er stellte fest, dass »das System die Situation schafft, die die Individuen verdirbt«. Und er sollte es wissen, denn er führte eines der berühmtesten Experimente aller Zeiten dazu durch, wie »normale Menschen« durch bestimmte Umstände korrumpiert werden können.

Philip Zimbardo hat den größten Teil seines Berufslebens damit verbracht, die sozialen und strukturellen Einflüsse zu erforschen, die erklären, wie »gute Menschen böse werden«, d.h. das zu erforschen, was er als den »Luzifer-Effekt« bezeichnet.[45]

Sein berühmtestes Experiment hatte den unauffälligen Titel: »Interpersonale Dynamik in einem simulierten Gefängnis«. Häufiger wird es als Stanford-Prison-Experiment bezeichnet. Die 1973 zusammen mit Craig Haney und Curtis Banks veröffentlichte Studie wurde im Jahr 2018 massiver Kritik unterzogen – einige der Teilnehmer gaben im Rückblick an, damals nicht die ganze Wahrheit gesagt zu haben –, dennoch revolutionierte sie unsere Art, über die sozialen Einflüsse auf das Verhalten zu denken.[46]

In seinem ursprünglichen Aufsatz schreibt das Team, dass es nach ausführlichen Tests eine »normale« Gruppe von Collegestudenten für »eine psychologische Studie des Gefängnislebens gegen eine Zahlung von 15 Dollar pro Tag« rekrutiert habe. Die Gruppe bestand aus 21 Männern, von denen zehn nach dem Zufallsprinzip die Rolle von Häftlingen und elf die Rolle von Wärtern zugewiesen wurde.

Den »Häftlingen« wurde gesagt, sie sollten an einem bestimmten Sonntag zu Hause sein, wo sie einen Anruf erhalten und das Experiment beginnen würde. Stattdessen wurden die Probanden jedoch unerwartet von einem echten Polizeibeamten festgenommen, der sie eines Verbrechens beschuldigte, ihnen Handschellen anlegte und sie zur Polizeistation fuhr. Nachdem ihre Fingerabdrücke genommen und erkennungsdienstliche Fotos gemacht worden waren, brachte man sie mit verbundenen Augen in das unechte Gefängnis, wo sie entkleidet und entlaust wurden und alleine nackt dastehen mussten. Dann gab man ihnen Gefängniskleidung, wies ihnen Nummern zu und brachte sie in ihre Zellen, in denen sie die nächsten beiden Wochen verbringen sollten.

Das Gefängnis beschrieben die Autoren folgendermaßen: »[Es] wurde in einem 10,7 m langen Kellertrakt in der psychologischen Abteilung der Stanford University eingerichtet ... drei kleine Laborräume wurden zu kleinen Zellen umfunktioniert, indem man die normalen Türen durch schwarz angestrichene Türen mit Stahlstäben ersetzte und alle Möbel entfernte. Eine Pritsche (mit Matratze, Laken und Kissen) für jeden Häftling war das einzige Mobiliar in den Zellen. Ein kleiner Wandschrank ... diente als Isolierzelle. Sie war extrem klein (60,96 cm × 60,96 cm × 213,26 cm) und unbeleuchtet.« Die Häftlinge mussten rund um die Uhr in ihren Zellen bleiben.

Den Gefängniswärtern erging es völlig anders. Sie erhielten ihre Anweisungen, am Tag bevor sie auf die Häftlinge trafen. Bei dieser Einweisung wurden sie Zimbardo, dem Gefängnisdirektor, und einem Forschungsassistenten vorgestellt, der die Rolle des Oberaufsehers übernahm. Den Wärtern wurde erklärt, dass ihre Aufgabe darin bestehe, »im Gefängnis ein vernünftiges, für dessen effizientes Funktionieren notwendiges Maß an Ordnung aufrechtzuerhalten«, und dass sie den Häftlingen ihre Mahlzeiten geben sowie ihre Arbeitszeiten und ihre Freizeit festlegen sollten.

Sie erhielten wenig andere Anweisungen, was zu tun sei, außer der, dass körperliche Strafen oder Aggression ausdrücklich und kategorisch verboten seien und dass sie die Häftlinge nur mit ihrer Nummer anreden sollten. Im Unterschied zu den Häftlingen hatten die Wärter Acht-Stunden-Schichten und durften zwischendurch nach Hause gehen. Und während ihrer Schichten hatten sie ihren eigenen Bereich, zu dem auch ein Aufenthalts- und Ruheraum zählte.

Stellen Sie sich nun vor, Sie würden die Rolle eines Wärters übernehmen. Wie glauben Sie, würden Sie sich verhalten? Es scheint eine einfache Situation zu sein, eine, in der es leicht ist, respektvoll und rücksichtsvoll miteinander umzugehen, vor allem, da Sie wissen, dass Forscher jeden Ihrer Schritte überwachen. Doch wie Sie wahrscheinlich bereits wissen oder erwarten, war das nicht der Fall. Die Stimmung sank sehr schnell und die allgemeine Situation verschlechterte sich rapide. Denn nur wenige Stunden nachdem ihnen ihre Rolle zugewiesen worden war, begannen die Wärter, die Häftlinge zu schikanieren. Sie weckten sie nachts um halb drei mit Pfeifen, beleidigten sie und erteilten ihnen lächerliche Befehle.

Bereits am zweiten Tag kam es zum Aufstand der Häftlinge gegen die Behandlung der Wärter, wobei die Häftlinge sich in ihren Zellen verbarrikadierten. Die Wärter rissen in dem Versuch, die Ordnung wiederherzustellen, die Barrikaden nieder. Um die Häftlinge für ihr Verhalten zu bestrafen, entkleideten sie diese, zogen ihnen Säcke über den Kopf und ließen sie Liegestütze und andere erniedrigende Übungen machen. Der Anführer des Aufstands wurde dann für viele Stunden in die Isolierzelle gesteckt. Die Häftlinge hatten emotionale Zusammenbrüche und einer von ihnen weigerte sich, zu essen.

Das Experiment musste statt nach 14 Tagen nach nur sechs Tagen vorzeitig beendet werden. »Wir beobachteten«, so die Autoren, »wie aus einer Stichprobe normaler, gesunder, männlicher amerikanischer Collegestudenten eine Gruppe von Gefängniswärtern wurde, die Spaß daran zu haben schienen, ihre Studienkollegen zu beleidigen, zu bedrohen, zu erniedrigen und zu entmenschlichen – diejenigen, denen durch zufällige Auswahl die Rolle der ›Häftlinge‹ zugewiesen worden war … sehr dramatisch und erschütternd für uns war die Beobachtung, mit welcher Leichtigkeit bei Menschen, die keine Sadisten waren, ein sadistisches Verhalten hervorgerufen werden konnte.« Während der sechs Tage, die das Experiment dauerte, nahmen die Schikanen und die verbale Aggression der Wärter stetig zu. Deren Aussagen nach dem Ende des Experiments zeigten, wie schnell sie an den Punkt gelangt waren, die Gefangenen zu entmenschlichen: »Rückblickend bin ich beeindruckt, wie wenig ich für sie empfand«; »Ich beobachtete, wie sie auf unsere Befehle hin aufeinander losgingen«; »Wir waren immer da, um ihnen zu zeigen, wer der Boss war.« Die Wärter rechtfertigten ihr aggressives Verhalten damit, dass sie »nur eine Rolle gespielt« hatten, obwohl die Reaktionen der Gefangenen, einschließlich der emotionalen Zusammenbrüche, sehr real gewesen waren. Diese äußerten sich hierzu so:

> »Die Art, wie man uns dazu zwang, uns zu erniedrigen, machte uns fertig, deswegen saßen wir gegen Ende des Experiments alle ganz apathisch da.«
> »Ich hatte das Gefühl, meine Identität zu verlieren, dass die Person, die ich _____ nenne, die Person, die sich freiwillig dazu gemeldet hatte, in dieses Gefängnis zu gehen (weil es für mich ein Gefängnis war. Es ist immer noch ein Gefängnis für mich. Ich betrachte es nicht als Experiment oder Simulation …), sich immer mehr von mir entfernte, bis ich schließlich nicht mehr diese Person war. Ich war 416. Ich war wirklich diese Nummer, und 416 musste entscheiden, was zu tun war.«
> »Ich habe gelernt, dass Leute schnell vergessen können, dass andere menschliche Wesen sind.«

Warum eskalierte die Sache und warum stiegen die Probanden nicht einfach aus der Studie aus? Zimbardo zufolge war einer der Hauptprozesse, der zu der entwürdigenden Situation führte, die Deindividuation. Unterstützt durch ihre Uniformen, wurden Wärter und Häftlinge dazu gebracht, sich als eigenständige

Gruppen zu fühlen, aber nicht als eigenständige Individuen innerhalb dieser Gruppen.

Deindividuation ist der Verlust der Eigenwahrnehmung, wenn wir uns als Teil einer Gruppe identifizieren. Als einer der Wärter – der nach dem Macho-Schauspieler John Wayne benannt wurde – begann, sich danebenzubenehmen, wurde die gesamte Wärtergruppe davon beeinflusst und betrachtete dieses Verhalten schließlich als akzeptabel. Und nachdem ein Häftling den Kontrollverlust akzeptiert hatte und sich passiv verhielt, verhielt sich die gesamte Gruppe immer passiver.

Laut Zimbardo sind »die sieben sozialen Prozesse, die den Pfad zur Hölle pflastern«, folgende:

1. Gedankenlos macht man den ersten kleinen Schritt.
2. Entmenschlichung der anderen.
3. Entindividualisierung des Selbst.
4. Streuung der persönlichen Verantwortung.
5. Blinder Gehorsam gegenüber Autorität.
6. Unkritisches Anpassen an Gruppennormen.
7. Passive Toleranz gegenüber dem Bösen durch Nichtstun oder Gleichgültigkeit.

Ähnlich wie im Fall unserer Terrorismuspyramiden ist auch hier Folgendes nötig: eine schrittweise Meinungsänderung (die Rechtfertigung zunehmender Aggression als notwendig für den Erhalt der Kontrolle) und eine schrittweise Handlungsänderung (tatsächliches, zunehmend aggressives Handeln).

Obwohl die ethische Seite der Studie (auch von Zimbardo selbst) stark kritisiert und die Interpretationen der Ergebnisse auf verschiedene Weise infrage gestellt wurden, haben die Schlussfolgerungen dennoch einen enormen Einfluss darauf, wie wir heute aggressives Verhalten innerhalb und zwischen Gruppen betrachten.

So sagte Zimbardo, als er seine eigene Arbeit und die Gehorsamsstudie von Stanley Milgram beschrieb: »Böse Taten sind nicht unbedingt die Taten böser Menschen, sondern vielleicht zurückzuführen auf das Wirken mächtiger sozialer Kräfte.« Ich glaube, dass uns eine genauere Untersuchung der sozialen Kräfte, die uns alle beeinflussen, auch helfen kann, diejenigen zu verstehen, die durch und innerhalb von Unternehmen korrumpiert werden, und Mitgefühl für sie zu empfinden. Außerdem kann es uns helfen, uns besser vor ihrem Einfluss zu schützen. Wissen ist Macht, und zu wissen, wie leicht wir, ermutigt durch die Gruppen, denen wir angehören, in schlechtes Verhalten verfallen, macht es uns möglich, unsere eigene Radikalisierung zu erkennen und aufzuhalten.

Vergessen Sie nicht, dass Sie den Pfad zur Hölle an jedem Punkt der Strecke verlassen können.

Gewissensprobleme

Dies bringt uns dorthin zurück, womit unser Kapitel begann: zu den Nazis.

Adolf Eichmann wurde 1961 für seine führende Rolle im Holocaust, einschließlich der Koordination von Massendeportationen in Gettos und Vernichtungslager, vor Gericht gestellt. Während der Urteilsverkündung sagte der Vorsitzende Richter, Eichmanns Verbrechen seien, »was ihre Natur und ihr Ausmaß betreffe, von nie dagewesener Grausamkeit«.[47] Die Philosophin Hannah Arendt (die, vielleicht ironischerweise, auch rassistische Ansichten vertrat)[48] berichtete damals über den Eichmann-Prozess. Nach einer Reihe von Artikeln für den *New Yorker* schrieb sie 1963 ihr Buch *Eichmann in Jerusalem*.[49] Darin beschreibt sie die Entwicklung des Prozesses und lässt uns an ihren scharfsinnigen Beobachtungen und an ihrem Versuch teilhaben, den Mann hinter den Gräueltaten zu verstehen.

Obwohl die Staatsanwaltschaft Eichmann als perversen Sadisten und als Monster hinstellt, musste sie konstatieren, dass er ein durchschnittlicher Mann war, den die Frage, *wie* sein Job zu erledigen war, oft mehr zu beschäftigen schien als die moralische Frage, *ob* er ihn erledigen sollte. Arendt beschreibt Eichmann als jemanden, der sich mehr mit Zeitplänen und Reisekosten beschäftigte als mit den Realitäten des Leids, das er zufügte. »Das beunruhigende an der Person Eichmann war doch gerade«, wie Arendt schreibt, »daß er war wie viele … schrecklich und erschreckend normal.«[50]

Nazis, einschließlich Eichmann, internalisierten oft die Propaganda, die ihnen verkauft wurde, und viele hörten auf, selbstständig zu denken. »In den Köpfen dieser Männer, die zu Mördern geworden waren«, so Arendt, »blieb lediglich die eine Vorstellung hängen, daß sie in etwas Historisches, Großartiges, Einzigartiges einbezogen waren, daß sie einer ›in zweitausend Jahren nur einmal vorkommenden Aufgabe dienten‹, an der man entsprechend schwer zu tragen hatte. Und darauf kam es an; denn diese Mörder waren keine gemeinen Verbrecher, sie waren auch nicht geborene Sadisten oder sonst pervertiert.«[51]

Sie glaubten, dass sie für ein übergeordnetes Wohl arbeiteten und dass Tod und Zerstörung eine vorübergehende Last waren, die sie ertragen mussten.

Doch dies war leichter gesagt als getan. Menschen sind von Natur aus darauf programmiert, auf menschliches Leid mit Mitleid, Traurigkeit und Schuldgefühlen zu reagieren. All diese

Emotionen dienen dazu, uns daran zu hindern, einander weh-zutun. Deswegen halfen hochrangige Nazis, die an ihre Sache glaubten, den Menschen, ihre »Gewissensprobleme« zu über-winden. Arendt erklärt: »Der Trick ... bestand darin, dies Mit-leid im Entstehen umzukehren und statt auf andere auf sich selbst zu richten. So daß die Mörder, wenn immer sie die Schrecklichkeit ihrer Taten überfiel, sich nicht mehr sagten: Was tue ich bloß!, sondern: Wie muß ich nur leiden bei der Erfüllung meiner schrecklichen Pflichten, wie schwer lastet diese Aufgabe auf meinen Schultern!«[52]

Den Deutschen wurde das Gefühl vermittelt, dass sie die-jenigen waren, die litten, dass sie *sich selbst* opferten. In dieser verkehrten Realität ist es anormal und egoistisch, Menschen *nicht* zu töten. Das eigene Gewissen zu erleichtern, heißt, das höhere Gut zu opfern. Solche Umstände machen es schwierig, zu wissen oder zu spüren, was man falsch macht.

Aber können wir Eichmann damit entschuldigen, dass wir sagen, er sei ein Produkt seiner Zeit gewesen? Damit, dass er glaubte, die Endlösung sei die beste Vorgehensweise, und er eine entscheidende Rolle dabei spielte, sie in die Tat umzuset-zen? Ich glaube nicht.

Der Vorsitzende Richter beim Eichmann-Prozess war auch bereits dieser Ansicht: »Selbst wenn wir festgestellt hätten, dass der Anklagte, wie er behauptet hat, aus blindem Gehorsam handelte, hätten wir dennoch gesagt, dass ein Mann, der jahre-lang an Verbrechen solchen Ausmaßes mitgewirkt hat, die höchste Strafe, die das Strafmaß kennt, bekommen muss, und er kann sich nicht auf irgendwelche Befehle berufen, auch nicht, um eine Strafmilderung zu erwirken.« Der Richter machte deutlich, dass blinder Gehorsam keine Entschuldigung dafür sei, so extremes Leid zuzufügen, ja nicht einmal ein mildernder

Umstand. Dies steht im Einklang mit gültigen Gesetzen, die beinhalten, dass Soldaten keine rechtswidrigen Befehle ausführen dürfen und dass sie ihr Fehlverhalten nicht einfach damit rechtfertigen können, Befehlen gehorcht zu haben. Schließlich wurde Eichmann zum Tod durch Erhängen verurteilt, »für die Verbrechen gegen das jüdische Volk, die Verbrechen gegen die Menschheit und das Kriegsverbrechen, dessen er für schuldig befunden wurde«.

Es geht hier nicht um einen bestimmten Menschen, nicht einfach nur um Eichmann. Es »sitzt das ganze Menschengeschlecht gleichsam unsichtbar mit auf der Anklagebank«,[53] wie Arendt schreibt.

Die Geschichte einer ganz normalen Person, die zumindest teilweise für den Tod von sechs Millionen Menschen verantwortlich war, ist eine Warnung für uns alle. Ein Zeichen, dass sich die Mechanismen, die ich in diesem Kapitel vorgestellt habe, verstärken und uns dazu verleiten können, ein schier unvorstellbares Maß an Leid zu verursachen.

Ich habe zu erklären versucht, wie soziale Situationen das menschliche Verhalten beeinflussen und das Schlimmste in uns zum Vorschein bringen können. Warum wir uns alle gezwungen fühlen, so zu denken, wie andere Mitglieder unserer Gruppe denken, und so zu handeln, wie die Mitglieder unserer Gruppe handeln. Doch erklären heißt nicht entschuldigen. Dass wir sehen können, wie die Umstände uns auf tief greifende Weise beeinflussen, heißt nicht, dass wir das Recht haben, uns schlecht zu verhalten. Im Gegenteil.

Arendt sagt, dass das Böse banal sei, und Wissenschaftler wie Zimbardo und Milgram behaupten, dass wir alle unter den richtigen Umständen fähig sind, Böses zu tun. Ich gehe weiter und behaupte, dass die Tatsache, dass das Böse so weitverbreitet ist, die Integrität des Konzepts beeinträchtigt, man es also schlichtweg nicht benötigt. Wenn wir alle böse oder alle fähig sind, Böses zu tun, hat das Wort dann überhaupt noch die Bedeutung, die es haben sollte? Wenn das Wort böse nicht für das Schlimmstmögliche reserviert ist, was bezeichnet es dann?

Ich möchte Sie dazu herausfordern, durchs Leben zu gehen, ohne Taten oder Menschen als böse zu bezeichnen. Versuchen Sie stattdessen, Gräueltaten und Menschen, die sie begehen, genau unter die Lupe zu nehmen. Untersuchen Sie alles sorgfältig, wie ein Detektiv. Suchen Sie nach Hinweisen, warum etwas passiert ist, und fragen Sie sich, ob es hilfreiche Informationen gibt, die verhindern können, dass es in Zukunft wieder geschieht.

Nachdem wir nun einige der Faktoren verstehen, die Missetäter beeinflussen, tragen wir noch mehr Verantwortung, uns im Einklang mit unserer Moral zu verhalten. Indem wir Konzepte wie Gruppendruck, Bystander-Effekt, Autorität und Deindividuation verstehen, tragen wir die Verantwortung, gegen diese sozialen Zwänge anzukämpfen, wenn sie versuchen, uns zu unmoralischem Verhalten zu verleiten. Seien Sie vorsichtig. Seien Sie gewissenhaft. Seien Sie stark. Denn für jegliches Leid, das wir direkt oder indirekt verursachen, tragen wir die Verantwortung.

Ob es um die Politik der Nazis, um Vergewaltiger oder die Vergewaltigungskultur, um Terroristen oder radikale Glaubenssysteme geht – deutlich wird, dass die Menschen von einer Kombination aus Gehirn, Veranlagung und sozialem System beeinflusst werden. Im gesamten Buch sind wir zwischen der Betrachtung von extremen Situationen, Gedanken und Konzepten, und solchen, die regelmäßig unser Leben berühren, hin- und hergesprungen. Wir haben uns mit Themen auseinandergesetzt, denen man gerne aus dem Weg geht, und Sie haben sich zuweilen sicher unwohl gefühlt, waren verwirrt oder sogar wütend.

Bei mir war es jedenfalls so. Beim Schreiben einiger Teile dieses Buches hatte ich große Schwierigkeiten, sodass ich mir denken kann, dass es auch schwerfiel, sie zu lesen. Manchmal brauchte ich Abstand, musste es erst einmal verdauen. Ich musste mich daran erinnern, dass Gedankenexperimente uns helfen, als Menschen zu wachsen, dass wir, indem wir einander und uns selbst verstehen, als Gesellschaft voranschreiten.

Und was tun wir jetzt? Jetzt ist es an der Zeit, zu handeln. Nun kann die Diskussion über das Böse wirklich beginnen.

SCHLUSSFOLGERUNG

Alles Böse traue ich dir zu:
darum will ich von dir das Gute.

Friedrich Nietzsche[1]

Der Begriff »Katastrophentourismus« bezeichnet das Reisen zu
Orten, die von einer Naturkatastrophe zerstört oder von einem
entsetzlichen historischen Ereignis betroffen wurden. In vielerlei Hinsicht ist dies konzeptionell genau das, was wir in diesem
Buch getan haben. Wir haben uns auf eine Reise begeben, um
Aspekte des menschlichen Verhaltens zu betrachten, die dazu
führen können, dass Schreckliches geschieht, und erforscht, wie
solche Dinge passieren können.

Wissenschaftler wie der Soziologe DeMond Miller glauben,
dass der »Katastrophentourismus als Vehikel zur Selbstreflexion dient«.[2] Seiner Meinung nach wird den Reisenden durch
den Besuch von Orten, an denen sich Katastrophen ereignet
haben, auf eine Weise eine Botschaft vermittelt, die es ihnen
erlaubt, ihr eigenes Leben zu interpretieren und besser zu verstehen. Diese Besuche werden auch als Instrument gesehen,
das den Heilungsprozess nach einem Unglück beschleunigen
kann. Wenn wir die Katastrophe in all ihren Einzelheiten und
ihrer Komplexität sehen, können wir besser verstehen, was geschehen ist, und unsere Angst davor verringern. Wir können
lernen und weiterleben.

Wir erschaffen das Böse, wenn wir etwas als solches etikettieren. Das Böse existiert als Wort, als subjektives Konzept. Doch ich bin fest davon überzeugt, dass es keinen Menschen, keine Gruppe, kein Verhalten, keine Sache gibt, die objektiv böse ist. Vielleicht existiert das Böse wirklich nur in unseren Ängsten.

Dieses Buch stellt in keiner Weise eine umfassende Erforschung des Bösen dar. Es ist vielmehr eine Reise zu einigen Schlüsselproblemen, mit denen unsere heutige Gesellschaft kämpft, wobei der Fokus auf Themen gelegt wurde, die mir besonders am Herzen liegen. Mein Ziel war es, den vorgefassten Ansichten über das Böse und der großen Menge an Fehlinformationen, mit denen wir regelmäßig gefüttert werden, entgegenzusteuern. Das Ziel besteht darin, sachkundige Unterhaltungen über das Böse in Gang zu setzen.

Gibt es also wirklich so etwas wie das Böse? Subjektiv betrachtet, ja. Sie können sadistische Folter oder Völkermord oder Vergewaltigungen als böse bezeichnen. Sie meinen vielleicht etwas ganz Bestimmtes und haben gute Argumente dafür, eine bestimmte Person oder eine bestimmte Tat als böse zu bezeichnen. Doch sobald Sie mit anderen eine Diskussion darüber führen, stellen Sie möglicherweise fest, dass das, was Sie für einen unleugbaren Akt des Bösen halten, von den anderen nicht so wahrgenommen wird. Das Böse wird erst in dem Moment erschaffen, in dem wir es als solches wahrnehmen, wie der Philosoph Friedrich Nietzsche gesagt hat. Und genauso schnell, wie wir das Böse erschaffen können, kann es, wenn sich unsere Wahrnehmung ändert, auch wieder verschwinden.

Sie haben vermutlich schon einmal die Redewendung »Des einen Terrorist ist des anderen Freiheitskämpfer« gehört. Nun, das Gleiche gilt für viele andere Kontexte – des einen Soldat ist des anderen Rebell, was der eine als sexuelle Befreiung empfindet, ist für den anderen Perversion, des einen Traumjob ist für den anderen die Quelle allen Übels. Wenn wir lernen, dass das Böse im Auge des Betrachters liegt, fangen wir an, den Betrachter und die Gesellschaft, in der er lebt, zu hinterfragen. Und wenn wir unsere Aufmerksamkeit auf uns selbst richten, erkennen wir, dass wir manchmal seltsamerweise sogar unsere eigene Moral verraten.

Aufgrund des meiner Ansicht nach unüberwindbaren Problems der Subjektivität sollten wir weder Menschen noch Taten als böse etikettieren. Denn ich sehe ein komplexes System von Entscheidungen, Einflüssen und sozialen Faktoren, und ich weigere mich, all dies in einem einzigen hasserfüllten Wort, dem Wort »böse«, zusammenzufassen.

Doch die Tatsache, dass ich das Böse nicht für ein objektives Phänomen halte, macht mich nicht zum moralischen Relativisten. Ich habe eine eindeutige Meinung dazu, was ich als objektiv angemessenes Verhalten betrachte und was nicht. Ich glaube an fundamentale Menschenrechte. Ich glaube, dass es unentschuldbar ist, Schmerz und Leid zu verursachen. Ich glaube, dass wir handeln müssen, wenn Menschen gegen die Sozialverträge verstoßen, die wir abschließen, wenn wir als Teil einer Gesellschaft leben.

Doch wichtiger noch: Die Kenntnis der verschiedenen Einflüsse, die zu problematischem Verhalten beitragen, erhöht die Wahrscheinlichkeit, dass wir diese Einflüsse identifizieren und verhindern, dass sie ihre volle Wirkung entfalten. Zu verstehen, dass wir alle fähig sind, großen Schaden anzurichten, sollte uns achtsamer machen. Dies ist in der Tat ein mächtiges Geschenk.

Die helle Seite Ihrer dunklen Seite

Bei der Lektüre dieses Buches könnten Sie den Eindruck gewinnen, dass Menschen scheußliche Kreaturen sind. Doch das ist nicht die Aussage, die ich zu treffen versuche. Vielmehr geht es mir darum, zu zeigen, dass Dinge, die wir oft als böse bezeichnen, Teil der menschlichen Erfahrung sind. Die Folgen mögen uns nicht gefallen, doch menschliche Neigungen sind weder grundsätzlich gut noch grundsätzlich schlecht – sie *sind* einfach.

Verwirrenderweise bringt uns die Grundlage von vielem, das uns Schaden anrichten lässt, auch dazu, Dinge zu tun, von denen die Gesellschaft profitiert. So zeigen Forschungen von Francesca Gino und Scott Wiltermuth, dass Unehrlichkeit zur Zunahme der Kreativität führen kann – weil wir es beim Verstoßen gegen Regeln und beim »unkonventionellen Denken« mit ähnlichen Gedankenmustern zu tun haben. Sie basieren beide auf dem potenziell beglückenden Gefühl, nicht durch Regeln eingeschränkt zu sein.[3] Kreativität hat uns die moderne Medizin, die moderne Technologie und die modernen Umgangsformen beschert, doch sie hat uns auch Zyanid, Atomwaffen und Bots gebracht, die unsere Demokratie gefährden. Aus ein und derselben menschlichen Neigung kann großer Nutzen und großer Schaden erwachsen.

Ähnlich kann abweichendes Verhalten eine gute Sache sein. Von der Norm abzuweichen, kann uns zu Schurken, aber auch zu Helden machen. Wie das Kind in der Schule, das denen, die einen Mitschüler drangsalieren wollen, die Stirn bietet, oder der Soldat, der sich dem Befehl widersetzt, Zivilisten zu töten, oder der Therapeut, der sich weigert, Pädophile abzuschreiben. Selbst der Autor des Stanford-Prison-Experiments, Philip Zimbardo, der aufzeigte, wie leicht wir dazu verleitet werden können, uns schlecht zu verhalten, hat in den letzten Jahren seine Aufmerksamkeit auf die Untersuchung extrem prosozialen Verhaltens gerichtet und stellt Hannah Arendts »Banalität des Bösen« die »Banalität des Heldentums« gegenüber.

Wie das Böse wird der Heroismus oft als Sonderfall betrachtet, als Möglichkeit für Menschen, die abnormal sind, speziell sind. Doch Zimbardo fragt: »Was, wenn die Fähigkeit, heldenhaft zu handeln, im Grunde ebenfalls normal ist und wir alle über sie verfügen?« Es heißt, man solle nie seine Helden kennenlernen, um nicht enttäuscht zu werden, wenn man herausfindet, wie normal sie in Wirklichkeit sind. Aber wir sollten alle froh sein, dass es so ist.

Wie Zimbardos Gefängnisexperiment gezeigt hat (und der irische Staatsmann Edmund Burke angeblich gesagt haben soll): »Die einzige Voraussetzung für den Triumph des Bösen ist, dass gute Menschen nichts tun.« Wie also lehren wir die Menschen, etwas zu tun? Zimbardo argumentiert, dass wir eine »heroische Vorstellungskraft« fördern sollten.

Hierzu müssen wir drei Dinge tun: Erstens müssen wir Geschichten von normalen Menschen erzählen, die für ihre Werte eintreten. Wir müssen die Vorstellungskraft der Menschen anregen, sie dazu bringen, über normale Helden nachzudenken und zu erkennen, dass sie einer von ihnen sein könnten – weil nicht alle Helden Umhänge tragen. Zweitens müssen wir dafür sorgen, dass wir bereit sind, heldenhaft zu handeln, wenn sich die Gelegenheit bietet, indem wir uns vorstellen, heldenhaft zu handeln, und einen Plan haben, was wir in einem Notfall tun würden. Und drittens müssen wir die Menschen lehren, dass Helden nicht allein handeln müssen. Sie können andere rekrutieren und damit die persönliche, politische oder soziale Landschaft verändern.

Dieses Buch möchte informieren und ermächtigen. Wenn wir verstehen, was zu Leid führt, können wir beginnen, dagegen anzukämpfen. Das bedeutet, dass wir Maßnahmen ergreifen, um Leid zu verhindern, gegen unseren eigenen Drang ankämpfen, Leid zuzufügen, und Menschen, die Leid zugefügt haben, helfen, sich zu bessern. Und wofür wir auch eintreten oder kämpfen mögen, wir dürfen einander *nie* entmenschlichen.

10 Dinge, die jeder über das Böse wissen sollte:

1. Menschen als böse zu bezeichnen, zeugt von Faulheit.
2. Alle Gehirne sind ein bisschen sadistisch.
3. Wir sind alle fähig, zu morden.
4. Unser Gefahrendetektor versagt häufig.
5. Die Technologie kann Gefährlichkeit verstärken.
6. Sexuelle Devianz ist ziemlich normal.
7. Alle Monster sind menschlich.
8. Geld lenkt von Leid ab.
9. Kultur ist keine Entschuldigung für Grausamkeit.
10. Wir müssen über das Unaussprechliche sprechen.

Zu guter Letzt habe ich nur den einen Wunsch: *Bitte* hören Sie auf, Menschen oder Verhaltensweisen oder Ereignisse als böse zu bezeichnen. Diese Bezeichnung ignoriert wichtige Nuancen.

Ich möchte Sie vielmehr dazu ermutigen, das Undenkbare zu denken, vom Unaussprechlichen zu sprechen und das Unerklärliche zu erklären, weil wir nur dann damit anfangen können, das zu verhindern, was andere für nicht verhinderbar halten.

Es ist an der Zeit, das Böse neu zu denken.

DANKSAGUNG

Danken möchte ich:

Ute Shaw, meiner Mutter. Danke, dass du mich zur Welt gebracht hast und mich liebst. Ich wollte dir dieses Buch widmen, doch in einem Buch über das Böse fühlte sich die Widmung »Für meine Mutter« zu seltsam an. Betrachte bitte stattdessen dies als informelle Widmung. Ohne deine Unterstützung während meines Studiums der Kriminalpsychologie hätte ich nie die Grundlagen erworben, um dieses Buch schreiben zu können.

Paul Livingston, meinem Liebsten. Danke für deine unendliche Liebe und Unterstützung und dafür, dass du all meine ersten und zweiten und dritten und vierten Entwürfe gelesen hast.

Simon Thorogood, meinem Lektor in Großbritannien. Danke, dass du unermüdlich mein Geschreibsel erträgst und mir geholfen hast, alle Teile dieses Buches zusammenzufügen.

Christian Koth, meinem deutschen Lektor. Danke für deinen unerschütterlichen Glauben an mich als Menschen und als Autorin.

Jamison Stoltz und Tim Rostron, meinen Lektoren in den USA und in Kanada. Danke, dass ihr mir geholfen habt, dieses Buch zu etwas zu machen, worauf ich stolz bin.

Annette Brüggemann, meiner Presseagentin. Danke, dass du mich immer dazu antreibst, mehr zu tun, und mich dabei unterstützt, mich den Herausforderungen der Öffentlichkeitsarbeit zu stellen.

DGA, meiner Verlagsagentur. Danke, dass Sie dieses Buch

möglich gemacht und mich immer dabei unterstützt haben, mich als Autorin zu entwickeln.

Susanna Lea Associates, meiner Lizenzagentur. Danke, dass Sie es mir ermöglichen, mehr Teile der Welt zu erreichen, als ich es mir je hätte vorstellen können.

ANMERKUNGEN

EINLEITUNG

1 Nietzsche, F., *Jenseits von Gut und Böse*, in: *Werke in sechs Bänden*, Bd. 4, München 1980, S. 636.

2 Nietzsche, F., *Werke in sechs Bänden*, Bd. 2, München 1980, S. 1062.

3 Originaltext aus Nietzsches *Morgenröte*: »Die Leidenschaften werden böse und tückisch, wenn sie böse und tückisch betrachtet werden«, in: *Werke in sechs Bänden*, Bd. 2, München 1980, S. 1062.

4 Bushman, B. J., Jamieson, P. E., Weitz, I. & Romer, D., »Gun violence trends in movies«, in: *Pediatrics* 132, Nr. 6 (2013), S. 1014–1018.

1 UNSER INNERER SADIST:
DIE NEUROWISSENSCHAFT VOM BÖSEN

1 Friedrich Nietzsche, *Jenseits von Gut und Böse*, in: *Werke in sechs Bänden*, Bd. 4, München 1980, S. 631.

2 Langer, W. C., *Das Adolf-Hitler-Psychogramm: eine Analyse seiner Person und seines Verhaltens, verfasst 1943 für die psychologische Kriegsführung der USA*, Wien 1973.

3 Redlich, F., *Hitler – Diagnose des destruktiven Propheten*, Wien 2002.

4 Reimann, M. & Zimbardo, P. G., »The dark side of social encounters: Prospects for a neuroscience of human evil«, in: *Journal of Neuroscience, Psychology, and Economics* 4, Nr. 3 (2011), S. 174.

5 https://www.theguardian.com/global-development/2015/apr/24/katie-hopkins-cockroach-migrants-denounced-united-nations-human-rights-commissioner.

6 http://edition.cnn.com/2017/05/01/politics/trump-the-snake/index.html.

7 Baumeister, R. F. & Campbell, W. K., »The intrinsic appeal of evil:

Sadism, sensational thrills, and threatened egotism«, in: *Personality and Social Psychology Review* 3, Nr. 3 (1999), S. 210–221.

8 Buckels, E. E., Jones, D. N. & Paulhus, D. L., »Behavioral confirmation of everyday sadism«, in: *Psychological Science* 24, Nr. 11 (2013), S. 2201–2209.

9 Aragón, O. R., Clark, M. S., Dyer, R. L. & Bargh, J. A., »Dimorphous expressions of positive emotion: Displays of both care and aggression in response to cute stimuli«, in: *Psychological science* 26, Nr. 3, (2015), S. 259–273.

10 Lorenz, K., »Die angeborenen Formen möglicher Erfahrung«, in: *Zeitschrift für Tierpsychologie* 5 (1943), S. 245–409.

11 Baron, R. A. & Richardson, D. R., *Human aggression: Perspectives in social psychology*, New York 1994.

12 Richardson, D. S. & Green, L. R., »Direct and indirect aggression: Relationships as social context«, in: *Journal of Applied Social Psychology* 36, Nr. 10 (2006), S. 2492–2508.

13 Leisring, P. A., »Physical and emotional abuse in romantic relationships: Motivation for perpetration among college women«, in: *Journal of interpersonal violence* 28, Nr. 7 (2013), S. 1437–1454.

14 Bushman, B. J., DeWall, C. N., Pond, R. S. & Hanus, M. D., »Low glucose relates to greater aggression in married couples«, in: *Proceedings of the National Academy of Sciences* 111, Nr. 17 (2014), S. 6254–6257.

15 Richardson, D. S. & Green, L. R., »Direct and indirect aggression: Relationships as social context«, in: *Journal of Applied Social Psychology* 36, Nr. 10 (2006), S. 2492–2508.

16 Richardson, D. S., »Everyday aggression takes many forms«, in: *Current Directions in Psychological Science* 23, Nr. 3 (2014), S. 220–224.

17 Warren, P., Richardson, D. S. & McQuillin, S., »Distinguishing among nondirect forms of aggression«, in: *Aggressive Behavior* 37, Nr. 4 (2011), S. 291–301.

18 Richardson, D. S. & Hammock, G. S., »Is it aggression? Perceptions of and motivations for passive and psychological aggression«, in: *The psychology of social conflict and aggression* 13 (2011), S. 53–64.

19 Paulhus, D. L., Curtis, S. R. & Jones, D. N., »Aggression as a Trait: The Dark Tetrad Alternative«, in: *Current Opinion in Psychology* (2017).

20 Paulhus, D. L., »Toward a taxonomy of dark personalities«, in: *Current Directions in Psychological Science* 23, Nr. 6 (2014), S. 421–426.

21 Balsis, S., Busch, A. J., Wilfong, K. M., Newman, J. W. & Edens, J. F., »A Statistical Consideration Regarding the Threshold of the Psycho-

pathy Checklist–Revised«, in: *Journal of Personality Assessment* 99, Nr. 1 (2017), S. 1–9.

22 Augstein, H. F., »JC Prichard's concept of moral insanity – a medical theory of the corruption of human nature«, in: *Medical History* 40, Nr. 3 (1996), S. 311.

23 Hare, R. D., *The Hare psychopathy checklist-revised: Manual*. Multi-Health Systems, Incorporated (1991).

24 Poeppl, T., Donges, M., Rupprecht, R., Fox, P., Laird, A., Bzdok, D. & Eickhoff, S., »Meta-analysis of aberrant brain activity in psychopathy«, in: *European Psychiatry* 41 (2017). S. 349.

25 Stromberg, J. (2013), The neuroscientist who discovered he was a psychopath. *Abgerufen unter* https://www.smithsonianmag.com/science-nature/the-neuroscientist-who-discovered-he-was-a-psychopath-180947814/.

26 Fallon, J., *Der Psychopath in mir. Die Entdeckungsreise eines Neurowissenschaftlers zur dunklen Seite seiner Persönlichkeit*, München 2015.

27 Konrath, S., Meier, B. P. & Bushman, B. J., »Development and validation of the single item narcissism scale (SINS)«, in: *PLOS one* 9, Nr. 8 (2014), e103469.

28 Goldbeck, J., »The One Question That Can Tell Us Who's a Narcissist. A new study finds a surprising insight about personality«, in: *Psychology Today* (2014), abgerufen unter https://www.psychologytoday.com/blog/your-online-secrets/201409/the-one-question-can-tell-us-whos-narcissist.

29 Krizan, Z. & Johar, O., »Narcissistic rage revisited«, in: *Journal of Personality and Social Psychology* 108, Nr. 5 (2015), S. 784–801.

30 Jones, D. N. & Paulhus, D. L., »Machiavellianism«, in: Leary, M. R. & Hoyle, R. H. (Hg.), *Handbook of individual differences in social behavior*, New York 2009, S. 93–108.

31 Muris, P., Merckelbach, H., Otgaar, H. & Meijer, E., »The malevolent side of human nature: A meta-analysis and critical review of the literature on the Dark Triad (Narcissism, Machiavellianism, and Psychopathy)«, in: *Perspectives on Psychological Science* 12, Nr. 2 (2017), S. 183–204.

32 Christie, R. & Geis, F. L., *Studies in Machiavellianism*. New York 1970.

33 Buckels, E. E., Jones, D. N. & Paulhus, D. L., »Behavioral confirmation of everyday sadism«, in: *Psychological science* 24, Nr. 11 (2013), S. 2201–2209.

34 Campbell, W. K., »Is narcissism really so bad?«, in: *Psychological Inquiry* 12, Nr. 4 (2001), S. 214ff.

2 MORDFANTASIEN:
DIE PSYCHOLOGIE DER MORDLUST

1 Darimont, C.T., Fox, C.H., Bryan, H.M. & Reimchen, T.E., »The unique ecology of human predators«, in: *Science* 349, Nr. 6250 (2015), S. 858–860.

2 Kenrick, D.T. & Sheets, V., »Homicidal Fantasies«, in: *Ethology and Sociobiology* 14, Nr. 4 (1993), S. 231–246.

3 Duntley, J.D. & Buss, D.M., »Homicide Adaptations«, in: *Aggression and Violent Behavior* 16, Nr. 5 (2011), S. 399–410.

4 United Nations Office on Drugs and Crime, *Global Study on Homicide 2013: trends, contexts, data*, UNODC (2013).

5 Roberts, A.R., Zgoba, K.M. & Shahidullah, S.M., »Recidivism among Four Types of Homicide Offenders: An Exploratory Analysis of 336 Homicide Offenders in New Jersey«, in: *Aggression and Violent Behavior* 12, Nr. 5 (2007), S. 493–507.

6 Liem, M., »Homicide Offender Recidivism: A Review of the Literature«, in: *Aggression and Violent Behavior* 18, Nr. 1 (2013), S. 19–25.

7 Archer, J, »Sex differences in aggression in real-world settings: a meta-analytic review«, in: *Review of general Psychology* 8, Nr. 4 (2004), S. 291–322.

8 Oder »Rapper« laut Goldie Lookin Chains Kultklassiker von 2004.

9 Dabbs, J.M., Riad, J.K. & Chance, S.E., »Testosterone and ruthless homicide«, in: *Personality and Individual Differences* 31, Nr. 4 (2001), S. 599–603.

10 Cooper, S.E., Goings, S.P., Kim, J.Y. & Wood, R.I., »Testosterone enhances risk tolerance without altering motor impulsivity in male rats«, in: *Psychoneuroendocrinology* 40 (2014), S. 201–212.

11 Berthold, A.A., »Transplantation der Hoden«, in: *Archiv für Anatomie, Physiologie und wissenschaftliche Medicin* 16 (1849), S. 42–46.

12 Berthold, A.A. & Quiring, D.P., »The transplantation of testes«, in: *Bulletin of the History of Medicine* 16 (1944), S. 399–401.

13 Carré, J.M., Ruddick, E.L., Moreau, B.J. & Bird, B.M., »Testosterone and Human Aggression«, in: Sturmey, Peter (Hg.), *The Wiley Handbook of Violence and Aggression,* Chichester 2017.

14 Mazur, A. & Lamb, T.A., »Testosterone, status, and mood in human males«, in: *Hormones and Behavior* 14, Nr. 3 (1980), S. 236–246. doi:10.1016/0018-506x(80)90032-x

15 Molly Crockett (2016), »The trolley problem: would you kill one

person to save many others?«, in: *The Guardian,* abgerufen unter https://www.theguardian.com/science/head-quarters/2016/dec/12/the-trolley-problem-would-you-kill-one-person-to-save-many-others.

16 Skulmowski, A., Bunge, A., Kaspar, K. & Pipa, G., »Forced-choice decision-making in modified trolley dilemma situations: a virtual reality and eye tracking study«, in: *Frontiers in behavioral neuroscience* 8 (2014), S. 426.

17 Bleske-Rechek, A., Nelson, L. A., Baker, J. P., Remiker, M. W. & Brandt, S. J., »Evolution and the trolley problem: people save five over one unless the one is young, genetically related, or a romantic partner«, in: *Journal of Social, Evolutionary, and Cultural Psychology* 4, Nr. 3 (2010), S. 115–127.

18 Greene, J. D., Morelli, S. A., Lowenberg, K., Nystrom, L. E. & Cohen, J. D., »Cognitive load selectively interferes with utilitarian moral judgment«, in: *Cognition* 107, Nr. 3 (2008), S. 1144–1154.

19 Garrigan, B., Adlam, A. L. & Langdon, P. E., »The neural correlates of moral decision-making: A systematic review and meta-analysis of moral evaluations and response decision judgements«, in: *Brain and cognition* 108 (2016), S. 88–97.

20 Jentzen, J., Palermo, G., Johnson, L. T., Ho, K. C., Stormo, K. A. & Teggatz, J., »Destructive hostility: The Jeffrey Dahmer case: A psychiatric and forensic study of a serial killer«, in: *The American journal of forensic medicine and pathology* 15, Nr. 4 (1994), S. 283–294.

21 http://www.nytimes.com/1994/11/29/us/jeffrey-dahmer-multiple-killer-is-bludgeoned-to-death-in-prison.html?mcubz=0.

22 Ebenda.

23 Wiest, J. B., *Creating cultural monsters: Serial murder in America*, Boca Raton, FL 2016.

24 Hodgkinson, S., Prins, H. & Stuart-Bennett, J., »Monsters, madmen … and myths: A critical review of the serial killing literature«, in: *Aggression and Violent Behavior* 34 (2017), S. 282–289.

3 FREAKSHOW:
DIE PSYCHOLOGIE DER UNHEIMLICHKEIT

1 Nietzsche, F., *Zur Genealogie der Moral, in: Werke in sechs Bänden*, Bd. 4, München 1980, S. 785.

2 Der Begriff »creepy« ist nicht 1:1 ins Deutsche übertragbar. Bedeutungsebenen sind: gruselig, unheimlich, seltsam.

3 McAndrew, F. T. & Koehnke, S. S., »On the nature of creepiness«, in: *New Ideas in Psychology* 43 (2016), S. 10–15.

4 Bar, M., Neta, M. & Linz, H., »Very first impressions«, in: *Emotion* 6, Nr. 2 (2006), *S.* 269–278.

5 Porter, S., England, L., Juodis, M., Ten Brinke, L. & Wilson, K., »Is the face a window to the soul? Investigation of the accuracy of intuitive judgments of the trustworthiness of human faces«, in: *Canadian Journal of Behavioural Science/Revue canadienne des sciences du comportement* 40, Nr. 3 (2008), S. 171–177.

6 Petridis, A., »One person's ›edgy‹ model is another's gun-toting ›street terrorist‹«, in: *The Guardian* (2014). https://www.theguardian.com/lifeandstyle/lostinshowbiz/2014/jul/03/edgy-model-gun-toting-street-terrorist-jeremy-meeks.

7 Nisbett, R. E. & Wilson, T. D., »The halo effect: Evidence for unconscious alteration of judgments«, in: *Journal of personality and social psychology* 35, Nr. 4 (1977), S. 250–256.

8 Thorndike, E. L., »A constant error in psychological ratings«, in: *Journal of Applied Psychology* 4, Nr. 1 (1920), S. 25–29.

9 Gibson, J. L. & Gore, J. S., »You're OK until you misbehave: How norm violations magnify the attractiveness devil effect«, in: *Gender Issues* 32, Nr. 4 (2015), S. 266–278.

10 Hosoda, M., Stone-Romero E. F. & Coats, G., »The effects of physical attractiveness on job-related outcomes: A meta-analysis of experimental studies«, in: *Personnel Psychology* 56, Nr. 2 (2003), S. 431–462.

11 Phelan, S. M., Burgess, D. J., Yeazel, M. W., Hellerstedt, W. L., Griffin, J. M. & Van Ryn, M., »Impact of weight bias and stigma on quality of care and outcomes for patients with obesity«, in: *Obesity Reviews* 16, Nr. 4 (2015), S. 319–326.

12 Adolphs, R. & Tusche, A., »From Faces to Prosocial Behavior: Cues, Tools, and Mechanisms«, in: *Current Directions in Psychological Science* 26, Nr. 3 (2017), S. 282–287.

13 Korva, N., Porter, S., O'Connor, B.P., Shaw, J. & Brinke, L.T., »Dangerous decisions: influence of juror attitudes and defendant appearance on legal decision-making«, in: *Psychiatry, Psychology and Law* 20, Nr. 3 (2013), S. 384–398.

14 Wilson, J.P. & Rule, N.O., »Facial trustworthiness predicts extreme criminal-sentencing outcomes«, in: *Psychological Science* 26, Nr. 8 (2015), S. 1325–1331.

15 Santos, S., Almeida, I., Oliveiros, B. & Castelo-Branco, M., »The role of the amygdala in facial trustworthiness processing: A systematic review and meta-analyses of fMRI studies«, in: *PloS one* 11, Nr. 11 (2016), e0167276.

16 Bonnefon, J.F., Hopfensitz, A. & De Neys, W., »Can We Detect Cooperators by Looking at Their Face?«, in: *Current Directions in Psychological Science* 26 , Nr. 3 (2017), S. 276–281.

17 McAndrew, F.T. & Koehnke, S.S., »On the nature of creepiness«, in: *New Ideas in Psychology* 43 (2016), S. 10–15.

18 Langlois, J.H. & Roggman, L.A., »Attractive faces are only average«, in: *Psychological Science* 1, Nr. 2 (1990), S. 115–121.

19 Sofer, C., Dotsch, R., Wigboldus, D.H. & Todorov, A., »What is typical is good: The influence of face typicality on perceived trustworthiness«, in: *Psychological Science* 26, Nr. 1 (2015), S. 39–47.

20 Wang, T.T., Wessels, L., Hussain, G. & Merten, S., »Discriminative thresholds in facial asymmetry: a review of the literature«, in: *Aesthetic surgery journal* 37, Nr. 4 (2017), S. 375–385.

21 Halloua, R.L., »Staring and Perceptions Towards Persons with Facial Disfigurement«, in: *Therapeutic Recreation Journal* 45, Nr. 4 (2011), S. 341–356.

22 Stone, A. & Wright, T., »When your face doesn't fit: employment discrimination against people with facial disfigurements«, in: *Journal of Applied Social Psychology* 43, Nr. 3 (2013), S. 515–526.

23 Tsankova, E. & Kappas, A., »Facial Skin Smoothness as an Indicator of Perceived Trustworthiness and Related Traits«, in: *Perception* 45, Nr. 4 (2016), S. 400–408.

24 Funk, F. & Todorov, A., »Criminal stereotypes in the courtroom: facial tattoos affect guilt and punishment differently«, in: *Psychology, Public Policy and Law* 19, Nr. 4 (2013), S. 466.

25 Fincher, K.M., Tetlock, P.E. & Morris, M.W., »Interfacing With Faces: Perceptual Humanization and Dehumanization«, in: *Current Directions in Psychological Science* 26, Nr. 3 (2017), S. 288–293.

26 Norman, R.M., Sorrentino, R.M., Gawronski, B., Szeto, A.C., Ye, Y. & Windell, D., »Attitudes and physical distance to an individual with schizophrenia: the moderating effect of self-transcendent values«, in: *Social psychiatry and psychiatric epidemiology* 45, Nr. 7 (2010), S. 751–758.

27 Magin, P., Holliday, S., Dunlop, A., Ewald, B., Dunbabin, J., Henry, J., Goode, S. & Baker, F., »Discomfort sharing the general practice waiting room with mentally ill patients: a cross-sectional study«, in: *Family practice* 30, Nr. 2 (2013), S. 190–196.

28 Sowislo, J.F., Gonet-Wirz, F., Borgwardt, S., Lang, U.E. & Huber, C.G., »Perceived Dangerousness as Related to Psychiatric Symptoms and Psychiatric Service Use–a Vignette Based Representative Population Survey«, in: *Scientific Reports* 7 (2017), doi: 10.1038/srep45716.

29 Pescosolido, B.A., Fettes, D.L., Martin, J.K., Monahan, J. & McLeod, J.D., »Perceived dangerousness of children with mental health problems and support for coerced treatment«, in: *Psychiatric Services* 58, Nr. 5 (2007), S. 619–625.

30 Moore M., Petrie C, Braga A. & McLaughlin, B.L., *Deadly Lessons: Understanding Lethal School Violence*, Washington, DC 2003.

31 Sowislo, J.F., Gonet-Wirz, F., Borgwardt, S., Lang, U.E. & Huber, C.G., »Perceived Dangerousness as Related to Psychiatric Symptoms and Psychiatric Service Use–a Vignette Based Representative Population Survey«, in: *Scientific Reports* 7 (2017), doi: 10.1038/srep45716.

32 Peterson, J.K., Skeem, J., Kennealy, P., Bray, B. & Zvonkovic, A., »How often and how consistently do symptoms directly precede criminal behavior among offenders with mental illness?«, in: *Law and Human Behavior* 38, Nr. 5 (2014), S. 439–449.

33 Nesvåg, R., Knudsen, G.P., Bakken, I.J., Høye, A., Ystrom, E., Surén, P. & Reichborn-Kjennerud, T., »Substance use disorders in schizophrenia, bipolar disorder, and depressive illness: a registry-based study«, in: *Social psychiatry and psychiatric epidemiology* 50, Nr. 8 (2015), S. 1267–1276.

34 Fazel, S., Gulati, G., Linsell, L., Geddes, J.R. & Grann, M., »Schizophrenia and violence: systematic review and meta-analysis«, in: *PLoS medicine* 6, Nr. 8 (2009), e1000120.

35 Milgram, S., »Behavioral Study of obedience«, in: *The Journal of abnormal and social psychology* 67, Nr. 4 (1963), S. 371–378.

36 Baumeister, R.F. & Campbell, W.K., »The intrinsic appeal of evil: Sadism, sensational thrills, and threatened egotism«, in: *Personality and Social Psychology Review* 3, Nr. 3 (1999), S. 210–221.

37 Baumeister, R. F., *Evil. Inside human cruelty and violence,* New York 1997.

38 McAndrew, F. T. & Koehnke, S. S., »On the nature of creepiness«, in: *New Ideas in Psychology* 43 (2016), S. 10–15.

39 Hurley, E., »Overkill: An Exaggerated Response to the Sale of Murderabilia«, in: *Ind. L. Rev.* 42, Nr. 2 (2009), S. 411.

40 Wagner, M., »Beyond the Son of Sam: Assessing Government's First Tentative Steps Towards Regulation of the Third Party Murderabilia Marketplace«, in: *U. Cin. L. Rev.* 80 (2011), S. 977.

41 Denham, J., »The commodification of the criminal corpse: ›selective memory‹ in posthumous representations of criminal«, in: *Mortality* 21, Nr. 3 (2016), S. 229–245.

4 DIE ZWEI GESICHTER DER TECHNOLOGIE: WIE TECHNOLOGIE UNS VERÄNDERT

1 Engle, J., »US aviation security«, in:. *Los Angeles Times,* 12. Juni 2011. http://articles.latimes.com/2011/jun/12/travel/la-tr-airline-safety-timeline-20110612.

2 Fishel, J., Thomas, P., Levine, M. & Date, J., »Undercover DHS tests«, in: *ABC News,* 1. Juni 2015. http://abcnews.go.com/US/exclusive-undercover-dhs-tests-find-widespread-security-failures/story?id=31434881.

3 Neff, G. & Nagy, P., »Automation, Algorithms, and Politics | Talking to Bots: Symbiotic Agency and the Case of Tay«, in: *International Journal of Communication* 10 (2016), S. 17.

4 Weizenbaum, J., *Die Macht der Computer und die Ohnmacht der Vernunft,* Frankfurt a. M. 1977.

5 Neff, G. & Nagy, P., »Automation, Algorithms, and Politics | Talking to Bots: Symbiotic Agency and the Case of Tay«, in: *International Journal of Communication* 10 (2016), S. 17.

6 Garber, M., »When PARRY met ELIZA: A ridiculous chat bot conversation from 1972«, in: *The Atlantic* (2014). http://www.theatlantic.com/technology/archive/2014/06/when-parry-met-eliza-a-ridiculous-chatbot-conversation-from-1972/372428/.

7 de Lima Salge, C. A. & Berente, N., »Is that social bot behaving unethically?«, in: *Communications of the ACM,* 60, Nr. 9 (2017), S. 29–31.

8 Floridi, L. & Sanders, J. W., »Artificial evil and the foundation of com-

puter ethics«, in: *Ethics and Information Technology*, 3, Nr. 1 (2001), S. 55–66.

9 Medeiros, J., »Stephen Hawking: I fear AI will replace humans«, in: *Wired*, Dezember 2017. http://www.wired.co.uk/magazine/ December-2017.

10 Titcomb, J., »AI is the biggest risk«, in: *Daily Telegraph*, 17. Juli 2017. http://www.telegraph.co.uk/technology/2017/07/17/ai-biggest-risk-face-civilisation-elon-musk-says/.

11 Diamond, B. & Bachmann, M., »Out of the Beta Phase: Obstacles, Challenges, and Promising Paths in the Study of Cyber Criminology 1«, in: *International Journal of Cyber Criminology* 9, Nr. 1 (2015), S. 24–34.

12 Grabosky, P. N., »Virtual criminality: Old wine in new bottles?«, in: *Social & Legal Studies* 10, Nr. 2 (2001), S. 243–249.

13 Capeller, W., »Not such a neat net: Some comments on virtual criminality«, in: *Social & Legal Studies* 10, Nr. 2 (2001), S. 229–242.

14 Cohen, L. E. & Felson, M., »Social change and crime rate trends: A routine activity approach«, in: *American sociological review* 44, Nr. 4 (1979), S. 588–608.

15 Pratt, T. C., Holtfreter, K. & Reisig, M. D., »Routine online activity and internet fraud targeting: Extending the generality of routine activity theory«, in: *Journal of Research in Crime and Delinquency* 47, Nr. 3 (2010), S. 267–296.

16 Wolfe, S. E., Marcum, C. D., Higgins, G. E. & Ricketts, M. L., »Routine cell phone activity and exposure to sext messages: Extending the generality of routine activity theory and exploring the etiology of a risky teenage behaviour«, in: *Crime & Delinquency* 62, Nr. 5 (2016), S. 614–644.

17 Kigerl, A., »Routine activity theory and the determinants of high cybercrime countries«, in: *Social Science Computer Review* 30, Nr. 4 (2012), S. 470–486.

18 Gupta, P. & Mata-Toledo, R., »Cybercrime: in disguise crime«, in: *Journal of Information Systems & Operations Management* 10, Nr. 1 (2016), S. 1–10.

19 Eubanks, N., »The true cost of cybercrime«, in: *Forbes Community Voice*, 13. Juli 2017. https://www.forbes.com/sites/theyec/2017/07/13/ the-true-cost-of-cybercrime-for-businesses/#559396c14947.

20 Morgan, S., »Cybercrime damages $6 trillion«, in: *Cybercrime Magazine*, 16. Oktober 2017. https://cybersecurityventures.com/ hackerpocalypse-cybercrime-report-2016/.

21 Ehrenfeld, J.M., »WannaCry, Cybersecurity and Health Information Technology: A Time to Act«, in: *Journal of Medical Systems* 41, Nr. 7 (2017), S. 104.

22 Bjerg, O., »How is bitcoin money?«, in: *Theory, Culture & Society* 33, Nr. 1 (2016), S. 53–72.

23 Barlett, C.P., Gentile, D.A. & Chew, C., »Predicting cyberbullying from anonymity«, in: *Psychology of Popular Media Culture* 5, Nr. 2 (2016), S. 171–180.

24 Rösner, L. & Krämer, N.C., »Verbal venting in the social web: Effects of anonymity and group norms on aggressive language use in online comments«, in: *Social Media+ Society* 2, Nr. 3 (2016), S. 1–13.

25 Huang, G. & Li, K., »The effect of anonymity on conformity to group norms in online contexts: a meta-analysis«, in: *International Journal of Communication* 10 (2016), S. 18.

26 Sticca, F. & Perren, S., »Is cyberbullying worse than traditional bullying? Examining the differential roles of medium, publicity, and anonymity for the perceived severity of bullying«, in: *Journal of youth and adolescence* 42, Nr. 5 (2013), S. 739–750.

27 Cheng, J., Bernstein, M., Danescu-Niculescu-Mizil, C. & Leskovec, J., »Anyone can become a troll: Causes of trolling behavior in online discussions«, in: CSCW Conf Comput Coop Work (2017), S. 1217–1230.

28 Abgesehen vom Recht, in der EU zumindest, vergessen zu werden, siehe zum Beispiel: UK Information Commissioner's Office, Guide to the General Data Protection Regulation, »Right to Erasure«. https://ico.org.uk/for-organisations/data-protection-reform/overview-of-the-gdpr/individuals-rights/the-right-to-erasure/.

5 ABARTIG PERVERS:
DIE WISSENSCHAFT VON DER SEXUELLEN DEVIANZ

1 Dawson, S.J., Bannerman, B.A. & Lalumière, M.L., »Paraphilic interests: An examination of sex differences in a nonclinical sample«, in: *Sexual Abuse* 28, Nr. 1 (2016), S. 20–45.

2 American Psychiatric Association, *Diagnostisches und statistisches Manual psychischer Störungen DSM-5*, Göttingen u.a. 2015.

3 Joyal, C.C., »How anomalous are paraphilic interests?«, in: *Archives of Sexual Behavior* 43 Nr. 7 (2014), S. 1241–1243.

4 Scorolli, C., Ghirlanda, S., Enquist, M., Zattoni, S. & Jannini, E. A., »Relative prevalence of different fetishes«, in: *International Journal of Impotence Research* 19, Nr. 4 (2007), S. 432–437.

5 Långström, N., Seto, M. C., »Exhibitionistic and voyeuristic behavior in a Swedish national population survey«, in: *Archives of Sexual Behavior* 35, Nr. 4 (2006), S. 427–435.

6 Holvoeta, L., Huysb, W., Coppensa, V., Seeuwsd, J. & Morrensa, M., »Fifty shades of Belgian grey: the prevalence of BDSM-related fantasies and activities in the general population«, in: *Journal of Sexual Medicine* 14, Nr. 9 (2017), S. 1152–1159.

7 Lammers, J. & Imhoff, R., »Power and sadomasochism: understanding the antecedents of a knotty relationship«, in: *Social Psychological and Personality Science* 7, Nr. 2 (2016), S. 142–148.

8 Leitenberg, H. & Henning, K., »Sexual fantasy«, in: *Psychological Bulletin* 117, Nr. 3 (1995), S. 469.

9 Engber, D., »›Cannibal Cop‹: an exclusive interview with Gilberto Valle«, in: *Slate*, 10. Dezember 2015. http://www.slate.com/articles/news_and_politics/crime/2015/12/cannibal_cop_an_exclusive_interview_with_gilberto_valle.html.

10 Weiser, B., »Ex-officer's conviction in cannibal case shouldn't be reinstated, appeals court rules«, in: *New York Times*, 4. Dezember 2015. https://www.nytimes.com/2015/12/04/nyregion/appeals-court-gilberto-valle-cannibal-case.html.

11 Volokh, E., »Second Circuit rules for accused ›cannibal cop‹«, in: *Washington Post*, 3. Dezember 2015. https://www.washingtonpost.com/news/volokh-conspiracy/wp/2015/12/03/second-circuit-rules-for-accused-cannibal-cop/?utm_term=.b96a52e809a9.

12 Bivona, J. & Critelli, J., »The nature of women's rape fantasies: an analysis of prevalence, frequency, and contents«, in: *Journal of Sex Research* 46, Nr. 1 (2009), S. 33–45.

13 Joyal, C. C., Cossette, A. & Lapierre, V., »What exactly is an unusual sexual fantasy?«, in: *Journal of Sexual Medicine* 12, Nr. 2 (2015), S. 328–340.

14 Paul, P., *Pornified*, New York 2005.

15 Perry, S. L. & Schleifer, C., »Till porn do us part? A longitudinal examination of pornography use and divorce«, in: *Journal of Sex Research* 55, Nr. 3 (2018), S. 284–296.

16 Perry, S. L., »Pornography consumption as a threat to religious socialisation«, in: *Sociology of Religion* 76, Nr. 4 (2015), S. 436–458.

17 Wright, P. J., Tokunaga, R. S. & Kraus, A., »A meta-analysis of pornography consumption and actual acts of sexual aggression in general population studies«, in: *Journal of Communication* 66, Nr. 1 (2016), S. 183–205.

18 Kühn, S. & Gallinat, J., »Brain structure and functional connectivity associated with pornography consumption: the brain on pornin«, in: *JAMA Psychiatry* 71, Nr. 7 (2014), S. 827–834.

19 Moran, C. & Lee, C., »What's normal? Influencing women's perceptions of normal genitalia: an experiment involving exposure to modified and nonmodified images«, in: *BJOG: An International Journal of Obstetrics & Gynaecology* 121, Nr. 6 (2014), S. 761–766.

20 Hesse, C. & Pedersen, C. L., »Porn sex versus real sex: how sexually explicit material shapes our understanding of sexual anatomy, physiology, and behaviour«, in: *Sexuality & Culture* 21, Nr. 3 (2017), S. 754–775.

21 Carroll, A. & Mendos, L. R., International Lesbian, Gay, Bisexual, Trans and Intersex Association, *State-Sponsored Homophobia 2017: A World Survey of Sexual Orientation Laws: Criminalisation, Protection and Recognition*. http://ilga.org/what-we-do/state-sponsored-homophobia-report/.

22 Sweeney, J., »Sochi 2014: No gay people in city«, Interview mit Anatoly Pakhomow für BBC Panorama, 27. Januar 2014. http://www.bbc.com/news/uk-25675957.

23 Gates, G. J., »How many people are lesbian, gay, bisexual and transgender?«, in: *The Williams Institute, UCLA School of Law* (2011). https://escholarship.org/content/qt09h684x2/qt09h684x2.pdf.

24 Duncan, P., »Gay relationships are still criminalised in 72 countries, report finds«, in: *Guardian*, 27. Juli 2017. https://www.theguardian.com/world/2017/jul/27/gay-relationships-still-criminalised-countries-report.

25 Sanders, A. R., Martin, E. R., Beecham, G. W., Guo, S., … & Duan, J., »Genome-wide scan demonstrates significant linkage for male sexual orientation«, in: *Psychological Medicine* 45, Nr. 7 (2015), S. 1379–1388.

26 Coghlan, A., »Largest study of gay brothers homes in on ›gay genes‹«, in: *New Scientist*, 17. November 2014. https://www.newscientist.com/article/dn26572-largest-study-of-gay-brothers-homes-in-on-gay-genes/.

27 Adams, H. E., Wright, L. W. & Lohr, B. A., »Is homophobia associated with homosexual arousal?«, in: *Journal of Abnormal Psychology* 105, Nr. 3 (1996), S. 440–445.

28 Wagner, G.J., »Internalised homophobia scale«, in: Davis, C., Yarber, W. (Hg.), *Handbook of Sexuality-Related Measures*, Thousand Oaks 1998, S.371f.

29 Tskhay, K.O. & Rule, N.O., »Internalised homophobia influences perceptions of men's sexual orientation from photos of their faces«, in: *Archives of Sexual Behavior* 46, Nr.3 (2017), S.755–761.

30 Herek, G.M., »Heterosexuals' attitudes toward bisexual men and women in the United States«, in: *Journal of Sex Research* 39, Nr.4 (2002), S.264–274.

31 de Zavala, A.G., Waldzus, S. & Cypryanska, M., »Prejudice towards gay men and a need for physical cleansing«, in: *Journal of Experimental Social Psychology* 54 (2014), S.1–10.

32 Ebenda.

33 LaCour, M.J. & Green, D.P., »When contact changes minds: an experiment on transmission of support for gay equality«, in: *Science* 346, Nr.6215 (2014), S.1366–1369.

34 Williams, C.J. & Weinberg, M.S., »Zoophilia in men: a study of sexual interest in animals«, in: *Archives of Sexual Behavior* 32, Nr.6 (2003), S.523–535.

35 Sangeeta, S., »Health risks of zoophilia/bestiality«, in: *Journal of Biological and Medical Sciences* 1, Nr.1 (2017), e101.

6 SCHÜTZT UNSERE KINDER:
PÄDOHEBEPHILE VERSTEHEN

1 Kennedy, A.C. & Prock, K.A., »›I Still Feel Like I Am Not Normal.‹ A Review of the Role of Stigma and Stigmatization Among Female Survivors of Child Sexual Abuse, Sexual Assault, and Intimate Partner Violence«, in: *Trauma, Violence, & Abuse*, 1524838016673601 (2016).

2 Blakemore, T., Herbert, J.L., Arney, F. & Parkinson, S., »The impacts of institutional child sexual abuse: a rapid review of the evidence«, in: *Child Abuse & Neglect* 74 (2017), S.35–48.

3 McCartan, K., »›Here There Be Monsters‹: The public's perception of paedophiles with particular reference to Belfast and Leicester«, in: *Medicine, Science and the Law* 44, Nr.4 (2004), S.327–342.

4 Jahnke, S., Imhoff, R. & Hoyer, J., »Stigmatization of people with pedophilia: Two comparative surveys«, in: *Archives of sexual behavior* 44, Nr.1 (2015), S.21–34.

5 Wurtele, S.K., Simons, D.A. & Moreno, T., »Sexual interest in children among an online sample of men and women: Prevalence and correlates«, in: *Sexual Abuse* 2, Nr. 6 (2014). S. 546–568.

6 American Psychiatric Association, *Diagnostisches und statistisches Manual psychischer Störungen.* DSM-IV-TR, Göttingen u. a. 2003.

7 Sea, J. & Beauregard, E., »The hebephiliac: pedophile or teleiophiliac?«, in: *International Journal of Offender Therapy and Comparative Criminology* 62, Nr. 9 (2018), S. 2507–2526.

8 Bailey, J.M., Hsu, K.J. & Bernhard, P.A., »An Internet study of men sexually attracted to children: Sexual attraction patterns«, in: *Journal of abnormal psychology* 125, Nr. 7 (2016), S. 976.

9 McPhail, I.V., Hermann, C.A., Fernane, S., Fernandez, Y.M., Nunes, K.L. & Cantor, J.M., »Validity of phallometric tests for sexual interests in children: A meta-analytic review« (2017). Zur Veröffentlichung angenommenes Manuskript.

10 http://www.dailymail.co.uk/news/article-3132896/Horror-senior-detective-discovering-1-35-men-sexually-attracted-children.html.

11 Ian Birrell, »Horror of senior detective at discovering that 1 in 35 men is sexually attracted to children«, (2015). http://www.dailymail.co.uk/news/article-3132896/Horror-senior-detective-discovering-1-35-men-sexually-attracted-children.html.

12 http://www.bbc.co.uk/news/magazine-28526106.

13 Stoltenborgh, M., Van Ijzendoorn, M.H., Euser, E.M. & Bakermans-Kranenburg, M.J., »A global perspective on child sexual abuse: Meta-analysis of prevalence around the world«, in: *Child maltreatment* 16, Nr. 2 (2011), S. 79–101.

14 McLeod, D.A., »Female offenders in child sexual abuse cases: A national picture«, in: *Journal of child sexual abuse* 24, Nr. 1 (2015), S. 97–114.

15 Bailey, J.M., Hsu, K.J. & Bernhard, P.A., »An Internet study of men sexually attracted to children: Sexual attraction patterns«, in: *Journal of abnormal psychology* 125, Nr. 7 (2016), S. 976.

16 http://www.telegraph.co.uk/news/uknews/11690451/One-in-35-men-has-paedophile-tendencies-crime-agency-claims.html.

17 Cantor, J.M. & McPhail, I.V., »Non-offending pedophiles«, in: *Current Sexual Health Reports* 8, Nr. 3 (2016), S. 121–128.

18 Richards, K., »Misperceptions about child sex offenders«, in: *Trends and Issues in Crime and Criminal Justice*, Nr. 429 (2011), S. 1–8.

19 Långström, N., Enebrink, P., Laurén, E.M., Lindblom, J., Werkö, S. & Hanson, R.K., »Preventing sexual abusers of children from reoffen-

ding: systematic review of medical and psychological interventions«, in: *BMJ* 347 (2013), f4630.

20 Stoltenborgh, M., Van Ijzendoorn, M. H., Euser, E. M. & Bakermans-Kranenburg, M. J., »A global perspective on child sexual abuse: Meta-analysis of prevalence around the world«, in: *Child maltreatment* 16, Nr. 2 (2011), S. 79–101.

21 Radford, L., Corral, S., Bradley, C., Fisher, H., Bassett, C., Howat, N. & Collishaw, S., »Child abuse and neglect in the UK today: research into the prevalence of child maltreatment in the United Kingdom«, in: *National Society for the Prevention of Cruelty to Children* (2011).

22 Glasser, M., Kolvin, I., Campbell, D., Glasser, A., Leitch, I. & Farrelly, S., »Cycle of child sexual abuse: Links between being a victim and becoming a perpetrator«, in: *The British Journal of Psychiatry* 179, Nr. 6 (2001), S. 482–494.

23 Widom, C. S. & Massey, C., »A prospective examination of whether childhood sexual abuse predicts subsequent sexual offending«, in: *JAMA pediatrics* 169, Nr. 1 (2015), e143357–e143357.

24 Lee, J. K., Jackson, H. J., Pattison, P. & Ward, T., »Developmental risk factors for sexual offending«, in: *Child abuse & neglect* 26, Nr. 1 (2002), S. 73–92.

25 Babchishin, K. M., Hanson, R. K. & VanZuylen, H., »Online child pornography offenders are different: A meta-analysis of the characteristics of online and offline sex offenders against children«, in: *Archives of sexual behavior* 44, Nr. 1 (2015), S. 45–66.

26 Seto, M. C., Cantor, J. M. & Blanchard, R., »Child pornography offenses are a valid diagnostic indicator of pedophilia«, in: *Journal of abnormal psychology* 115, Nr. 3 (2006), S. 610.

27 Cantor, J. M., »Gold star pedophiles in general sex therapy practice«, in: Binik, Y. M., Hall, K. S. K. (Hg.), *Principles and Practice of Sex Therapy*, New York 2014, S. 219–234.

28 http://www.bbc.co.uk/news/magazine-34858350.

29 Cantor, J. M., Kuban, M. E., Blak, T., Klassen, P. E., Dickey, R. & Blanchard, R., »Physical height in pedophilic and hebephilic sexual offenders«, in: *Sexual abuse: a journal of research and treatment* 19, Nr. 4 (2007), S. 395–407.

30 Cantor, J. M., Klassen, P. E., Dickey, R., Christensen, B. K., Kuban, M. E., Blak, T. & Blanchard, R., »Handedness in pedophilia and hebephilia«, in: *Archives of Sexual Behavior* 34, Nr. 4 (2005), S. 447–459.

31 Blanchard, R., Kolla, N. J., Cantor, J. M., Klassen, P. E., Dickey, R.,

Kuban, M. E. & Blak, T., »IQ, handedness, and pedophilia in adult male patients stratified by referral source«, in: *Sexual Abuse: A Journal of Research and Treatment* 19, Nr. 3 (2007), S. 285–309.

32 Cantor, J. M., Lafaille, S. J., Hannah, J., Kucyi, A., Soh, D. W., Girard, T. A. & Mikulis, D. J., »Independent Component Analysis of Resting-State Functional Magnetic Resonance Imaging in Pedophiles«, in: *The journal of sexual medicine* 13, Nr. 10 (2016), S. 1546–1554.

33 Ebenda.

34 Joyal, C. C., Beaulieu-Plante, J. & de Chantérac, A., »The neuropsychology of sex offenders: a meta-analysis«, in: *Sexual Abuse* 26, Nr. 2 (2014), S. 149–177.

35 Seto, M. C., *Pedophilia and Sexual Offending Against Children: Theory. Assessment, and Intervention*, Washington, DC 2008.

36 Cantor, J. M., Lafaille, S., Soh, D. W., Moayedi, M., Mikulis, D. J. & Girard, T. A., »Diffusion tensor imaging of pedophilia«, in: *Archives of sexual behavior* 44, Nr. 8 (2015), S. 2161–2172.

37 Houtepen, J. A., Sijtsema, J. J. & Bogaerts, S., »Being sexually attracted to minors: Sexual development, coping with forbidden feelings, and relieving sexual arousal in self-identified pedophiles«, in: *Journal of sex & marital therapy* 42, Nr. 1 (2016), S. 48–69.

38 http://www.bbc.co.uk/news/magazine-33464970.

39 http://www.independent.co.uk/news/world/in-germany-they-treat-paedophiles-as-victims-not-offenders-10387468.html.

40 http://www.bbc.co.uk/news/magazine-33464970.

41 McMillan, J., »The kindest cut? Surgical castration, sex offenders and coercive offers«, in: *Journal of medical ethics* 40, Nr. 9 (2014), S. 583–590.

42 Grubin, D. & Beech, A., »Chemical castration for sex offenders«, in: *British Medical Journal* 304 (2010). doi:10.1136/bmj.c74.

43 McMillan, J., »The kindest cut? Surgical castration, sex offenders and coercive offers«, in: *Journal of medical ethics* 40, Nr. 9 (2014), S. 583–590.

44 Lee, J. Y. & Cho, K. S., »Chemical castration for sexual offenders: physicians' views«, in: *Journal of Korean medical science* 28, Nr. 2 (2013), S. 171 f.

45 Lewis, A., Grubin, D., Ross, C. C. & Das, M., »Gonadotrophin-releasing hormone agonist treatment for sexual offenders: A systematic review«, in: *Journal of Psychopharmacology* (2017), 0269881117714048.

46 Berlin, F. S. »›Chemical castration‹ for sex offenders«, in: *New England Journal of Medicine* 336, Nr. 14 (1997), S. 1030 f.

47 http://www.bbc.co.uk/news/uk-england-devon-41130328.

7 SCHLANGEN IN ANZÜGEN:
DIE PSYCHOLOGIE DES BÖSEN IN DER ARBEITSWELT

1 https://www.ciwf.org.uk/media/3640540/ciwf_strategic_
plan_20132017.pdf.

2 https://www.nytimes.com/2017/10/16/science/depressed-fish.html.

3 Bastian, B. & Loughnan, S., »Resolving the Meat-Paradox: A motiva-
tional account of morally troublesome behavior and its maintenance«,
in: *Personality and Social Psychology Review* 21, Nr. 3 (2016), S. 278–299.

4 Leon Festinger, *Theorie der kognitiven Dissonanz*, Bern 2012.

5 Festinger, L. & Carlsmith, J. M., »Cognitive consequences of forced
compliance«, in: *The Journal of Abnormal and Social Psychology* 58,
Nr. 2 (1959), S. 203.

6 Leon Festinger, *Theorie der kognitiven Dissonanz*, Bern 2012.

7 Ebenda, S. 16.

8 Grauerholz, L., »Cute enough to eat: The transformation of animals
into meat for human consumption in commercialized images«, in:
Humanity & Society 3, Nr. 4 (2007), S. 334–354.

9 Bastian, B. & Loughnan, S., »Resolving the meat-paradox: A motiva-
tional account of morally troublesome behavior and its maintenance«,
in: *Personality and Social Psychology Review* 21, Nr. 3 (2016),
S. 278–299.

10 Fiske, A. P. & Tetlock, P. E., »Taboo trade-offs: reactions to transactions
that transgress the spheres of justice«, in: *Political psychology* 18, Nr. 2
(1997), S. 255–297.

11 Tetlock, P. E., Kristel, O. V., Elson, S. B., Green, M. C. & Lerner, J. S.,
»The psychology of the unthinkable: taboo trade-offs, forbidden base
rates, and heretical counterfactuals«, in: *Journal of personality and
social psychology* 78, Nr. 5 (2000), S. 853–870.

12 Tetlock, P. E. »Thinking the unthinkable: Sacred values and taboo
cognitions«, in: *Trends in cognitive sciences* 7, Nr. 7 (2003), S. 320–324.

13 *Judicial College Guidelines for the Assessment of General Damages in
Personal Injury Cases*, 14. Auflage – diese Summen schließen die Ent-
schädigung für Dinge wie Verdienstausfall, Pflegekosten und andere
Kosten nicht mit ein.

14 Kahneman, D., Schkade, D. & Sunstein, C., »Shared outrage and erratic
awards: The psychology of punitive damages«, in: *Journal of Risk and
Uncertainty* 16, Nr. 1 (1998), S. 49–86.

15 https://www.freetheslaves.net/.

16 https://www.ted.com/talks/kevin_bales_how_to_combat_modern_slavery.

17 https://www.theguardian.com/global-development/2017/jul/31/human-life-is-more-expendable-why-slavery-has-never-made-more-money.

18 Baumeister, R. F., *Vom Bösen. Warum es menschliche Grausamkeit gibt*, Bern 2013.

19 Lucas, T., Zhdanova, L. & Alexander, S., »Procedural and distributive justice beliefs for self and others«, in: *Journal of Individual Differences* 32, Nr. 1 (2011), S. 14–25.

20 Lucas, T., Zhdanova, L., Wendorf, C. A. & Alexander, S., »Procedural and distributive justice beliefs for self and others: Multilevel associations with life satisfaction and self-rated health«, in: *Journal of Happiness Studies* 14, Nr. 4 (2013), S. 1325–1341.

21 Lerner, M. J. & Simmons, C. H., »Observer's reaction to the ›innocent victim‹: compassion or rejection?«, in: *Journal of Personality and social Psychology* 4, Nr. 2 (1966), S. 203.

22 Hafer, C. L. & Sutton, R., »Belief in a just world«, in: Sabag, K. & Schmitt, M. (Hg.), *Handbook of social justice theory and research*, New York 2016, S. 145–160.

23 Furnham, A. & Gunter, B., »Just world beliefs and attitudes towards the poor«, in: *British journal of social psychology* 23, Nr. 3 (1984), S. 265–269.

24 Strömwall, L. A., Alfredsson, H. & Landström, S., »Rape victim and perpetrator blame and the Just World hypothesis: The influence of victim gender and age«, in: *Journal of sexual aggression* 19, Nr. 2 (2013), S. 207–217.

25 https://www.theguardian.com/business/2015/sep/21/entrepreneur-defends-raise-price-daraprim-drug.

26 https://harpers.org/archive/2017/09/public-enemy/.

27 https://www.cnbc.com/2016/01/28/martin-shkreli-slaps-down-rapper-ghostface-killah-in-vulgar-video.html.

28 http://www.nydailynews.com/news/crime/columbia-registrar-no-records-shkreli-enrollment-article-1.3339005.

29 https://www.theguardian.com/us-news/2018/mar/09/martin-shkreli-jail-sentence-how-long-pharma-bro-court-trial.

30 Palazzo, G., Krings, F. & Hoffrage, U., »Ethical blindness«, in: *Journal of Business Ethics* 109, Nr. 3 (2012), S. 323–338.

31 Elphick, C., Minhas, R. & Shaw, J., »Dark Figures« (2018, in Vorbereitung).

8 UND ICH HABE GESCHWIEGEN: DIE WISSENSCHAFT VON DER KONFORMITÄT

1 Nietzsche, F., *Jenseits von Gut und Böse*, in: *Werke in sechs Bänden*, Bd. 4, München 1980, S. 637.

2 Garber, M., »›First They Came‹: The Poem of the Protests«, in: *The Atlantic*. Abgerufen unter: https://www.theatlantic.com/entertainment/archive/2017/01/first-they-came-poem-history/514895/.

3 United States Holocaust Memorial Museum (ohne Datum), *Martin Niemöller: »First they came for the Socialists …«*. https://www.ushmm.org/wlc/en/article.php?ModuleId=10007392.

4 https://www.theguardian.com/world/2016/aug/15/brunhilde-pomsel-nazi-joseph-goebbels-propaganda-machine.

5 Milgram, S., *Das Milgram-Experiment: zur Gehorsamsbereitschaft gegenüber Autorität*, Reinbek bei Hamburg 1974.

6 Milgram, S., »The perils of obedience«, in: *Harper's Magazine* 12, Nr. 6 (1973).

7 Milgram, S., »Behavioral study of obedience«, in: *The Journal of abnormal and social psychology* 67, Nr. 1 (1963), S. 371.

8 Burger, J. M., »Replicating Milgram: Would people still obey today?«, in: *American Psychologist* 64, Nr. 1 (2009), S. 1.

9 Doliński, D., Grzyb, T., Folwarczny, M., Grzybała, P., Krzyszycha, K., Martynowska, K. & Trojanowski, J., »Would you deliver an electric shock in 2015? Obedience in the experimental paradigm developed by Stanley Milgram in the 50 years following the original studies«, in: *Social Psychological and Personality Science* 8, Nr. 8 (2017), S. 927–933.

10 Caspar, E. A., Christensen, J. F., Cleeremans, A. & Haggard, P., »Coercion changes the sense of agency in the human brain?«, in: *Current biology* 26, Nr. 5 (2016), S. 585–592.

11 http://www.ucl.ac.uk/news/news-articles/0216/180216-following-orders-reduces-responsibility.

12 McMahon, S. & Farmer, G. L., »An updated measure for assessing subtle rape myths«, in: *Social Work Research* 35, Nr. 2 (2011), S. 71–81.

13 Horvath, M. A., Hegarty, P., Tyler, S. & Mansfield, S., »›Lights on at the end of the party‹: Are lads' mags mainstreaming dangerous sexism?«, in: *British Journal of Psychology* 103, Nr. 4 (2012), S. 454–471.

14 Hegarty, P., Stewart, A. L., Blockmans, I. G. & Horvath, M. A., »The Influence of Magazines on Men: Normalizing and Challenging Young

Men's Prejudice With ›Lads' Mags‹«, in: *Psychology of Men & Masculinity* 19, Nr. 1 (2018), S. 131–144.

15 https://www.psychologytoday.com/blog/sex-sexuality-and-romance/201707/true-or-false-20-young-women-are-sexually-assaulted.

16 Muehlenhard, C. L., Peterson, Z. D., Humphreys, T. P. & Jozkowski, K. N., »Evaluating the One-in-Five Statistic: Women's Risk of Sexual Assault While in College«, in: *The Journal of Sex Research* 54, Nr. 4–5 (2017), S. 549–576.

17 https://www.rainn.org/statistics/victims-sexual-violence.

18 Yon, Y., Mikton, C., Gassoumis, Z. D. & Wilber, K. H., »The Prevalence of Self-Reported Elder Abuse Among Older Women in Community Settings: A Systematic Review and Meta-Analysis«, in: *Trauma, Violence, & Abuse* (2017), 1524838017697308.

19 Rawlinson, J., »Judge accused of victim-blaming in comments on rape case«, in: *The Guardian* (2017). https://www.theguardian.com/society/2017/mar/10/judge-accused-of-victim-blaming-during-sentencing-comments-in-case.

20 Larson, F., »Why public beheadings get millions of views«, TED (2015).

21 LaMotte, S., »The psychology and neuroscience of terrorism«, CNN (2016). http://edition.cnn.com/2016/03/25/health/brain-and-terrorist-attack/index.html.

22 Dowd, M., »20 Years after the murder of Kitty Genovese, the question remains: why?«, in: *The New York Times* (1984). https://www.nytimes.com/1984/03/12/nyregion/20-years-after-the-murder-of-kitty-genovese-the-question-remains-why.html.

23 https://www.nytimes.com/2016/04/05/nyregion/winston-moseley-81-killer-of-kitty-genovese-dies-in-prison.html.

24 Darley, J. M. & Latane, B., »Bystander intervention in emergencies: diffusion of responsibility«, in: *Journal of personality and social psychology* 8, Nr. 4p1 (1968), S. 377–383.

25 Latané, B. & Darley, J. M. *The unresponsive bystander. Why doesn't he help?*, New York 1970.

26 Fischer, P., Krueger, J. I., Greitemeyer, T., Vogrincic, C., Kastenmüller, A., Frey, D. & Kainbacher, M., »The bystander-effect: a meta-analytic review on bystander intervention in dangerous and non-dangerous emergencies«, in: *Psychological Bulletin* 137, Nr. 4 (2011), S. 517–537.

27 Jaggar, A., »What is Terrorism, why is it wrong, and could it ever be

morally permissible?«, in: *Journal of Social Philosophy* 36, Nr. 2 (2005), S. 202–217.

28 U.S. Department of State, *Patterns of Global Terrorism 1997*, Department of State Publications, 10321, Washington, DC 1998.

29 Silke, A. (Hg.), *Terrorists, victims and society. Psychological perspectives on terrorism and its consequences*, Chichester 2003.

30 Piccinni, A., Marazziti, D. & Veltri, A., *Psychopathology of terrorists*, *CNS spectrums* 23, Nr. 2 (2018), S. 141–144.

31 Jaggar, A. M., »What is Terrorism, why is it wrong, and could it ever be morally permissible?«, in: *Journal of Social Philosophy* 36, Nr. 2 (2005), S. 202–217.

32 https://www.nbcnews.com/storyline/isis-terror/captured-isis-fighter-joining-extremists-syria-ruined-my-life-n398976.

33 Horgan, J., »A call to arms: The need for more psychological research on terrorism«, in: *Social Psychological Review* 18, Nr. 1 (2016), S. 25–28.

34 https://www.dhs.gov/see-something-say-something.

35 https://www.met.police.uk/advice-and-information/terrorism-in-the-uk/signs-of-possible-terrorist-activity/.

36 Lum, C., Kennedy, L. W. & Sherley, A., »Are counter-terrorism strategies effective? The results of the Campbell systematic review on counter-terrorism evaluation research«, in: *Journal of Experimental Criminology* 2, Nr. 4 (2006), S. 489–516.

37 Freese, R., »Evidence-based counterterrorism or flying blind? How to understand and achieve what works«, in: *Perspectives on Terrorism* 8, Nr. 1 (2014).

38 Horgan, J., »A call to arms: The need for more psychological research on terrorism«, in: *Social Psychological Review* 18, Nr. 1 (2016), S. 25–28.

39 BBC (2014) »What is jihadism?«, abgerufen unter: http://www.bbc.co.uk/news/world-middle-east-30411519.

40 McCauley, C. & Moskalenko, S., »Understanding political radicalization: The two-pyramids model«, in: *American Psychologist* 72, Nr. 3 (2017), S. 205–216.

41 McCauley, C., »Ideas versus actions in relation to polls of U.S. Muslims«, in: *Analyses of Social Issues and Public Policy* 13, Nr. 1 (2013). S. 70–76.

42 Altier, M. B., Thoroughgood, C. N. & Horgan, J. G., »Turning away from terrorism: Lessons from psychology, sociology, and criminology«, in: *Journal of Peace Research* 5, Nr. 5 (2014), S. 647–661.

43 Alison, L. & Alison, E., »Revenge versus rapport: Interrogation, terrorism, and torture«, in: *American Psychologist* 72, Nr. 3 (2017), S. 266–277.

44 https://www.ted.com/talks/philip_zimbardo_on_the_psychology_of_evil/transcript.

45 Zimbardo, P. G., *Der Luzifer-Effekt. Die Macht der Umstände und die Psychologie des Bösen*, Berlin 2012.

46 Haney, C., Banks, C. & Zimbardo, P., »Interpersonal dynamics in a simulated prison«, in: *International Journal of Criminology and Penology* 1 (1973), S. 69–97.

47 http://remember.org/eichmann/sentencing.

48 http://sro.sussex.ac.uk/66694/.

49 Arendt, H., *Eichmann in Jerusalem. Ein Bericht von der Banalität des Bösen*, München 2011.

50 Ebenda, S. 400.

51 Ebenda, S. 194.

52 Ebenda, S. 195.

53 Ebenda, S. 55.

SCHLUSSFOLGERUNG

1 Nietzsche, F. W., *Also sprach Zarathustra? Ein Buch für Alle und Keinen*, in: *Nietzsche's Werke*, Erste Abtheilung, Band VI, Leipzig 1901, Kapitel 46.

2 Shondell Miller, D., »Disaster tourism and disaster landscape attractions after Hurricane Katrina: An auto-ethnographic journey«, in: *International Journal of Culture, Tourism and Hospitality Research* 2, Nr. 2 (2008), S. 115–131.

3 Gino, F. & Wiltermuth, S. S., »Evil genius? How dishonesty can lead to greater creativity«, in: *Psychological Science* 25, Nr. 4 (2014), S. 973–981.

REGISTER